현대사회와
스포츠

—

미래에도 무한한
인류 공통의 언어

문개성 지음

2nd ed.

박영사

개정판에 들어가기에 앞서

2022년 겨울, 카타르 월드컵으로 웃고 울며 밤을 지새웠습니다. 어김없이 4년 후면 월드컵은 다시 돌아옵니다. 그 이전에는 올림픽이란 대형 스포츠 이벤트가 도래합니다. 이처럼 물고 물리는 일정으로 스포츠 콘텐츠는 늘 우리 곁에 있습니다. 사시사철 운영되는 프로 스포츠는 말할 것도 없지요.

앞선 월드컵 때 잉글랜드 대표팀은 경기 시작 전에 무릎을 꿇는 행동을 하고, 상대편인 이란 대표팀은 국가를 부르는 것을 거부했습니다. 전자는 개최국 내의 이주노동자와 성 소수자의 인권탄압, 후자는 자국 내에서 벌어지는 인권탄압에 대한 항의 표시였습니다.

둥글기만 한 공이 메시지까지 담은 셈입니다. 둥글어서 변수가 많아 모두를 긴장하게 하고 즐겁게 만들지만, 강력한 메시지를 전달하는 매개가 되기도 합니다. 지금, 이 순간에도 스포츠 발자취를 남기며 현대를 살아가고 있습니다. 앞으로 이 여정이 계속되길 바랍니다.

개정판이 나오기까지 물심양면으로 지원해주신 박영사의 안종만·안상준 대표님, 기획을 적극적으로 추진해주신 최동인 님, 편집·디자인을 세련되게 맡아주신 탁종민, 이소연 님께 고마움을 전합니다. 마지막으로 책에 담긴 생각과 태도에 온전히 영향을 주신 아버지, 어머니께 가슴 깊이 존경심을 담아 감사의 말씀을 올립니다.

2023년 따사한 봄, 지덕겸수(知德兼修)와 도의실천(道義實踐) 연구실에서
문개성

초판에 들어가기에 앞서

본서 '현대사회와 스포츠: 미래에도 무한한 인류 공통의 언어'를 출간하게 됐습니다. 체육(體育)은 몸을 통한 교육적인 가치로서 우리 사회에서 중요하게 생각하는 영역입니다. 건강을 지키고 인성을 기를 수 있기 때문입니다. 스포츠(sports)는 세계 어느 곳에서도 통용되는 콘텐츠로서 인류가 축적해 온 유산입니다. 또한 건강, 재미, 복지뿐만 아니라 국가 경쟁력을 키울 수 있는 산업적인 영역으로 인식하게 됐습니다.

국내 「스포츠산업진흥법」에 따르면 스포츠를 다음과 같이 정의합니다. "스포츠란 건강한 신체를 기르고 건전한 정신을 함양하며 질 높은 삶을 위하여 자발적으로 행하는 신체활동을 기반으로 하는 사회문화적 행태"입니다. 여기서 중요한 키워드는 '자발적으로 행하는 신체활동'과 '사회문화적 행태'입니다. 전자는 놀이와 관련이 있고, 후자는 시대와 나라별로 달리하는 문화와 관련이 있습니다.

본서는 스포츠의 본질과 가치, 스포츠의 역사와 철학, 스포츠의 현재와 미래라는 세 개의 큰 편으로 구성돼 있습니다. 인류는 스포츠 족적을 오랜 기간 동안 남겼습니다. 우리는 그 발자취를 계승해 나아가고 있습니다. 앞으로도 인류 공통의 언어로서 미래를 향해 어떤 모습으로 갈지 궁금합니다. 우리가 스포츠 현상을 어떻게 바라보고 개인과 사회에 맞게 최적화한 콘텐츠로 활용하느냐는 매우 중요한 미션일 수도 있습니다.

　　이를 위해 몇 가지 내용을 담았습니다. 본서를 구상하던 중에 서울시체육회로부터 2019년 1년 동안 스포노믹스(SPONOMICS = sports + economics) 칼럼에 기고를 의뢰받았습니다. 이에 본서 출간을 1년 미루고, 독자 분들과 공유하고자 12개의 칼럼을 오롯이 실었습니다. 본서의 취지에 맞는 주제와 부합했기 때문입니다. 칼럼을 기고하던 중에 인문학적으로 고민해봄직한 주제가 등장하게 되면서 본서에는 스포마니타스(SPOMANITAS = sports + humanitas)란 필자가 창안한 신조어를 사용했습니다. 스포츠란 개념과 인간본성·인간다움이란 뜻을 지닌 후마니타스와 연결함으로써 미래에도 무한한 인류 공통의 언어로서 그 위상이 유지될 수 있길 바랍니다.

　　덧붙여 '스포마니타스 넘나들기'와 '여기서 잠깐' 코너에 필자가 출간한 저서에서 영역별 주제와 맞는 내용을 직접 인용했습니다. 사진과 이미지는 저작권에 저촉되지 않는 자료를 위해 구글 이미지(labeled for reuse), Pexels 등을 사용했습니다. 책이 세상에 나오기까지 적극 지원해주신 안종만·안상준 대표님, 편집·기획·디자인을 물심양면으로 맡아주신 장유나 과장님, 손준호 대리님, 박현정 님께도 감사의 마음을 전합니다. 아무쪼록 인류가 스포츠를 테마로 걸어왔던 길, 걸어가고 있는 길, 걸어가야 할 길을 공유하고, 여정을 함께 하길 기대합니다. 감사합니다.

2020년 따사한 봄, 지덕겸수(知德兼修)와 도의실천(道義實踐) 연구실에서

문개성

CONTENTS 목차

Ⅰ 스포츠의 본질과 가치

Ⅱ   스포츠의 역사와 철학

CONTENTS 목차

III 스포츠의 현재와 미래

CONTENTS 목차

CONTENTS 목차

SPOMANITAS 넘나들기

스포츠의 본질과 가치

체육과 스포츠는 어떻게 다를까? 체육(體育)의 의미는 몸을 활용한 교육적인 뉘앙스를 담고 있다. 나라마다 언어를 달리하지만 이와 유사한 개념을 사용한다. 그러면 스포츠(sports)는 어떤가? 세계 어디를 가더라도 스포츠란 용어로 사용된다. 올림픽, 월드컵과 같은 메가스포츠이벤트는 전 세계인의 축제로 각광받고 있다. 인류공통의 언어로 손색이 없는 최상의 상품가치를 발휘하고 있다. 사람들은 왜 이토록 스포츠에 열광하게 됐을까? 재미있는 놀이에서 문화로 발전해온 과정을 통해 개인과 집단이 즐기는 것에서 벗어나고 있다. 이윤을 창출하기 위한 기업이 관심을 갖고, 경쟁력을 확보하기 위해 국가차원에서 스포츠를 바라보고 있다. 4차 산업혁명 시대를 맞이하여 스포츠가 어떻게 진화할 것인지 조망하고 있다. 이렇듯 스포츠 산업은 국가마다 부가가치를 창출하는 성장 동력으로 인식돼 발전을 위한 요인으로 삼으려 한다. 스포츠란 매개로 상호 간의 공감(共感)을 통해 교훈을 얻고, 의미를 찾을 수 있을 스포츠 본질을 이해하는 데서 출발하는 것이 중요할 것이다.

CHAPTER 01 체육과 스포츠

1절 체육, 몸을 활용한 교육적 가치

1. 인간의 특징에 의한 체육 · 스포츠 발전

영국의 사회학자이자 문화비평가인 엘리스 캐시모어(Ellis Cashmore, 2000)는 인간을 비롯해 영장류가 갖는 일곱 가지 특징을 통해 체육 · 스포츠를 빗대어 설명하였다. 즉 파지, 조정능력, 상대적으로 강한 사지, 머리의 정면에 위치한 두 눈, 적은 수의 새끼(자식), 높은 상호의존성, 신체크기에 비해 큰 뇌의 특징은 오늘날 체육 · 스포츠가 발전하게 된 기본적 원인이 될 수 있다.

파지는 유연한 손발가락들로 인해 잡고 움켜쥐고 붙잡을 수 있는 능력이다. 골프선수가 스윙각도를 조절하고 물체 둘레를 꽉 조임으로써 물체의 움직임을 통제할 수 있는 능력과 연관돼 있다. 체육 · 스포츠에 필수적인 가동성은 머리 양 옆이 아닌 앞쪽에 위치한 두 눈을 통해 설명했다. 입체경적 시각이 가능하게 돼 거리를 정확하게 측정함으로써 양궁과 사격과 같은 종목으로 이어졌다. 인간보다 뛰어난 후각을 지닌 동물의 특성처럼 냄새 맡는 능력에 기초한 스포츠는 없다는 점에서 머리의 정면에 위치한 눈 위치를 주요한 원인으로 꼽았다.

또한 많지 않은 자식을 잉태하고 기르는 과정 속에 협동하고 의사소통하는 능력을 통해 팀워크를 중시하는 높은 상호의존성에 대해 설명했다. 개인 달리기 종목을 보더라도 코치와 선수 간의 상호협동이 요구되는 구조를 통해 인간이 지닌 특성과의 관계를 나타낸다고 볼 수 있다. 뇌의 크기는 다른 맹수들과의 경쟁 환경 속에서 경쟁우위를 통해 생존하게 된 원인과 연결된다. 오늘날 수영, 사이클, 마라톤 3종목을 7시간 이상 완주해야 하는 철인3종 경기는 인간만이 놀라운 적응력을 발휘하며 지속가능한 신체를 움직일 수 있게 한다는 점에서 뇌세포의 성장 원인을 통한 체육·스포츠 발전에 대해 설명하고자 했다.

물론 인간은 다른 영장류와 달리 정교한 형태의 의사소통이 가능하다. 인간의 언어를 통해 사고의 확장과 창의적 문화를 영속할 수 있게 되면서 일차적 욕구인 음식과 주거 외에 종교, 정치, 경제, 전쟁, 문화 등 복잡한 환경을 창출하게 됐다. 이는 인간이 다른 동물과 구분 짓는 대표적인 생물학적 특징인 직립성, 파지능력, 크고 보다 복잡한 뇌, 언어라는 문화형성의 필요조건을 뛰어넘는 요인을 분석해야 한다고 주장했다. 그것이 바로 스포츠이다.

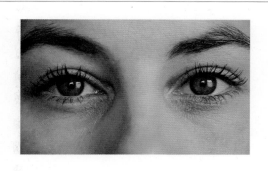

사람의 눈

2. 신체의 교육과 신체를 통한 교육

체육(體育) 즉, 영어로 Physical Education이란 용어가 처음 등장한 곳은 미국 하버드대학 교수였던 존 웨렌(John Warren, 1753~1815)의 저서 'Theoretical Treatise on physical education(1840)'으로 알려져 있다. 이를 바탕으로 '신체의 교육'에 초점이 이루어졌다. 20세기 초까지 주류를 이뤘던 체육학 이론으로 독일의 프리드리히 루드윅 얀(Friedrich Ludwig Jahn, 1778~1852)이 주창한 체조와 스웨덴의 페르 헨릭 링(Pehr Henrik Ling, 1776~1839)이 개척한 체조를 통해 몸을 단련하는 개념을 강조하였다. 즉, 강하고 튼튼한 아름다운 신체가 중요한 개념으로 자리 잡게 되면서 어린이의 발육과 발달을 도와서 신체가 건강하게 자라고, 신체의 기능을 효율적으로 발휘할 수 있도록 했다.

1930년대 전후로 등장한 '신체를 통한 교육'은 루터 귤릭(Luther Gulick, 1865~1918), 클락 윌슨 헤더링턴(Clark Wilson Hetherington, 1870~1942) 등에 의해 발전했다. 이는 기존의 '신체의 교육'에서 진보주의 교육이론으로 신체와 정신은 분리될 수 없음을 강조했다. 즉, 모든 교육적 활동은 지적, 도덕적, 신체적 결과를 동시에 가져다주는 것으로 인식하게 됐다. 다시 말해 시대의 변화와 요구에 따라 '신체의 교육'에서 '신체를 통한 교육'으로 변화하였다.

루터 귤릭

2절 스포츠, 인류 공통의 언어

1. 스포츠 어원과 의미

가. 아곤과 아레테

아리스토텔레스(Aristoteles, 기원전 384~기원전 322)의 상대방을 설득하는 요소로서 로고스(logos), 파토스(pathos), 에토스(ethos)를 제시했다. 로고스는 이성적이고 과학적인 것을 가리키는 것으로 사고의 능력과 이성 등을 의미한다. 파토스는 감각적, 신체적, 예술적인 것으로 격정, 정념, 충동 등을 의미하며 로고스와 반대되는 개념이다. 에토스는 성격과 관습을 의미하는데 사람이 도덕적으로 옳고 그름을 판단하는 원동력이라 보았다. 예를 들어 오늘날 축구경기에서 상대선수가 넘어져 경기를 치를 수 없을 때 유리한 경기진행을 하고 있더라도 공을 밖으로 걷어내어 부상자를 살피는 행위에서 찾아볼 수 있다.

고대 그리스에서는 스포츠란 용어 대신 경쟁을 의미하는 아곤(Agôn)을 사용하였다. 경쟁과 승리추구를 의미하는 아곤을 통해 스포츠 경기는 자유로운 경쟁을 의미하는 용어로 자리 잡았다. 이는 경쟁하는 상대와 성과를 비교함으로써 가치를 평가할 수 있게 됐다. 일반적인 경쟁 스포츠에 해당된다. 경쟁과 라이벌 정신은 당시 그리스인들의 접근법으로 어떤 대가를 치르더라도 승리를 쟁취하는 것이 중요했다. 즉, 당시에는 '공정성' 개념은 없다고 볼 수 있다.

아곤(Agôn)과 함께 중요한 용어로 아레테(arete)가 있다. 탁월성을 추구하는 노력과 과정을 의미한다. 아곤처럼 타인과의 경쟁이나 비교를 추구하기 보다는 자신의 잠재력에서 어떤 종류의 우수성을 찾는 행위라 할 수 있다. 아곤의 경쟁스포츠와 달리 미적스포츠와 극기스포츠에서 드러날 수 있는 개념이다. 그리스인들은 남성의 강건한 육체적 완성을 열망했다. 이는 아곤보다 더 포괄적인 개념으로 아레테가 승리 지상주의의 병폐를 막기 위해서라도 더 중시하는 경향을 드러낸다.

아곤과 아레테

나. 스포츠

대략 20만 년 전에 출현한 호모 사피엔스(Homo sapiens)는 우리와 같은 종으로 여기고 있다. 보다 진화한 종으로 아프리카에서는 '호모 사피엔스 사피엔스'로, 유럽에서는 네안데르탈인이라 불리는 '호모 사피엔스 네안데르탈렌시스'로 이어졌다. 약 2만 8천 년 전에 멸종이 될 때까지 유럽에서 번성했던 네안데르탈인들은 불을 사용하고 필요한 무기를 만들었다. 매장문화가 있어 삶과 죽음에 대한 원초적 고민을 했고, 사회적 관계가 형성돼 있었다. 이들이 행했던 사냥을 위한 도구제작과 분업에 관한 집합행동은 스포츠 기원을 이해하는데 수렵채취적인 삶의 양식이 중요한 요인임을 알 수 있다.

네안데르탈인의 등장

네안데르탈인(학명: 호모 사피엔스 네안데르탈렌시스)은 대략 38만 년경에 중동에서부터 생존을 이어갔다. 호모 사피엔스의 하위 종인 그들은 호모 하이델베르겐시스를 이어가며 거듭났다. 오늘날 이스라엘과 이라크에 있는 동굴에서 살았던 흔적이 있다. 이후 중앙아시아, 폴란드, 독일을 비롯해 약 25만 년 전에는 영국까지 건너갔다. 대륙이 연결되어 있지 않은 한 항해도 했다는 의미다. 최소 25만 년 이상 유럽을 성공적으로 점유했던 네안데르탈인은 약 2만 8천 년경에 갑자기 사라졌다. 도대체 무슨 일이 일어났을까? 풀리지 않은 수수께끼로 남아있다. 크로마뇽인(학명: 호모 사피엔스 사피엔스)에 비해 동굴에 남겨놓은 유적지 수가 적다. 이는 인구수가 네안데르탈인에서 크로마뇽인으로 대체됐음을 알 수 있다. 즉, 크로마뇽인이 그들의 자리를 급속히 대신해 왔다는 것은 분명하다. 호모 사피엔스가 대체 왜 그리고 무슨 수로 그토록 빠르게 고인류 집단을 대체했을까. 명쾌한 답이란 없다. 늘 변화할 수밖에 없는 결론이다. 학자들 사이에서도 여전한 의문으로 남아 있다. 현생인류가 존재했던 기간보다 오래 번성했던 네안데르탈인은 누구일까. 그들은 매장문화도 간직할 만큼 진화된 공동체 삶을 살았다. 불을 사용했고 협업을 통해 동물을 사냥할 줄도 알았다. 빙하기를 극복했을 만큼 뛰어난 환경 적응 능력을 보여준 이들이다. 이토록 환경에 잘 적응했던 그들은 어떻게 됐을까? 호모 사피엔스와 공존했다면 지금 인류의 종은 호모 사피엔스만 존재하는 것이 아니라, 다양한 종과 섞여 문화를 만들고 문명을 이루었을 것이다. 물론 그게 어떤 결과를 가져올지 장담할 수 있는 부분은 없지만 말이다. 네안데르탈인의 신체적 특성을 보면 평균 신장은 165 센티미터 정도였다. 같은 키의 현대인보다 몸무게는 10 킬로그램 정도가 더 나갔다. 근육량의 차이일 것이다. 하나의 근골격에는 두 가지 형태의 근섬유가 있다. 이른바 지근섬유(Slow-twitch fiber)와 속근섬유(Fast-twitch fiber)이다. 생리학자들은 Type I(지근), Type II(속근) 용어로 선호하는 이 두 가지 형태의 근섬유는 수축 속도에 따른 차이로 명명됐다. 주로 마이오신 에이티피아제(ATPase)라고 하는 효소가 수축과 이완에 필요한 에너지를 방출하기 위해 아데노신삼인산(ATP)을 분리하는 역할을 한다. ATP는 근육활동을 하기 위한 에너지의 화학적 공급원으로 속근섬유가 지근섬유보다 더 빠르게 분리된다. 즉, 더 빠르게 수축한다는 것을 의미한다.

출처: 문개성(2021). 스포마니타스: 사피엔스가 걸어온 몸의 길. 박영사, p.68~69.

1만 년 전 경에 씨를 뿌리고 농작물이 형성한 시기에는 수렵을 위한 이동이 아닌 가축을 기르기 위한 정착으로 바뀌었다. 사냥은 생존을 위한 식량공급에서 벗어나 다른 목적을 갖게 됐다. 이는 "긴장에 대응하는 방법으로 사냥을 재상연하기 위해 추격을 흉내 내고, 사냥감을 모방하며, 싸움을 모사하고, 도살을 모의하며, 용감성과 결단력 같은 속성을 받는 상황을 재창조하는 것이다(Cashmore, 2000, 정준영 역, 2001, p.88)." 즉, 사냥의 동기가 새로운 도전을 추구하는 것이지 오로지 식량을 구하는 행위가 아니란 것이다. 오늘날 스포츠가 갖는 충동과 자극에 관한 표출로서 그 근원을 찾게 된다. 새로운 시나리오는 팀을 이끄는 리더십, 조정능력, 지력, 용감함 등이 식량이란 최종 산물보다 더 가치 있는 것이 됐다.

　　이에 대해 캐시모어(Ellis Cashmore, 2000)는 다음과 같이 말했다. "스포츠가 원시시대에 뿌리를 두고 있다는 말이 진부하게 들리지 모른다. 현대 스포츠의 대부분이 생존의 문제에 대한 대응에서가 아니라 상업적 이해관계에 종속되어 돌아가고 있다는 점을 생각해보면 더욱 그렇다. 하지만 동시에 우리는 스포츠가 상업적으로 이용될 수 있을 만큼 매력적인 것으로 만드는 충동이 우리의 진화론적 형성의 일부임을 인식해야 한다(정준역 역, p.89)."

　　스포츠(sports)란 말은 라틴어인 'portare'에서 유래됐다. 이는 '물건을 운반하다'란 의미가 있다. 13세기경 프랑스어에는 'de(s)port'란 용어가 있었고, 15세기경에는 영어로 'sporte'란 단어가 존재하면서 오늘날 스포츠(sports)와 유사하게 됐다. 영국에서 선호하는 단어는 'sport'로서 전체 제도를 의미한다. 반면 우리나라에서도 마찬가지이지만 북미에서 많이 사용하는 복수형인 'sports'는 다양한 행위와 조직을 가리키는 것을 뜻한다(Cashmore, 2000). 또한 스포츠란 의미는 'port(운반하다, 나르다)'에서 '(즐거움)을 나르다'의 의미로 확대되면서 광의적 개념이 자리하게 됐다. 이는 여가 혹은 오락(recreation), 싸움(disputes), 유희(pastime), 기분전환(diversion) 등의 광범위한 의미로 인간행동 유형으로 잠재해 있다(Keating, 1964).

　　현대사회가 복잡해지고 다양해지면서 인간행동의 충동과 자극을 훨씬 뛰어넘는 콘텐츠가 됐다. 개인적으로는 건강을 유지하고 싶은 욕망에서 사회를 통제하기 위한 수단이 필요한 집단에서 유용한 수단이 되기도 한다. "스포츠에 대한 정의 자체가 사회 집단들 간의 경쟁, 갈등, 타협의 산물이며 스포츠의 변화 과정에는 겉으로 보기에 스포츠와 아무 관련이 없는 다양한 사회적 요인들이 개입해 영향을 미치기 때문이다(정준영, 2003, p.23).”

호모 사피엔스의 이동

사피엔스의 일부 집단이 한 차례 동아프리카를 벗어난 적이 있다. 약 10만 년 전쯤으로 추정하고 있다. 오늘날 지중해 동쪽인 레반트에서 이미 굳건히 자리를 잡고 있던 힘 좋은 네안데르탈인과의 첫 조우일 수도 있다. 결과는 사피엔스의 패배이다. 만나자마자 치고 박고 싸웠는지는 알 길이 없다. 하지만 척박한 환경을 이겨내는 데 힘이 센 그들보다 역부족이었던 것은 분명하다. 물론 단순한 근력의 우위가 아닌 보다 복잡하게 작용했던 환경 적응력에서 결정됐을 것이다. 3만 년 동안 전열을 재정비했을까. 뇌가 보다 영민한 방향으로 조금이라도 진화했을 수도 있다. 하늘에서 벼락을 맞은 듯 갑자기 각성에 이르지는 않았을 테니 말이다. 또는 고인류 집단과의 경쟁에서 살아남기 위한 효과적인 방법을 알아가는 과정이었을 수도 있다. 함께 힘을 합쳐 살아가거나 임무를 나눠 효율적인 작업 방식을 서로 인지하고 있었다면 어떠했을까. 물론 자유로운 상상의 세계. 사피엔스는 약 7만 년 전경에 두 번째 탈출을 감행했다. 이들은 아프리카와 유라시아를 연결하는 레반트를 가로질러 끝도 없는 이주행렬을 했다. ‘아프리카 기원설(Out of Africa)’이라 불리는 이 탈출 사건을 통해 호모 사피엔스가 본격적으로 이동하는 순간을 맞이한 것이다. 이 시기에 호미닌 종은 몇 군데 존재하고 있었다. 유럽에서는 네안데르탈인과 데니소바인이 있었고, 아시아 동쪽 끝에는 호모 에렉투스가 남아 있었다. 다시 말해 사피엔스가 이동하면 언젠가는 만나게 될 수밖에 없는 집단인 것이다. 서로 비슷했으니 기묘한 감정을 가졌을 이들의 만남을 상상해보자. 눈물 없이는 볼 수 없는 이산가족의 만남과 같았을까. 혹은 어딘가 자신들과 비슷하긴 한데 낯선 이방인의 느낌을 지울 수 없는 대면이었을까. 여기서부터 의구심에서 확신으로 바뀔만한 이슈가 있다. 우리 내면에는 미지의 세계를 거침없이 내닫는 기질이 있다. 생존에 대한 강력한 욕구, 탐구에 대한 주체할 수 없는 호기심 등이 범벅이 돼 있다. 반면 생김새가 다른 인종에 대한 낯섦도 간직한다. 경험하지 않았던 환경에 곧잘 적응을 하면서도 돌이킬 수 없을 정도의 거침없는 파괴를 일삼기도 한다. 보편적 사고로 충만 됐다는 오늘날에는 반목대신 공존을 외치며 우리 스스로 거듭나고 있다. 하지만 그 외침이 간혹 공허할 때도 있다. 함께 해야 한다는 당위가 완벽하게 잘 세워지지 않고 여전히 갈등이 상존한다. 하물며 약 7만 년 전부터 수 만년 동안 겪었을 대형 집단 사이의 만남에서 친근함을 먼저 느꼈을까. 나 혹은 우리와 다른 개체에 대해 이질감에 가까운 감정을 가졌을까. 후자에 방점을 둔다면 이웃나라 손님이 아니라 듣도 보도 못한 왠지 비슷하면서도 이상한 존재들로 인식했을 것이다. 또 살벌한 먹이사슬 경쟁을 해야 한다는 말인가.

출처: 문개성(2021). 스포마니타스: 사피엔스가 걸어온 몸의 길. 박영사, p.37~39.

호모 사피엔스

2. 스포츠에 열광하는 이유

가. 스포츠의 본질적 가치

캐시모어(Ellis Cashmore, 2000)에 따르면 현대인이 스포츠에 열광하는 이유를 세 가지로 꼽았다. 첫째, 삶이 너무 뻔하다(predictable)는 것이다. 문명화 과정을 통해 질서와 안정을 우선적으로 추구하며 안전한 환경이 도래했다. 즉, 더럽고 잔인한 속성이 일상에서는 찾아보기가 힘들면서 대리만족을 얻어야 하는 현대인은 스포츠에서 쟁취하는 승리와 환호 속에서 찾는다는 것이다. 이러한 스포츠만의 결과를 예측할 수 없는 불확정성에서 상품 가치를 지니게 됐다.

둘째, 현대인의 삶이 지나치게 예의바르다(civil)는 것이다. 고대 로마의 콜로세움에서 실제로 벌어졌던 삶과 죽음 사이에서 검투사의 모습이 현대 스포츠에 그대로 투영된다. 흥행을 위한 연출 무대가 필요하고, 모든 관심은 승자에게 초점을 맞추게 된다. 즉, 사람들은 적자생존 본능에 따라 일상을 지내고 있고, 스포츠는 그 생존본능의 추진력을 제공하는 상징적 상품이 된 것이다.

마지막으로 삶이 너무 안전하다(safe)는 것이다. 앞서 언급한 문명화를 거치고 예측 가능한 규칙에 종속되면서 어느 정도 안전을 담보로 하고 있다. 물론 현대 전쟁, 원자력발전소의 재난, 환경오염 등 새로운 영역에서 안전을 위협하는 요인이 생겼지만, 과거와 같이 질병, 소수통치 집단의 폭압에 따른 야만의 시대는 지나갔다고 본 것이다. 캐시모어(Ellis Cashmore)는 승마의 장애물 경주에서 담장을 낮추면 모두가 안전하지만, 승마협회는 그렇게 하려고 하지 않거나, 권투와 암벽타기, 극한 스포츠(extreme sports)와 같은 위험요소가 다분한 스포츠 종목이 생겨나는 것에서 이 이유를 설명했다.

고대 그리스에서 판크라티온(Pankration)이란 경기는 눈을 찌르는 것 말고는 거의 허용한 인간의 공격성이란 원초적 기질을 발현하게 했던 종목이다. 21세기 들어 권투의 인기는 다소 주춤한 대신 훨씬 폭력적인 종합 격투기(mixed martial arts, MMA)가 흥행하는 것을 보면 현대인의 따분한 삶에 스포츠가 큰 역할을 하는 것은 자명해 보인다.

오늘날 스포츠 단일종목으로 최고의 흥행을 이어가는 월드컵(Worldcup)의 핵심을 단순함이라는 사실에 대해 부인할 수 없다. 현대는 복잡한 사회구조와 관계 속에서 끊임없이 돌아가는 특성을 갖는다. 물론 스포츠 규칙이 복잡하다고 해서 관중을 유인하기가 어려운 것은 아니다. 소비자의 성향에 따라 선택조건이 다양할 수 있기 때문이다. 하지만 유독 공 하나로 이루어지는 경기에 전 세계인들의 흥분을 증폭시킬 수 있는 이유는 무엇일까? 월드컵 결승전에는 동일한 시간대에 수십억 이상의 인구가 같은 현상을 지켜본다. 올림픽 개·폐막식을 수십억 인구가 바라보는 느낌과는 다소 다를지 모른다. 승패를 결정짓는 스포츠 경기이기 때문이다. 결론적으로 축구는 대중성을 최대로 키우기 위해 최소 조건만 갖추었다.

　　스포츠 참여는 직접 혹은 간접적으로 참여한다. 직접적인 참여는 말 그대로 해당 종목을 규칙대로 실행하는 것이고, 간접적인 참여는 경기장 관람 혹은 TV 등 미디어를 통해 경기를 소비하는 행위이다. 즉, 축구는 스포츠 참여를 수동적이 아닌 매우 능동적으로 누구나 다 참여할 수 있게 한다. 아무리 초보자라 할지라도 배트로 공을 치는 것보다 발로 공을 차는 행위가 쉽지 않을까?

　　근대 스포츠는 '하는 스포츠'였다. 스포츠 마케팅 개념이 자리가 잡히지 않았을 때였기에 경기를 구경하기 위해 돈을 내고 티켓팅을 한다는 자체가 낯설었을 것이다. 경기 관람은 상류층의 사교 모임을 위한 행위로 오늘날과 같은 대중화가 아니었다. '하는 스포츠'에서 '보는 스포츠'로의 혁신적 시장의 변화는 TV와 같은 미디어가 주도했다. 능동적 참여와 대중화에 성공한 축구는 4차 산업혁명 기술을 가장 먼저 접목해 '보면서 하는 스포츠'가 될 가능성을 기대할 수 있을 것이다. 그 이유는 타 종목에 비해 단순하기 때문이다. 대중의 호기심을 자극하는 요인으로 단순함의 힘을 무시할 수 없다. 다시 말해 근·현대 스포츠의 중요한 특성 중에서 규칙성은 스포츠가 갖는 본질성을 체계화함으로써 복잡한 현대인에게 긴장과 스트레스를 해소하고, 욕망을 분출할 수 있는 장(場)을 마련해 주었다.

판크라티온

나. 스포츠의 산업적 가치

몇 년 전 우리사회 혹은 전 세계를 강타한 단어는 무엇일까? 바로 이 단어, '4차 산업혁명'이다. 파생적으로 융합, 복합, 혁신이란 용어도 여기저기서 등장했다. 몇 해 전 세계경제포럼으로 잘 알려진 다보스 포럼의 회장인 클라우스 슈밥(Klaus Schwab, 1938~)을 통해 4차 산업혁명이라는 화두가 뿌리내리게 됐다. 마케팅 관점에서도 4차 산업혁명이란 브랜드는 성공한 것으로 보인다.

그에 따르면 증기기관이 발명된 18세기 무렵의 영국에서 물과 증기 힘에 의한 기계화 현상이 시작됐다. 1차 산업혁명 시기이다. 19세기 무렵이 되자 전기를 이용한 대량생산과 자동화 시스템이 도입됐다. 바로 2차 산업혁명 시기이다. 20세기 중반부터 오늘날까지 컴퓨터가 개발되고 정보화기술이 모든 산업과 결합되면서 3차 산업혁명 시기를 보내고 있다. 바로 지금 이 순간부터라고 하는 4차 산업혁명 시대에는 어떤 변화가 있을까? 오늘날까지 이어진 디지털 기술발전을 토대로 말 그대로 혁명을 이룰만한 현상이 눈앞에 있다. 바둑기사 9단 이세돌을 이긴 인공지능(AI), 생활 곳곳을 누비고 다닐 정밀한 로봇기술, 사물 간에도 정보를 교환하고 데이터를 축적하는 사물인터넷 등 다양한 미래 아이템에 대해 꽤 여러 차례 들어보았을 것이다. 이세돌의 바둑에 대한 얘기를 덧붙이자면, 국내 스포츠 산업 중에서 '기원(棋院) 운영업'으로 참여스포츠 시설 운영업에 포함돼 있다.

　바둑도 스포츠라고? 반문할 수 있지만 인간의 뇌(brain)는 가장 중요한 신체이다. 즉, 신체성, 경쟁성, 규칙성이란 근대 이후 스포츠의 특성을 대입을 해봐도 쉽게 이해할 수 있다. 4차 산업혁명 시대의 스포츠이벤트 모습을 상징적으로 보여줄 수 있는 종목일 수 있다. 2016년 3월, 일주일간은 전 세계에 바둑이란 종목과 이세돌을 알린 기간이 됐다. 물론 마케팅의 최종 승자는 알파고를 보유한 구글(Google)이었다. 2019년 이세돌은 은퇴했지만, 인공지능을 이겨본 경험을 가진 최초의 인간이란 타이틀로 영원불멸한 아이콘으로 남게 될 것이다. 당시 바둑대국을 치른 서울 포 시즌스 호텔을 보면 대국장, 언론 인터뷰, 관계자 숙소, 편의시설 등 원스톱서비스가 가능한 공간이다. 즉, 올림픽처럼 요란하게 경기장을 짓고 부대 이벤트를 하지 않아도 전 세계로부터 주목받는 스포츠이벤트가 가능하다는 것이다. 또한 기반시설을 짓기 위해 총체적으로 투입해야 할 인적·물적에너지를 비롯해 티켓팅, 부대시설 수익, 사후 관리문제 등으로 고민할 요인이 최소화 할 수 있게 돼 많은 시사점을 주었다. 이렇듯 스포츠는 인류 공통의 언어로 최상의 상품가치로 만들 수 있는 다양한 콘텐츠와 기술을 연결할 수 있다는 점에서 매력적인 산업이라 할 수 있다.

　문화체육관광부(2021)에 따르면 스포츠 산업의 특성을 다섯 가지로 분류하여 설명할 수 있다. 공간·입지 중시형 산업, 복합적인 산업분류 구조를 가진 산업, 시간 소비형 산업, 오락성이 중심 개념인 산업, 감동과 건강을 가져다주는 산업이다.

첫째, 공간·입지 중시형 산업이다. 아무리 경치가 좋은 한라산 꼭대기인 백록담이라 할지라도 축구 경기장을 짓는 것은 무리가 있다. 발상의 전환으로서 가치가 있을지는 모르겠지만 접근성이 현격히 떨어진다. 케이블카를 짓는다고 해도 수만 명의 관중을 신속히 움직이게 할 수는 없다. 즉, 스포츠 참여활동은 적절한 장소와 입지 조건이 선행되어야 하며 시설에 대한 의존도가 높다. 접근이 쉽고 시설의 규모 등이 소비자들에게 주된 관심의 대상이 돼야 한다. 수상스키와 윈드서핑은 해양스포츠 시설이 필요하고, 스키와 스노우보딩은 겨울 스포츠 시설이 필요하다. 종목별, 계절별 등의 고유한 특성으로 제한된 장소에서만 할 수 있기 때문에 입지 조건이 중요하다.

이 지점에서 4차 산업기술을 접목해 가상현실(VR) 속에서 손흥민 선수와 축구경기를 할 수 있게 된다면 어떨까? 오프라인상의 공간·입지 중시형 산업의 개념이 모호해질 수 있다. 근사한 경기장을 한라산 꼭대기로 설정해서 짓고, 경기가 끝나면 사라지게 할 수 있다. 기술 간의 융·복합 현상으로 흥미진진한 상상력을 불어넣는데서 끝날 수도 있지만, 새로운 수익모델이 창출되고, 이해관계자(연맹과 같은 생산자, 기업과 미디어와 같은 유통자) 간의 조정이 끝나면 가상현실 속에서 등장한 손흥민 캐릭터와 함께 뛰는 자신의 캐릭터 사이의 경기결과도 공식적으로 인정받게 되는 날이 올 수도 있다.

둘째, 복합적인 산업분류 구조를 가진 산업이다. '스포츠산업특수분류 3.0'에 따르면 스포츠 시설업, 스포츠 용품업, 스포츠 서비스업 간의 상호 유기적이고 복합적인 특성을 내포한다. 각자 따로 발전한다고 해서 큰 시너지 효과를 기대하기 힘들다. 스포츠 용품업은 2차 산업, 스포츠 서비스업은 3차 산업으로 스포츠 산업은 복합적인 산업분류 구조의 특성이 있다. 스포츠 산업 생태계란 용어가 쓰이듯 교육, 의료, 패션, 섬유, 조경, 건설, 관광, 게임, 출판, 미디어에 이르기까지 모든 산업 분야와 융합과 복합이 가능한 분야로서 발전하고 있다. 가장 중요한 상품인 '선수'를 보자. 그들의 기량과 대중성을 멋들어지게 뽐낼 수 있게 다양한 분야 조력자들의 활동이 얽혀있다. 4차 산업혁명 시대에 홀로그램(hologram) 기술과 인공지능(AI)에 의해 진짜보다 더 진짜 같은 김연아 前 선수를 통해 수준별로 스케이팅을 배운다고 상상해보자. 현역선수인 손흥민과 은퇴선수인 김연아는 영원불멸한 아이콘으로 남게 된다. 새로운 기술과의 융

·복합을 통해 아이콘을 관리할 주체, 새로운 서비스를 통해 창출한 수익구조와 배분, 새롭게 등장할 가격 서비스 등 복합적으로 얽혀 있는 新스포츠 콘텐츠 장르가 등장할 것이다.

셋째, 시간 소비형 산업이다. 스포츠 활동이라 함은 대표적으로 동호인 활동, 생활체육종목 배우기 등 직접 참여하는 스포츠와 경기장을 찾아가서 관람하는 스포츠가 있다. 또한 매체(media)를 통해 경기장면을 찾아본다. 모든 활동을 하기 위해선 시간을 투자해야 한다. 생방송을 보든, 하이라이트만을 보든 간에 시간이 소모된다. 프로야구의 평일 야간 경기의 경우 저녁 7시 넘어서 시작해서 늦게는 밤 11시 이후에 경기가 끝난다. 골프는 18홀 플레이를 기준으로 평균 4시간 넘게 시간을 소비해야 한다. 스포츠 산업의 발달에 따른 노동시간은 줄어들고, 삶의 질을 높이기 위한 여가활동은 늘어난다. 노동과 휴식에 대한 인식과 가치관이 많이 바뀌게 되면서 스포츠 활동에 소비하는 시간이 늘어날 수밖에 없다. 4차 산업혁명 시대의 스포츠 콘텐츠를 소비하는 시간이란 어떤 개념일까? 공간을 뛰어넘는 시간이 된다. 지구 반대편에서 펼쳐지고 있는 남미 프로축구 리그에 열광하기 위해 거기에 있는 사람들과 마찬가지로 관람스포츠 소비자가 된다. 옆 좌석에 있는 관객처럼 환호하며 응원할 수 있고, 보고 싶은 장면만 고개를 돌려 볼 수도 있다. 경기가 끝나고 난 후, 정신을 차려보면 고글을 끼고 편안한 거실 소파에 기대앉은 자신을 알게 된다. 2시간 동안 현장에 있는 듯 착각을 한 것이다. 이 열기가 그대로 느껴질 수 있다면 비행기 타고 경기장에 직접 찾아가서 보는 것보다 비용과 시간을 크게 줄일 수 있는 혁신 서비스를 선택할 것이다.

넷째, 오락성이 중심 개념인 산업이다. 기본적으로 사람들은 스포츠가 재미있기 때문에 좋아하고 열광한다. 수준 높은 경기를 관람하기 위해 사람들은 소비할 마음이 생기기도 하고, 기대에 못 미치면 실망하기도 한다. 몸을 건강하게 하기 위한 목적으로 운동을 배우다가도 재미가 없으면 그만두기도 한다. 소비자의 능동적인 참가를 통해 스포츠가 지닌 선택재로서의 성격을 충족하게 되고 산업으로서 성립한다. 스포츠 산업은 최종 소비재다. 특히 서비스를 다루는 산업으로 소비자와 직접 접촉할 수밖에 없다.

마지막으로 감동과 건강을 가져다주는 산업이다. 흔히 스포츠는 '각본 없는 드라마'라고 한다. 영화와 연극과 달리 정해진 각본대로 움직이지 않는다. 이변

이 속출하고 결과가 불확실하다. 마음속으론 좋아했지만 선뜻 도전하지 못했던 종목에 참여하면서 엄청난 에너지를 느끼기도 한다. 선수들을 응원하는 과정을 통해 자기도 모르게 소리를 지르고, 이기게 됐을 때 스트레스를 쏟아내고 대리만족의 경험을 한다. 궁극적으로 스포츠 산업은 사람들에게 정신적, 육체적 건강을 높여줄 기회를 제공한다. 이 이유 하나만으로도 스포츠 산업의 매력에 푹 빠질 준비가 돼 있는 것이다. 최첨단 기술을 통해 오감을 자극하고, 건강이 보장된다면 가치는 더욱 높아질 것이다. 소비자의 호주머니를 탐내는 기업은 스포츠 생산자와의 융·복합적 신상품을 통해 어김없이 우리의 심장을 파고들 것이다.

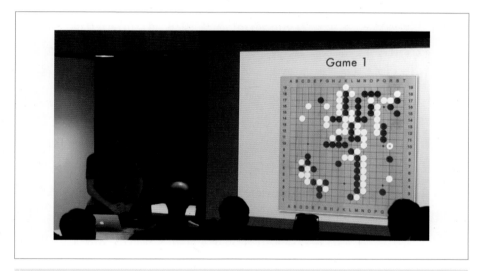
알파고

정부는 왜 스포츠 산업을 새로운 성장 동력으로 삼는 것일까? 스포츠 산업은 여러 국가의 새로운 성장 동력으로 각광받고 있다. 규모가 나날이 커지면서 다양한 효과가 입증되고 있다. 스포츠 산업은 고부가가치, 무한한 성장 잠재력, 미디어적 가치, 국민복지에 기여하는 산업으로서 중요하다. 이는 4차 산업혁명 기술이 도래하면서 지식 간 혹은 산업 간 융·복합 현상이 가속될 수 있다는 관점에서 살펴보면 다음과 같다.

첫째, 고부가가치 산업이다. 많은 국가에서 스포츠 산업을 키우기 위해 정책을 펴고 있다. 스포츠 스타선수가 갖고 있는 가치는 계속 성장한다. 유명한 선수가 현역이든 은퇴를 하던 간에 다양한 형태의 스폰서십과 인도스먼트(endorsement)라 불리는 선수보증광고를 통해 부가가치를 생산한다. 벤쿠버 동계올림픽 금메달리스트 김연아 前선수는 여전히 광고시장에서 소비자를 유혹할 수 있는 상품가치가 높다.

둘째, 무한한 성장 잠재력이 있는 산업이다. 앞서 언급한 스포츠 산업 특성 중에는 복합적인 산업분류 구조를 지닌다. 스포츠 산업(시설업, 용품업, 서비스업)은 기존 산업과 연계된 복합 산업의 역할을 한다. 부가가치 창출효과가 높고 일자리를 만드는 효과가 크다고 보고됐다. 문화체육관광부(2018)에 따르면 부가가치 유발계수는 스포츠 산업(0.791)이 전체 산업 평균(0.687)보다 높다. 최근 통신기술(IT, Information Technology) 분야의 급속한 발전과 함께 스포츠가 중요한 비즈니스 콘텐츠로 부각되고 있다. 스크린 스포츠(screen sports)는 IT와 스포츠가 융·복합된 체험 상품으로 대표적으로 스크린 골프가 있다. 2015년 2조 5천억 원의 시장 규모로 전국 8천개가 넘고, 2016년엔 이용객이 250만 명을 넘는 것으로 파악됐다. 한국 스크린 골프 사업은 전 세계 휴양지와 중동 부호들의 저택에까지 납품할 정도로 잠재력이 무한하다. 향후 가상현실(VR, Virtual Reality), 증강현실(AR, Augmented Reality) 등의 혁신기술로 스포츠 시뮬레이션 산업 시장이 커질 가능성이 매우 높다. 최근 스크린 야구 시장도 관심이 크다. 정부는 미세먼지로 인해 야외 운동량이 부족해지는 성장기 아이들을 위해 초등학교 건물 안에 VR 실내 축구장을 정책적으로 지원하겠다고 발표했다.

셋째, 미디어적 가치가 있는 산업이다. 올림픽과 월드컵과 같은 대형 스포츠 이벤트를 상상해보면 매체(media)를 빼면 상상할 수 없다. 기업들의 가장 중요한 마케팅 수단이 바로 미디어다. 최근 소셜 미디어(social media)를 통한 스포츠 마케팅의 변화를 예의주시할 수밖에 없다.

마지막으로 국민복지에 기여하는 산업이다. 스포츠 산업이 발전하면 국가 경제에 도움이 될 것이다. 무엇보다 국민의 삶의 질 향상에 기여한다. 스포츠를 배우기 위해 직접 참여하거나 경기장에 가서 간접적으로 참여하는 활동을 통해 생산과 소비를 동시에 누리게 된다.

스포츠를 본다는 것

스포츠를 본다는 것은 어떤 의미가 있을까? 흔히 스포츠를 통해 인간의 순수한 욕구를 발산하는 페어플레이 행위의 긍정적인 의미를 찾는다. 더 나아가 스포츠 현장은 우리 인류가 화합을 도모할 수 있는 새로운 차원의 장(場)의 역할이 되길 바란다. 즉, 새로운 차원의 의미를 부여하고 스포츠를 본다는 것은 한 편의 이미지 시뮬레이션 게임을 보는 것과 유사하다. 규격화되어 있는 장소에서 약속된 시간에 상호 이해를 동반한 규칙을 통해 승패를 가르는 이벤트는 우리가 생활 속에서 부딪히는 현실이 아니고, 잘 만들어진 가상현실의 성격을 띠게 된다. 20세기를 대표하는 프랑스의 저명한 철학자 장 보드리야르(Jean Baudrillard, 1929~2007)가 제시한 시뮬라시옹(simulation)의 현실일 수 있다. 실제로 존재하지 않는 대상을 존재하는 것처럼 만들어 놓은 인공물인 시뮬라크르(simulacre) 안에서 인간의 욕망을 표출하게 된다. 그에 따라 스포츠란 실재 사물이 아닌 가상성의 이미지를 소비하는 사회의 일부라 할 수 있다. 이는 곧 스포츠 경기 장면을 보는 것 이상으로 시간, 돈, 기호, 스타일 등을 소비하는 문화적 의미가 더욱 강해질 수밖에 없다.

출처: 문개성(2015). 스포츠 인문과 사회. 커뮤니케이션북스, p.12.

장 보드리야르

인류 공통의 유산을 한 나라의 정치적 이슈로 이용할 수 있는지 생각해 봅시다.

보이콧 올림픽, 허망한 구호로 그칠까

인류 공통의 유산, 올림픽의 해이다. 빨강, 파랑, 노랑, 초록, 검정색의 다섯 가지 원으로 구성된 로고는 올림픽의 첫 인상을 담고 있다. 인종, 종교, 국경을 뛰어넘는 보편적 가치를 상징한다.

초대받지 못한 그들

오륜기가 처음 소개된 올림픽은 1920년 벨기에 앤트워프에서 개최된 7회 대회이다. 1916년 6회 대회가 독일에서 개최하기로 했으나 1차 세계대전으로 취소되며 7회로 넘어갔다. 이 대회는 전쟁으로 폐허가 된 벨기에의 재건을 기치로 추진됐고, 전쟁주역이자 패전국가인 독일은 초대받지 못했다. 비슷한 길을 간 유일한 나라는 일본이다. 1940년 12회 일본 도쿄대회와 1944년 13회 핀란드 헬싱키 대회는 2차 세계대전으로 취소됐다. 1948년 영국 런던에서 14회 대회가 치러졌고, 패전주체인 독일과 일본은 동반으로 초대받지 못했다.

닮은 꼴 행진, 그러나 갈등 조정자와 유발자의 길

과거의 독일과 현재의 일본은 다시 한 번 닮은 꼴 행진을 하고 있다. 과거 독일은 1936년 11회 베를린 올림픽을 치렀다. 1933년 히틀러가 정권을 장악하고 3년 후 철저하게 정치적 수단으로 악용한 대회로 오명을 짙게 남겼다. 우리에게는 손기정 마라톤 선수가 일장기를 달고 우승한 가슴 아픈 역사를 지닌 그 대회다. 또다시 3년 후, 독일은 폴란드를 침공하며 인류 역사에서 가장 큰 인명과 재산 피해를 낳은 2차 세계대전을 일으켰다.

지금의 독일은 어떠한가. 철저한 반성과 재건으로 갈등을 조정하는 리더의 지위를 찾았다. 일본은 어떠한가. 반성은커녕 역사적 기록도 부인한다. 전쟁 피해 당사자인 동북아 지역에서부터 갈등을 유발하는 아이콘이 됐다. 과거의 독일과 현재의 일본은 닮아 있지만, 현재로부터 미래는 전혀 다른 방향의 길로 가는 것은 분명해 보인다. 일본은 올해 32회 하계 올림픽을 치른다. 그들의 행보가 심상치 않다. 그래서 많은 사람들이 과거 독일이 치른 올림픽과 2020년 도쿄 올림픽을 비교하고 있다. 정치적 수단으로 악용한 사례로서 영예롭지 않은 역사로 기록될 것이다. 2011년 동일본 대지진으로 충격을 받은 일본은 위기타파를 위한 정치사회적 이슈로 올림픽 개최 카드를 꺼내들었다. 패망 이후 1964년 도쿄 올림픽을 통해 성공한 재건과 부흥의 경험을 다시 살리기 위한 일환이었다.

지난여름과 가을, 그들이 무얼 했는지 알고 있다

국내에서 정치적·관료적 이슈로 모든 것을 덮어버릴 때 일본에서는 두 가지의 큰 사건이 있었다. 첫 번째 사건은 올림픽을 선정했던 시기인 2013년 9월에 아프리카 출신 IOC 위원들에게 뇌물을 제공한 혐의가 발각되면서 일본 최대 광고회사인 덴쓰(電通)가 수사대상이 된 것이다. 이 문제로 3월에 이미 프랑스 사법당국의 내사를 받던 다케다 스네카즈(竹田恒和) 일본 올림픽위원회(JOC) 회장은 사임한 상태이다. 2019년 7월 24일, 올림픽 개최일로부터 정확히 1년 전 도쿄 신주쿠에서 '노올림픽(NOlympics)' 시위가 열렸다. 방사능 올림픽에 대한 우려를 표명한 것이다. 일본 시민단체를 비롯해 한국, 인도네시아, 영국, 브라질 등 다양한 국적이 참여했다. 모두 꽤 시끄러웠던 뉴스였다. 특히 무서운 공포로 다가오는 '방사능' 문제는 시간이 지나면 해결되는 사안이 아닌 생존권을 위협하는 문제이다. 오죽했으면 '보이콧 올림픽' 목소리가 나왔겠는가. 하지만 정작 국내문제에 매몰돼 불씨를 살리지 못했다. 이 외에도 도쿄 올림픽 엠블럼의 표절 의혹, 몇 해 전 타계한 세계적인 여성 건축가 자하 하디드(Dame Zaha Hadid, 1950~2016)의 작품으로 선정됐던 올림픽 주경기장의 명분 없는 재공모와 설계 변경, 욱일기 사용을 옹호하는 입장, 방사능 피폭 지역인 후쿠시마산 나무사용과 선수촌에 음식반입 방침에 따른 검증되지 않은 행보 등 연달아 논란의 중심에 서 있다.

두 번째 사건은 철저하게 국익 중심으로 돌아가는 일본의 치밀한 전략이 엿보이는 이벤트가 있었다. 9월 20일부터 11월 2일까지 무려 44일간 일본 전역에서 치러진 럭비 월드컵이다. 보름 남짓한 올림픽, 한 달 기간의 월드컵과 비교해도 스포츠 중계권을 확보한 방송사, 스폰서 기업 입장에서 충분히 매력을 느낄 수 있는 이벤트이다. 1987년 출범하면서 시작된 럭비 월드컵은 200개국 이상에서 방영되면서 TV 시청자수가 이미 35억 명을 넘어선 빅 이벤트이다. 럭비종목 자체가 낯설어 국내에는 소개가 잘 되지 않지만, 우리가 열광하는 FIFA의 축구 월드컵처럼 4년마다 대륙별 이동을 하며 흥행몰이를 하고 있다. 다음 대회는 2023년 프랑스 전역에서 개최되고, 이듬해 파리 하계올림픽이 예정돼 있다. 일본처럼 자국 내에서 2년 동안 세계적 축제를 이어가는 것이다. 이 대회를 통해 세련되고 안전한 일본을 강조하며 후쿠시마 원전과 가까운 사이타마현 쿠마가야 럭비장과 이와테현 가마이시 우노스마이 부흥 스타디움에서 버젓이 경기를 치렀다. 그 누구도 방사능 이슈를 거론하지 않았다.

누가 얘기를 꺼내야 할까

두렵게 다가오는 방사능 이슈를 누가 주도적으로 이어가야 할까. 올림픽이란 생산품을 창출한 IOC일까? 아마 원론적 우려를 표명할 수는 있겠지만, 성공적으로 치르게 하고 다른 유통지를 찾아가면 그만인 것이다. 가뜩이나 적자 올림픽이란 인식으로 개최지 확보가 어려운 여건임을 감안하면 말이다. 다른 선진국이 나서야 할까? 환경 단체 그린피스만의 역할일까? 이 문제는 그 누구의 문제도 아니고 우리의 문제이다. 바로 이웃에서 목소리를 내지 않으면 국제적 관심사가 될 수 없는 문제인 것이다. 우리 스스로 나서지 않으면 이슈로 키우거나 해결책을 찾지 못한 채 그냥 그렇게 행사는 치러지는 것이다. 이 상황에서 인류 공통의 유산이란 보편적 가치를 세상에 알리는 주체는 누구일까?

인류가 쏟아낼 수 있는 보편적 가치의 산물, 올림픽

이웃나라끼리 공동 번영을 이뤄야 정치·경제·사회가 안정되고, 무엇보다 정서적·심리적 편안함을 공유할 수 있을 것이다. 일본은 2020년 올림픽을 통해 갈등 조정자로서의 21세기 리더가 되는 좋은 기회를 놓치고 있는 것은 아닐까. 필자가 저술한 '보이콧 올림픽: 지독히 나쁜 사례를 통한 스포츠 마케팅 이해하기'를 통해 안타까운 마음을 대신하고자 한다.

"2020년 도쿄 올림픽은 1964년 도쿄 올림픽에 이어 두 번째 하계 올림픽이다. 패망 이후 재건과 부흥을 기치로 했던 첫째 올림픽의 성공을 이어가겠다는 것이다. 무척 좋다. 재건과 부흥이란 모토 말이다. 그들은 히로시마와 나가사키의 원폭지를 상징적 장소로 남겨놓았다. 위령비, 타다 남은 어린아이 자전거, 멈춰버린 시계 등을 전시함으로써 평화를 갈망하며 오랫동안 번영을 다시 이루었다. 2020년 도쿄 올림픽의 재건과 부흥도 그렇게 방향을 잡았으면 얼마나 좋았을까. 자연재해를 막지 못한 인간의 나약함을 인정하고, 방사능이란 고효율화만 쫓던 인간의 탐욕을 인정하는 것이다. 온 인류가 유일한 지구에 대한 경외감을 갖게 하고, 환경파괴란 절체절명의 위기를 다함께 공감·공유하는 이슈로 가졌으면 어땠을까하는 아쉬움이 남는다. 그렇다면 재건과 부흥을 상징하는 스타디움이 탄생하고, 올림픽이 끝난 후에도 영원한 스포츠 유산으로 남았을 터."

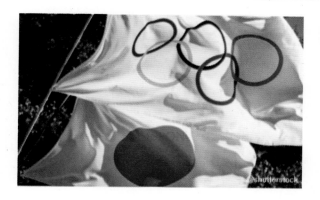

도쿄 올림픽

출처: 서울특별시 체육회(2020.1월). 월간 서울스포츠 351호. 칼럼 스포노믹스(문개성), p.38-39.

 과제

01 체육과 스포츠를 구분해서 설명하시오.

02 오늘날 사람들이 스포츠를 인류공통의 언어로 인식하는 이유를 설명
하시오.

CHAPTER 02 스포츠와 놀이

1절 호모 루덴스

1. 놀이와 게임

동작(motion)은 목적을 갖는 움직임(movement)이라 할 수 있다. 즉, 정확성(accuracy), 조절성(control), 정밀성(precision)의 개념이 포함돼 있다. 놀이(play)란 개념은 라틴어의 'plaga'와 독일의 'spiel'이란 용어에서 유래됐다고 알려져 있다. 이는 '갈증'이란 의미를 지닌 단어로 특정한 목적보다는 즐거움을 추구하는 자발적인 활동에 가깝다. 스포츠와 관련하여 근대화 이론을 정립한 학자인 알렌 구트만(Allen Guttmann, 1978)에 따르면 놀이를 '무목적의 신체 및 정신적인 자발적인 행위'라고 했다. 즉, 놀이는 자유의 영역에 속하며 행위 자체에서 생겨나는 기쁨에 의해 결과보다 과정이 중요한 개념이라 할 수 있다.

게임(game)은 독일어의 'gaman'에서 유래된 말로서 '기쁨'이란 의미가 내포돼 있다. 놀이에서 발전된 형태로 조직적이고 규칙적인 형식으로 갈등을 불러일으킬 수 있는 의미를 포함한다. 게임은 활동의 조직적이고 유희적 요소가 좀 더 분명해지는 활동장소에서 발생한다. 즉, 보다 분명한 규칙과 이해된 목적을 갖는 놀이 활동이라 할 수 있다(Mechikoff, 2006). '서튼 스미스(Smith, S.)에 따르면 게임을 세 개의 범주로 구분했다. 첫째, 신체적인 숙련이 크게 요구되면서 전술적인 놀이요소와 행운에 좌우되는 놀이요소를 포함하는 게임 군이 있다. 둘째, 우연적인 요소를 포함하는 전술적인 게임 군이 있다. 마지막으로 행운에 좌우되는 게임 군이 있다(Guttmann, 1978, 송형석 역, 2008, p.31).' 이에 스미스가 게임과 경기 간의 차이를 설정하지 않음으로써 구트만(Guttmann, A.)은 게임이 없는 원시사회가 존재했을 거라고 추정한 견해에 대해 의문을 표하기도 했다.

이를 토대로 스포츠(sports)가 발전돼 왔다. 중세영어의 'sporten'이나 'disport' 혹은 라틴어인 'disportrue'에 어원을 두고, 방향을 전환하거나 나르다(port)라는 의미를 지녔다. 이는 '즐거움을 나르다'라는 의미로 확장돼 오락(recreation)이나 싸움(disputes)라는 의미를 지님으로써 오늘날의 넓은 의미의 스포츠로 받아들이고 있다(원영신, 2012).

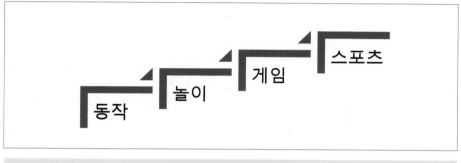

스포츠 개념의 발전과정

2. 놀이를 바라보는 관점

가. 하위징아의 관점

고대 그리스 철학자 아리스토텔레스(Aristoteles, 기원전 384~기원전 322)는 인간의 활동을 이론(Theoria), 행위(Praxis), 노동(Poiesis) 세 가지로 분류했다. 행위는 목적 자체가 있는 활동이고, 노동은 외부로부터 부과된 목적을 지닌 활동이라 했다. 이 행위의 개념이 놀이의 의미와 유사하다. 네덜란드 출신의 문화인류학자인 요한 하위징아(Johan Huizinga, 1872~1945)는 호모 루덴스(homo ludens) 즉, '놀이하는 인간(유희 인간)'이라 명명했다. 그는 놀이를 독자적인 시간 및 공간적 범위 내에서 확립된 규칙과 질서정연한 방식으로 진행된다고 했다. 즉, 인간의 자유로운 활동으로 놀이를 바라보았기 때문에 활동 자체가 목적일 수밖에 없는 행위인 것이다. 그는 스포츠에 대해서도 놀이성을 상실하면 스포츠가 될 수 없다고 했다.

그가 정의한 놀이는 다음과 같다. "심각하지 않으며 그러나 동시에 전체적으로 그리고 전적으로 놀이하는 사람을 매혹시키는 일상 밖에서 상당히 의식적으로 일어나는 자유 활동, 놀이는 어떤 물질에 대한 흥미 그리고 놀이를 하면서 얻는 이익에 관련되지 않는 활동이다. 놀이는 고정된 규칙과 질서 있는 방법과 함께 놀이 자체의 시간과 공간의 적당한 제약 안에서 진행된다. 놀이는 비밀을 유지하거나 변장이나 다른 수단을 통하여 공동사회와 다르다는 점을 강조하고자 하는 사회집단의 구성을 촉진시킨다(Mechikoff, 2006, 김방출 역, 2013, p.5)."

19세기의 스포츠는 산업화가 되면서 공작인간(homo faber)과 유희인간(homo ludens) 간의 서로를 마주보는 형국으로 발전했다. 스포츠가 산업혁명으로 촉발된 사회전반의 산업화의 형태로 닮아가면서 노동계급의 힘을 끌어올리는 원동력으로 작용했다. 그럼에도 불구하고 스포츠는 여가시간에 자발적으로 즐기는 활동이란 점에서 노동과 놀이 간의 조화를 이룰 수 있는 독특한 콘텐츠가 됐다.

"인간 유전자에 대한 동물학의 명칭인 homo로부터 나온 말로서 faber는 노동을 뜻하는 라틴어이며 ludens는 유희를 뜻한다. 이 용어들은 인간의 본성으로 가정되는 두 가지 이미지를 묘사하고 있다. 공작인간에서 노동은 원초적 행위이고 인간의 존재는 생산적 활동에 기초하고 있다. 인간은 그들이 만드는 대상을 통해 자신들의 창조성을 표현한다. 마르크스가 속박되지 않은 노동의 해방적 잠재력을 강조함으로써 이런 관념을 대중화하는데 크게 공헌했다. 요한 하위징아는 이 관점에 반대하여 유희인간의 개념을 발전시켰다. 유희인간에서는 비합리적인 유희가 원초적인 인간의 능력인데, 이 능력이 종종 특히 현대사회에서의 노동의 욕구에 의해 질식되고 있다. 자기실현은 자유롭고 어쩌면 경박한 유희를 통해 이루어지는 것이다(Cashmore, 2000, 정준역 역, 2001, p.112)."

요한 하위징아(1938)의 호모 루덴스

'놀이는 문화보다 더 오래된 것이다.' 이 문장으로 시작되는 요한 하위징아(Johan Huizinga, 1872-1945)의 호모 루덴스는 서양 지성사의 한 획을 그은 책이다. 놀이라는 명제는 문화적 특성을 달리하는 시기마다 다양성을 내포할 수 있다. 매우 오래 전에 발간 됐는데도 불구하고 읽는 데 하등의 영향을 주지 않는 보편성을 선사한다. 근본적 정의가 바뀌지 않을 수 있음을 탁월한 식견을 통해 후대에 남겼다.

20세기 초의 시기에 많은 사람들은 무슨 생각을 했을까? 역사적 사실로만 알고 있는 시 대이기에 문헌을 통해서 가늠해볼 수밖에 없다. '도대체 문명이란 무엇인가'에 대해 고민 하지 않을 수 없던 시기였다. 사람이 동력을 얻는다는 것은 인력(人力)에서 축력(畜力)이 더해진 농경사회의 기억으로 대부분 차지하고 있을 때였다. 다만 산업혁명을 통해 급변하 게 바뀌는 기계의 대체과정을 목도했을 텐데 판단의 정도는 제각각이었을 것이다. 오늘날 4차 산업혁명시대가 도래했다고 해도 매우 민감하게 받아들이는 사람과 아날로그적 감성 이 어디 가겠냐고 반문하는 사람이 있듯이 말이다. 혹은 그 자체를 인식하지 않거나 못하 는 사람도 있다.

20세기에 들어와서 유럽 사회에 매우 큰 충격을 안겨다 준 사건은 단연코 제1차 세계대 전(1914-1918)이다. 기계의 발전이 사회의 생산력만을 높이는 방향이 아니었던 것이다. 엄청난 숫자의 동족을 순식간에 살상하는 전쟁기술의 발전을 넋 놓고 바라봤다. 이 책을 발간한 이듬해에 제2차 세계대전(1939-1945)이 일어났다. 인류 역사상 가장 많은 인명 피해를 안겨다 준 전쟁이다. 같은 종을 절멸에 이르는 데 주저함이 없다는 사실을 깨우쳤 다. 1933년 히틀러가 나치당을 통해 독일 정권을 장악하면서 그들이 보이는 행보에 대해 냉철하게 바라봤다. 직접 실명과 당명이 등장하지 않지만 지성인의 눈으로 비판한 대목이 나온다. "그것은 아주 저급한 유치하고 그릇된 놀이를 가져온다. 소리를 지르거나 요란하 게 인사를 하고 휘장을 달고 다니는 각종 정치적 복장을 구사한다. 행진하는 방식으로 걸 어 다니고 더 우스꽝스러운 집단적 행위를 한다. 이와 아주 유사하지만 더 깊은 심리적 차원을 갖고 있는 행위로는 사소한 오락과 투박한 선정주의에 대한 갈망, 집단 대회, 집단 시위, 행진 등에 대한 열광을 들 수 있다(p.398)."

놀이와 전쟁 부분에서 그가 정리한 대목을 조금 더 언급하자면 다음과 같다. "전쟁을 계 획하는 정치가들은 그것을 권력-정치의 문제로 생각할지 모르나, 전쟁의 실제적 사유는 경제적 팽창정책의 '필연성' 때문이라기보다 자만과 허영, 위신에 대한 욕망, 우월성의 과시 등일 경우가 더 많다. 고대에서부터 현대에 이르기까지 대규모 침략전은 누구나 잘 이해하듯이 영광의 추구로 촉발되는 경우가 많았고, 경제적 원인들과 정치적 동역학이라는 합리적, 지적 사유는 종종 뒤로 밀려났다(p.190)." 전쟁까지는 아니지만 정치적 수사로 포장해 대중을 현혹했던 사례는 곳곳에 있다. 아무리 명분을 내세워도 결국 개인의 욕망 때문에 그릇된 결과를 가져 온다는 사실을 얼마 전 우리 사회도 겪었다. 민주주의 사회라 믿었지만 갈 길이 멀다는 것을 알게 됐다. 리더를 자처한 자는 사심(私心)보다 공심(公心)이 앞서야 한다. 초강대국 미국의 현재 모습은 어떠한가. 개인의 욕망이 극단으로 치달을까 혹은 사회적 정화 시스템이 작용할까.

하위징아가 제시한 놀이의 정의를 요약하면 우선 특정한 시간과 공간 내에서 이뤄지는 자발적 행동이다. 규칙이 있는 활동으로 엄격하게 적용받는다. 그 자체의 목적이 있고 일상생활과는 다른 긴장, 즐거움, 의식이 있다. 질서를 만들고 스스로 하나의 질서가 된다. 경쟁적 요소가 강하다. 신성한 의례는 축제가 되고 궁극적으로 집단의 안녕과 복지에 기여한다. 또한 그리스어로 어린아이들의 놀이라는 파이디아(paidia), 경기라는 뜻의 아곤(agon), 탁월함을 향한 노력의 과정을 의미하는 아레테(arete) 등을 정의하고 분류함으로써 다양한 주제와 엮어 논한다. 예를 들어 놀이와 다른 주제, 즉 법률, 전쟁, 지식, 시, 신화, 철학, 예술, 스포츠, 상거래, 과학, 정치 등 인류가 부려놓은 웬만한 요소와 결합해 매우 디테일하게 설명한다.

스포츠는 20세기 최고의 상품으로 발전했다. 하위징아는 스포츠에 대해 놀이와 분리됐다고 인식했다. 프로 스포츠가 태동되고 성장하는 시기였다. 스포츠가 조직화, 제도화되면서 순수한 놀이의 특성이 사라진 것으로 본 것이다. 특히 프로페셔널 스포츠는 자발성과 무사무욕의 정신이 없어짐에 따라 아마추어에게 열등감을 안겨다 준 것으로 봤다. 놀이의 영역에서 벗어나 그 자체로 특별한 종(種)이 됐다고 표현했다. 고대의 신성한 축제가 전체 부족의 건강과 복지에 필수적으로 작용한 것과 달리 현대 스포츠는 이러한 유대가 단절된 것으로 평가했다. 하지만 그도 대중적 생각과는 다를 수 있음을 인정하면서도 스포츠가 지나치게 진지함 쪽으로 쏠리는 현상을 강조하고 싶었다고 기술한다. 아마 스포츠도 놀이성을 상실하면 진정한 스포츠가 될 수 없음을 얘기하고 싶었던 것을 아닐까.

그의 말대로 돈을 받고 운동하는 선수들을 보면 너무 진지하다. 올림픽은 어떠한가. 메달 색깔에 따라 표정의 변화가 심하다. 오늘날 미디어를 통해 생생하게 그 진지함을 피부로 느낀다. 그럼에도 불구하고 각본 없는 드라마로 인해 대중은 울고 웃는다. 비록 승자에 초점이 맞춰져 있지만 패자로부터 감동을 받기도 한다. 또한 대중은 주최 측에서 성대하게 차려놓은 행사로부터 안녕을 기원 받는 대신 스스로 스포츠에 참여하면서 건강을 챙긴다. 현대인은 자발적인 재미를 느끼기 위해 부단히 몸과 정신을 작동한다.

하위징아가 제시한 '놀이하는 인간'은 단 한 번도 시도하지 않았던 탐구정신과 후속적 생산성에 적지 않은 영향을 미쳤다. 물론 그가 제시한 놀이와 결부된 주제의 설명이 다소 현실과의 괴리를 느끼게 할 수 있다. 시대가 바뀌면 문화적 양태도 변하기 때문이다. 그의 책이 발간된 후 20년이 지나 로제 카유아(Roger Caillois, 1913-1978)가 남긴 놀이의 타락 측면을 다시 꺼내 읽어야 할 계기가 됐다. 이렇듯 퍼스트 무버의 경이로운 지적 탐구가 새로운 지식을 낳고 오늘날 우리는 끊임없이 양적, 질적 지적 유희를 누리며 살아가고 있다. 책 읽기를 통한 사고(思考)는 자발적 몰입 행위의 놀이로서 늘 가까이 있다.

출처: Huizinga, J. (1938). Homo Rudens. 이종인 옮김(2010). 놀이하는 인간 호모 루덴스. 연암서가.

요한 하위징아와 그의 저서

나. 카유아의 관점

프랑스의 문화인류학자인 로제 카유아(Roger Caillois, 1913~1978)는 놀이와 사회의 관계를 규명하고자 했다. 그는 "놀이의 사회학(sociologie des jeux)

이 아니라 놀이를 기반으로 하는 사회학(sociologie a partir des jeux)"을 강조했다. 이를 통해 놀이를 네 가지 범주로 분류했다. 첫째, 알레아(alea)라 일컬은 우연성 놀이가 있다. 내기, 제비뽑기, 주사위 놀이, 룰렛, 복권, 슬롯머신 등의 도박과 같은 우연이나 요행에 관한 종류가 있다. 둘째, 아곤(agon)이라고 일컬은 경쟁놀이가 있다. 경쟁하는 스포츠뿐만 아니라 체스와 바둑도 포함된다. 셋째, 미미크리(mimicry)인 역할놀이가 있다. 가면극, 연극, 영화, 소꿉놀이, 흉내 내기, 변장놀이와 같이 모방이나 흉내를 내는 놀이로 예를 들 수 있다. 마지막으로 일링크스(ilinx)로서 몰입놀이가 있다. 이는 소용돌이란 의미가 내포돼 있어 공중서커스 롤러코스터, 번지점프와 같이 현기증을 유발하는 놀이가 있다.

여기서 잠깐

로제 카유아(1958)의 놀이와 인간

우리나라의 대표적인 종교학자이자 죽음학 연구의 선구자인 최준식 교수에 따르면 이렇다. 종교학에서는 미신이란 용어를 사용하진 않지만 현대인들의 다수는 그렇게 인지한다. 하지만 그 생명력은 종교의 역사를 훨씬 뛰어넘는다. 한국의 무속 신앙을 살펴보면 고조선 이후 단 한 번도 사라지지 않고 이어오고 있다. 한국 샤머니즘의 메카로서 무당이 굿을 하는 곳인 굿당은 수도 서울 한복판에 버젓이 있다. 본래 남산 팔각정 자리에 있었으나 일제 때 강압으로 옮겨졌다. 현재 위치하고 있는 인왕산의 국사당이다. 한국의 민속예술로서 세계적으로도 매우 독창적이고 독보적인 세 장르가 있다. 바로 판소리, 산조, 살풀이춤이다. 이들은 남도의 시나위 굿판에서 비롯됐다. 다시 말해 무속 신앙을 토대로 계승 발전해 온 것이다.

"샤머니즘은 항상 샤먼이 격렬한 발작을 하면서 일시적으로 의식을 잃는 것으로 이루어지는데, 이 과정에서 샤먼은 하나이나 몇몇의 정령의 집합소가 된다. 이때 샤먼은 내세로의 주술적인 여행을 마치고는, 그 여행을 말하고 몸짓으로 표현한다(p.134)."

최첨단 기술력을 보유한 사회 이미지와는 별도로 우리 사회에 여전히 녹아 있는 미미크리(mimicry)의 형태다. 프랑스 출신의 사회학자 로제 카유아(Roger Caillois, 1913-1978)는 매우 독창적으로 놀이를 분류했다. 호모 루덴스(Homo Ludens, 놀이하는 인간)로 큰 족적을 남긴 요한 하위징아(Johan Huizinga, 1872-1945) 연구를 토대로 후대에 지적탐구 여행 티켓을 연장해 주었다.

하위징아가 제시한 놀이 개념의 모호성을 비판한 데서 비롯됐다. 놀이와 진지함 사이에 존재하는 중요한 차이를 고려하지 않았다고 본 것이다. 당시 카유아뿐만 아니라 다른 학자들도 이와 유사한 견해를 피력했다. 카유아가 정의한 놀이를 요약하면 다음과 같다. 놀이하는 자가 강요당하지 않는 자유로운 활동이다. 이 활동은 명확하게 정해진 공간과 시간의 범위 내로 분리돼 있다. 또한 어떻게 전개되거나 결과가 어떻게 될지는 모른다. 돈을 벌거나 부를 축적하는 데 영향을 주지 않는다. 즉, 비생산적인 활동이다. 놀이만을 위한 규칙이 만들어지고 비현실적인 허구적 활동이다.

카유아는 하위징아처럼 그리스어인 파이디아(paidia)와 라틴어인 루두스(ludus)의 용어를 끄집어냈다. 그는 이 두 개념을 양극단에 놓고 연속관계로 보았다. 전자는 유희와 어린아이 같다는 의미를 내포하고, 후자는 일반적인 놀이, 투기, 시합, 경기 등의 의미가 있다. 또한 매우 독창적인 네 가지의 개념을 제시했다. 그리스어로 시합과 경기를 뜻하는 아곤(agôn), 라틴어로 요행과 우연을 의미하는 알레아(alea), 영어로 모방과 흉내를 뜻하는 미미크리(mimicry), 그리스어로 소용돌이와 현기증을 의미하는 일링크스(ilinx)이다.

2020년 이후 팬데믹으로 모든 놀이가 주춤해진 상태다. 비대면으로 할 수 있는 게 많은 세상이니 생각보다 심심하지는 않은 것 같다. 만약 비대면 소통이 없던 시절, 이와 같은 사태가 닥쳤다면 보이지 않은 공포감이 더욱 심했을까 혹은 제대로 아는 게 거의 없으니 뭐 그런 일이 있나보다 라고 했을까.

감염병 전파 사태에서 우선 아곤이 멈춰섰다. 무관중 야구, 축구경기로 숨통을 열어주긴 했다. 또한 경마, 경륜, 경정도 잠정적 휴장 상태였다. 이 계기로 온라인 베팅 허용 이슈가 급부상했다. 사람이 동물(말), 기구(자전거), 기계(모터보트)와의 교감 혹은 기술을 통해 펼치는 경기다. 경쟁 관계가 분명하니 아곤이다. 또한 요행과 우연을 바라보고 있으니 알레아다. 복권 긁는 행위가 가장 속 편하고 다른 시장에 비해 보다 탄탄할 수도 있겠다. 미미크리는 어떠한가. 영화 시장도 예전만 못하다. 밀폐된 곳으로 들어가야 되니 꺼리게 된다. 차라리 일링크스를 즐겨야 하나. 그렇다고 갑자기 짐 싸들고 나서서 번지점프나 익스트림 스포츠를 즐길 수도 없다. 나이를 생각해야 한다. 차라리 코끼리 코 잡고 뱅뱅 돌다 어지러워 넘어지는 웃기는 퍼포먼스가 제일 안전한 놀이일 수도 있겠다. 이 사태를 모르는 천진난만한 아이들 앞에서.

출처: Caillois, R. (1958). Les Jeux et Les Hommes. 이상률 옮김(2018). 놀이와 인간: 가면과 현기증. 문예출판사

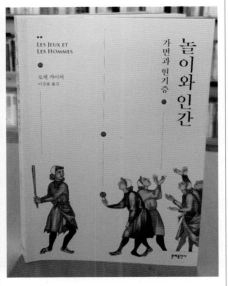

로제 카유아와 그의 저서

놀이와 흥행을 담보로 한 국내 프로 스포츠 산업의 현장을 살펴봅시다.

양적으로, 질적으로 성장하고 성숙해야 할 프로 스포츠

기억하시는가. 2015년 중동호흡기증후군(MERS), 일명 메르스가 창궐하여 우리에게 큰 충격을 안겨다 주었다. 산업 전반에 걸쳐 허술함을 메울 수 있는 것이 무엇인가라는 근본적인 고민을 낳았다. 양적, 질적 성장과 성숙의 중요성을 생각하는 계기가 됐고, 지금 우리는 선진사회로 가는 길목을 막 들어서는 수준에 있다고 반성도 많이 했다.

스포츠를 소비하다

당시 메르스로 인해 프로 스포츠 산업에도 직격탄이 있을 것이라는 우려가 있었다. 당연하다. 사람이 모이는 장소를 모두들 꺼렸으니 말이다. 언론을 통해 국가가 제시한 행동지침도 따랐다. 하지만 다소 의외의 수치를 접할 수 있다. 경기장을 방문한 사람들의 규모이다. 2015년도의 누적 입장객이 전년도 대비 약 13% 증가하여 2015년에 760만 명을 돌파한 이벤트가 있었다. 바로 프로야구다.

지난 3월, 2019년 프로야구가 어김없이 개막을 했다. 900만 명에 근접하기 위한 당찬 목표를 갖고 있다. 언젠가 5천 만 인구에 단일종목으로 관람객 1천만 명을 돌파하게 되면 우리나라 프로 스포츠 역사에 큰 이정표를 세우게 될 것이다.

스포츠를 소비하는 방식은 각기 다르다. 학자마다 다소 다르게 분류하지만, 통상 참여형태에 따라 구분하면 다음과 같다. 첫째, 스포츠를 직접 배우는 참여스포츠 소비자가 있다. 이들은 스포츠 센터를 찾거나 동호인 활동을 통해 원하는 체육 종목을 접한다. 건강에 관심이 많고, 유행에 민감한 소비자이다. 둘째, 앞서 언급한 프로스포츠를 경기장에서 접하는 관람스포츠 소비자가 있다. 쾌적한 관람 및 편의시설에 관심이 높고, 무엇보다 재미있는 경기가 치러지길 기대하는 소비자이다. 마지막으로 매체 소비자가 있다. 직접 운동을 하거나 경기장에 가서 관람하지는 않지만, 다양한 매체(media)를 통해 소비한다. 경기결과를 단신으로 검색하고, 스포츠 웨어를 입는 등 관련 콘텐츠를 구매한다.

프로 스포츠를 주최하는 입장에서는 특정한 소비자만을 위한 제품과 서비스를 제공하지 않는다. 모든 유형의 스포츠 소비자를 잡기 위한 노력을 한다. 팬들의 외면을 방지하고, 잠재적인 소비자를 유인하는 전략을 구사한다. 그것이 시장(market)에 먹혀드는 순간 그들은 양적과 질적인 성장을 기대할 것이다.

아마추어리즘과 프로페셔널리즘

본격적으로 프로 스포츠 규모를 파악하기 전에 근대 스포츠의 출발지점을 살펴보자. 오늘날까지 이어져온 모든 인류의 심층적인 변형을 이룬 대표적 사건은 산업혁명에서 비롯됐다. 이 시기에 스포츠를 사회현상에 대입시키면 19세기 영국의 산업화와 스포츠화(sportization)는 분리할 수 없는 개념이다. 즉, 기계화를 통한 체계적 노동행위는 시장에서 구체적인 산출물을 낳았고, 스포츠 경기를 지배하게 된 규칙과 규범은 공정한 경쟁의 결과물이란 인식을 창출했다.

현대 스포츠에서 상업 논리는 당연하게 받아들이지만, 19세기 영국에서 고매하게 바라본 아마추어리즘은 돈을 받고 이루어지는 스포츠 행위에 대해 경멸하는 시선도 포함됐다. 먹고살 만한 상류층에게 스포츠는 사교를 즐기기 위한 활동이었다. 오죽했으면 절제된 매너를 강조하고자 순수함으로 상징되는 하얀색 유니폼을 착용하게 했을까. 하지만 노동자와 같은 대다수의 하류층은 성공의 지름길인 스포츠클럽 활동을 했다. 우리가 접하는 프로페셔널리즘의 시작이다.

국내 4대 프로 스포츠

국내 4대 프로 스포츠는 야구, 축구, 농구, 배구이다. 서구로부터 수입된 제품 (product)에 각종 서비스(services)를 가미해 상품(goods)으로 탄생한 것이다. 세계적으로 통용되는 경기규정을 적용받지만, 우리나라 실정에 맞게 경기와 중계방송 일정, 다양한 이벤트 등의 서비스를 소비자에게 제공하게 된다. 타이틀 스폰서 대회명칭에서 부터 우리식의 서비스를 표출한 것이다. '신한은행 마이카 KBO 리그', 'KEB 하나원큐 K-League', 'SKT 5GX 프로농구', '도드람 V-League' 등의 대회명칭을 통한 치밀한 기업 알리기 작업을 엿볼 수 있다. 여기서 잠깐만 언급하자면, 멕시코에서는 우리고유의 제품인 태권도를 그들만의 서비스를 가미해 TK-5 프로태권도 리그를 운영하고 있다. 어이가 없어 하거나 놀랄 필요가 없다. 상품화를 잘해서 흥행을 이끄는 주체가 주인이 될 수 있다는 말이다.

다시 돌아와서 국내 프로야구는 1982년 6개 구단(삼성, 롯데, 해태, 삼미, MBC, OB)으로 출범했다. 한해 누적 입장객이 7,622,494명('15년), 8,339,557명('16년), 8,400,688명('17년)으로 순항을 하고 있다. 나머지 프로리그인 축구, 농구, 배구는 희비가 있다. 이 중에서 1983년 프로 2팀(할렐루야, 유공), 실업 3팀(포항제철, 대우, 국민은행)으로 출범한 프로축구가 심각한 상태이다. 2011년에 처음으로 300만 명을 돌파했지만, 이후 평균 연간 15% 수준으로 급감하게 되면서 1,760,243명('15), 1,794,885명('16)로 고군분투하다가 급기야 1,486,519명('17)으로 잘 나가던 때와 비교해 반 토막이 났다. 프로농구(남·여)는 1,050,594명('17), 프로배구(남·여)는 555,283명('17)으로 더 지켜봐야 되겠지만, 나름 내실 있게 운영되고 있다.

지면 관계 상 연간 총 입장객을 기준으로만 규모를 가늠해봤다. 경기당 평균 관중수와 지출비용, 분야별 종사자, 연관된 사업체 수, 경기시설 활용도 등을 비롯해 스폰서와 방송중계권, 라이선싱과 머천다이징 규모, 매출액 등을 총 망라해 살펴봐야 직·간접 편익을 분석하고, 경제적 파급효과를 논할 수 있을 것이다.

국내법에도 명시된 프로 스포츠 육성

국내에서 스포츠산업 진흥법을 2007년에 제정했다. 2016년에 전부 개정을 거치면서 새로운 도약을 위한 준비를 마쳤다. 물론 앞으로도 일부 개정을 통해 보완점을 찾게 될 것이다. 특히 눈여겨보아야 할 조항이 있다. 바로 스포츠산업 진흥법 제17조(프로스포츠의 육성)이다.

프로페셔널 스포츠는 민간의 뉘앙스가 강한데, 국가가 나서서 지원하는 분야일 수 있을까라는 의문이 들 법도 할 것이다. 어쨌든 국가 및 지방자치단체는 스포츠 산업의 발전을 위해 프로 스포츠 육성에 필요한 시책을 강구할 수 있다. 프로 스포츠단

창단에 출자·출연을 할 수 있고, 경비를 지원할 수도 있다. 공유재산인 공공체육시설을 프로 스포츠단의 연고 경기장으로 25년 동안 사용·수익이 가능하게 됐고, 그에 딸린 부대시설도 수의계약이 가능하다. 이러한 지원을 통해 손흥민 선수와 같은 해외파의 근황이나 국가대표 경기에만 쏠려 있는 국민적 관심사를 실질적 시장 활성화로 확장되길 기대하는 이유다. 상생과 지속이 중요하지 않겠는가.

성숙기에 머물지 말자

스포츠 제품에는 수명주기가 있다. 도입기, 성장기, 성숙기, 쇠퇴기의 네 가지 단계를 거친다. 신상품을 내놓고 소비자들한테 알려지다가 결국 시장에서 사라지는 운명을 겪는다. 복싱이 이종격투기로 급속히 대체되듯이 말이다. 4대 프로 스포츠 연 관중이 1,100만 명을 돌파했으면 성장을 넘어 성숙기로 가는 시점이다. 성숙기 (maturity stage)의 특성은 수요의 신장이 둔화되거나 멈추는 단계다. 고지(高地)가 보인다고 만족하지 말고, 한 단계 도약을 위해 새로운 상품(goods)을 내놓고 여력 있는 시장(market)을 찾아 잠재된 소비자를 깨워야 할 때이다.

출처: 서울특별시 체육회(2019.5월). 월간 서울스포츠 343호. 칼럼 스포노믹스(문개성), p.38~39.

2절 호모 알레아토르

1. 갬블링, 인간의 본성

영국의 사회학자 거다 리스(Gerda Reith, 2002)는 '도박의 인간'을 지칭하는 '호모 알레아토르(homo aleator)'란 신조어를 만들었다. 그에 따르면 'aleator'는 뛰어난 주사위 게임자란 뜻의 라틴어에서 차용했다. 사람들은 도박을 하는 이유가 금전적 이익을 획득하기 위한 수단이라 주로 생각한다. 하지만 리스(Reith, G.)는 금전적인 성과 외에도 개인적 성취문제로 접근했다. 도박과 돈의 관계로만 이해한다면 사회적 차원의 논의가 부족해질 수 있다는 것이다.

"영국의 사회학자 거다 리스(Gerda Reith)는 도박의 이유가 돈과는 무관하다고 단정 짓는다. 즉 도박은 희열과 재미에 관한 경험이란 것이다. 도박의 매력을 금전적 이득보다는 인간의 근원적 욕망에서 비롯된 것으로 보았다. 이같은 결과는 주로 외국 연구에서 제시한다. 금전 같은 외재적 보상보다는 도박을 함에 따라 얻는 기분, 감정, 흥분 등의 내재적 보상을 기대한다는 것이다. 많은 사람들은 도박 행동을 통해 실제로 흥분, 스릴, 재미를 느끼고, 돈을 벌기 어렵다는 사실도 인지한다. 하지만 도박자는 도박 행동을 하며 불안감, 초조감 같은 위태로운 감정을 보상받고 자존감을 회복한다고 느낀다고 한다. 그러나 국내의 많은 학자들은 병적 도박의 이유를 돈으로 규정한다. 특히 본전 회복에 대한 동기, 일확천금을 얻을 수 있다는 대박에 대한 환상, 돈을 딸것 같은 막연한 기대감이라는 세 가지 동기적 사고 과정이 도박 동기로 보고됐다. 도박 중독자의 경우 자기 자신에게만 큰 행운이 따라와 도박에 걸린 돈을 거머쥘 것으로 착각한다. 수많은 도박 중독자의 동기는 돈이란 분석이 우세하다. 사람들은 흔히 벼락 맞을 확률보다 낮은 당첨 확률을 가진 복권을 사는 오류를 쉽게 벗어나지 못한다(문개성, 2017, p.12~13)."

결론적으로 도박을 하는 동기가 돈을 따거나 성취를 획득하기 위한 원인이 혼재돼 있다. 일확천금을 꿈꾸는 도박자도 있고, 판돈에 연연하지 않는 과시 행위로서 도박을 하는 사람들도 있을 것이다. 어느 한 쪽의 원인으로 규정하기 보다는 다양한 원인을 찾아보고 해결책을 모색하는 것이 중요하다.

호모 알레아토르

2. 갬블링, 인간의 오류

'열 길 물 속은 알아도 한 길 사람 속은 모른다.'라는 속담이 있듯이, 도박을 하는 사람들의 심리에는 다양한 오류가 있음을 알 수 있다. 대표적으로 이기고 지는 것은 지금까지의 결과와 연관이 있다고 착각하는 것이다. 즉, 이전에 했던 도박행위의 결과와 지금 혹은 앞으로 할 행위와의 관련성을 찾는 것이다. 여태껏 도박에 졌으니 이번에 이길 차례라고 생각하는 경우를 뜻한다.

유명한 도박자의 오류(the gambler's fallacy)에는 '몬테카를로의 오류'를 들 수 있다. 1856년 샤를 3세에 의해 도박장 개설을 허가한 몬테카를로(Monte-Carlo) 지역은 프랑스와 이탈리아 사이의 지중해 연안에 자리 잡은 도시국가 모나코의 행정구이다. 공국의 재원확보를 위해 1861년부터 카지노가 개장되면서 도박도시란 이미지가 부각됐다.

아직도 인구(人口)에 회자되는 실화 중에서 1913년 한 카지노의 룰렛 게임에서 유명한 일이 발생했다. 스무 번이나 연속해서 검은 구슬이 나오니 수많은 도박자들은 다음 차례는 붉은색으로 떨어질 것으로 확신하기에 이른다. 전형적인 도박자의 오류이다. 즉, 과거와 현재, 현재와 미래의 관계를 의도적으로 연결 짓는 것이다. 하지만 결과는 스물여섯 차례나 검은색 구슬이 나오며 많은 도박자들을 파산시킨 것이다.

또한 '통제 환상(illusion of control)'이란 도박자의 오류 용어가 있다. 이는 미국 하버드대학교 심리학자인 엘런 랭어(Ellen Langer)에 의해 제시된 것으로 자신이 통제할 수 없는 상황을 인정하지 않는 것이다. 즉, 원하는 방향으로 유도할 수 있다는 과대평가 심리가 반영됨으로써 스포츠 갬블링 사업에서 우승배당을 가질 수 있다고 착각하게 된다. 자기가 베팅한 경마 기수가 우승할 거라는 환상을 비롯해 로또 숫자를 본인 스스로 통제할 수 있어 치밀한 분석을 통해 1등에 당첨될 거라고 믿는 행동 등이 그 예이다.

국내에도 합법적인 사행산업이 운영되고 있다. 총 7종으로 경마(1922년 시작), 복권(1947년 시작), 경륜(1994년 시작), 카지노(강원랜드, 2000년 시작), 체육진흥투표권(스포츠토토, 2001년 시작), 경정(2002년 시작), 소싸움(2011년 시작)에 이른다. 이 중에서 스포츠와 연관된 사행산업은 경마(競馬), 경륜(競輪), 체육진흥투표권, 경정(競艇)이 있다. 즉, 인간의 신체성과 결부된 게임으로 말(馬)이란 생명체와의 교감(경마), 자전거란 장비를 다루는 기술(경륜), 다양한 스포츠 경기결과를 예측하는 분석(체육진흥투표권), 소형 모터보트란 장비를 다루는 기술(경정)을 보다 정확히 예측해야 승률이 높은 환경을 조성하게 된다.

사행(射倖)이란 '요행을 바라는 것'이란 사전적 의미가 있다. 사행성이란 '능력과 무관하게 우연에 의해 재물이나 재산상 이익을 취득할 수 있는 성질'이란 의미가 있다. 카유아(Caillois, R.)가 분류한 우연성 놀이인 알레아(alea)와 경쟁놀이인 아곤(agon)이 혼재된 스포츠란 점에서 향후 진일보한 모습으로 소비자를 유혹하게 될 것이다. 이미 모바일 게임 시장에선 스포츠가 매우 중요한 콘텐츠가 됐다.

몬테카를로의 오류

여기서
잠깐

국내 스포츠 갬블링 사업

1. 분석의 스포츠, 베팅

스포츠 베팅이란 스포츠 경기 결과를 예측하고 내기를 거는 행위다. 대상은 축구
(soccer), 야구, 미식축구(football), 농구, 하키, 트랙 사이클링, 무술, 복싱 등 프로 및
아마추어 스포츠 종목을 망라한다. 우리나라에서도 체육진흥투표권이란 법률적 용어가 명
시되어 '스포츠토토'란 상품명으로 6개 종목(축구, 야구, 농구, 배구, 골프, 씨름)을 대상
으로 시행되고 있다. 스포츠 베팅은 반드시 선수 이벤트로 한정되지 않고, 말을 이용한
경마(horse racing), 개를 이용한 경견(greyhound racing)과 불법 개싸움(dog fight-
ing) 등이 많은 국가와 도시에서 성행하고 있다. 심지어 국내에서 대통령 탄핵심판 선고
를 앞두고 인용과 기각에 대해 맞히는 불법 토토 사이트가 등장했다고 보도된 바 있다.
국제올림픽위원회(IOC)는 스포츠의 온전한 본질을 위협한다는 이유로 스포츠 베팅을 규
제하는 노력을 하고 있다. 스포츠 단체에 크게 기여한 사실을 인정하면서도 내기 도박
(betting)에 따른 속이기(cheating) 관행이 도핑(doping) 다음으로 스포츠에 위해를 가
하는 요인으로 봤다. 물론 IOC 규정에 따라 올림픽에 참여하는 선수, 코치, 임직원, 국제

연맹 구성원, 취재기자 등 모든 관계자들은 원천적으로 올림픽 관련 베팅을 못하게 돼 있다. 문제는 올림픽을 관람하거나 시청하는 수십억 일반인을 대상으로 스포츠 베팅의 윤리적, 제도적 차원의 규제에 대한 부분이다. 영국의 사회학자 거다 리스(Gerda Reith)는 합법적 베팅업의 영역이 아닌 곳에서 발생하는 이익 추구 행위를 '속임수'라고 했다. 즉 베팅행위의 문제를 지적하기 전에 합법과 불법 베팅의 명확한 기준에 대한 논의가 중요하다. 게임구성은 '고정환급률'과 '고정배당률'이 있다. 우리나라의 체육진흥투표권에도 '토토(고정환급률)'와 '프로토(고정배당률)'라는 스포츠 베팅 상품이 있다. 고정환급률은 운동경기를 대상으로 투표권을 판매하여 경기 결과를 맞춘 구매자에게 배당금을 주는 방식이다. 고정배당률은 사전에 배당률을 고지하는 방식이다. 즉 예상되는 경기 결과(홈팀 승리, 무승부, 홈팀 패배 등)에 대해 미리 제시된 배당률을 보고 선택한 구매자가 맞힐 경우 베팅금액과 배당률을 곱한 금액을 준다. 유럽에선 고정배당률 경기(Fixed Odds Game)가 80% 이상 차지할 정도로 인기가 높다. 스포츠 베팅 업체에 소속돼 있는 오즈메이커(Odds Maker, 배당률을 결정하는 전문가)의 역할이 매우 중요하다. 미리 결정된 배당금을 고객이 많이 가져가면 회사가 손해이고, 적게 가져가면 고객과 멀어질 수 있기 때문이다. 스포츠 베팅은 경마, 경륜과 같이 별도의 대규모 관람 시설이 필요 없고, 베팅 방식이 쉽다. 무엇보다 하루가 멀다 하고 펼쳐지는 스포츠 경기 세계에서 누구나 뛰어들 수 있는 환경이 베팅 열풍을 이어가게 한다.[1]

체육진흥투표권이란 「국민체육진흥법」 제2조에 따르면 운동경기 결과를 적중시킨 자에게 환급금을 내주는 표권(票券)으로서 투표 방법과 금액, 그 밖에 대통령령으로 정하는 사항이 적혀 있는 것을 말한다. 1930년대 유럽에서 축구 경기 결과를 맞히는 게임이 성행하면서 토토(Toto)란 명칭이 스포츠 베팅을 의미하게 됐다. 토토는 독일어로 경마, 축구 등에 건 금액 표시기 혹은 스포츠 복권을 뜻하는데 오늘날 우리나라를 포함한 많은 나라에서 '스포츠 베팅'의 상품명으로 통용된다. 1997년 대한축구협회가 축구 활성화를 위한 새로운 사업을 정부에 건의하면서 처음 논의됐다. 체육진흥투표권은 1962년에 처음 제정된 「국민체육진흥법」의 일부개정을 통해 2000년도에 사업 근거를 마련했다. 2001년 축구와 농구 토토가 처음으로 발매된 이후 2017년 기준 6개 종목(축구, 야구, 농구, 배구, 골프, 씨름)을 시행하고 있다. 인·허가권자는 2017년 기준 문화체육관광부로서, 서울올림픽기념국민체육진흥공단(KSPO)이 시행하고 민간에 위탁운영을 맡기고 있다.[2]

2. 왕의 스포츠, 경마

고고학 문헌에 따르면 경마는 고대 그리스, 바빌론, 시리아 및 이집트에서 시작됐고, 최초 기록은 호메로스의 〈오디세이〉에 등장한 마차 경주다. 고대 그리스와 로마에서 성행한 2륜 전차 경마 경주(chariot racing)는 오늘날 올림픽의 기원이라 할 수 있는 범그리스 제례 경기(Panhellenic games)의 종목이었다. 특히 고대 로마 시기에도 통치자의 과시 수단으로 전차 경마 경주가 성행했다. 인품의 징표로 여겼던 베팅행위는 중요한 정치적 수단이었던 만큼 격렬한 경주를 직접 주관하게 했던 요인이다. 17~18세기 무렵 영국에서 고급 순종의 말을 이용한 경주(thoroughbred racing)가 상류 계층에서 인기가 있게 되면서 경마를 '왕의 스포츠(sports of king)'라고 불렀다. 1750년대에 들어 영국 런던의 신문들은 일제히 경마 광고와 결과를 대중에게 보여 줬다. 경마가 엘리트 오락에서 대중 관람 스포츠로 바뀌는 시기였다. 19세기가 되면서 오늘날과 유사한 경마 정보가 신문과 저널에 게재됐다. 정보라 함은 경마 시간, 장소, 말, 시합, 기수, 승산, 예상 배당률 등으로 경마사업의 확장을 가속하는 요인이 됐다. 이러한 대중적 인기에 힘입어 날로 확장하는 사회 변화를 귀족들은 반대했다. 여전히 경마에 베팅하는 특권을 갖고 왕의 스포츠로서 권위를 유지하고 싶었던 것이다. 하지만 베팅은 이 시기엔 이미 부유한 엘리트의 특권을 상징하는 게임이 아니라 대중 노동자 계급의 오락으로서 지위가 바뀌었다. 경마는 20세기에 들어서도 종주국인 영국에선 여전히 연간 500만 명 이상이 관람하는 인기 있는 스포츠다. 영국 공영방송 BBC가 영국 내 주요 경마 축제를 생중계할 정도로 대중 스포츠가 됐다. 3개의 주요 경기를 의미하는 3관 경주(Tripple Crown)는 19세기 영국에서 시작했다. 3개 경기에서 우승한 경주마인 3관마는 최고의 스포트라이트를 받는다. 영국의 3관 경주는 세인트레저(St.Leger, 1776년 시작), 더비(Derby, 1780년 시작), 2000기니(2000 Guineas, 1809년 시작)로 오랜 역사와 전통을 자랑한다.[3]

경마(競馬, horse racing)란 「한국마사회법」 제2조에 따르면 기수가 기승(騎乘)한 말의 경주에 대하여 승마투표권을 발매하고, 승마투표 적중자에게 환급금을 지급하는 행위다. 우리나라 말타기 문화는 다양한 형태로 발전했다. 말을 타고 달리면서 활을 쏘는 기사(騎士), 말을 타고 달리면서 검을 쓰던 무예인 기검(騎劍), 말을 타고 달리면서 창을 쓰던 무예인 기창(騎槍), 조선시대 때 말 위에서 여러 가지 기교를 부렸던 마상재(馬上才) 등이 있다. 1894년 신식 군제 창설로 경기 형태의 경마를 처음 선보였고, 1909년 근위기병대장들이 기병경마회를 개최한 기록이 있다. 본격적인 우리나라 경마의 역사는 1922년 사단법인 '조선경마구락부'의 설립인가로 시작됐다. 1945년 10월부터 해방 이후에도 신설동 경마장에서 경마를 계속 시행하다가 1954년 뚝섬 경마장을 개장하며 인기를 이어갔다. 1962년 「한국마사회법」이 제정됐고, 1970년 첫 번째 장외발매소 설립이 인가됐다. 1988년 현재의 과천 경마장으로 이전·개관하고 1990년에 제주 경마장, 2005년엔 부산경남 경마장이 개장됐다.[4]

경마

3. 벨로드롬의 스포츠, 경륜

최초의 자전거 경기는 1869년에 프랑스 파리에서 개최됐다. 자전거를 타고 서로 겨루는 자전거 경기는 몇 가지 종류가 있다. 세계 3대 도로 자전거 경주로 유명한 투르드프랑스(Tour de France, 1903년 시작, 프랑스 일주), 지로디탈리아(Giro d'Italia, 1909년 시작, 이탈리아 일주), 부엘타아에스파냐(Vuelta a España, 1935년 시작, 스페인 일주)와 같이 말 그대로 도로 주행용 코스에서 순위를 겨루는 경기가 있다. 우리나라의 투르드코리아(Tour de Korea), 아프리카 대륙 중서부에 위치한 카메룬 대회(Tour de Cameroun)도 존재하는 것처럼 국제사이클연맹(UCI, Union Cycliste Internationale)이 주관하는 대회가 2015년 기준 692회로서 지금 이 순간에도 전 세계에서 도로 자전거 경주가 개최될 정도로 활성화돼 있다. 사이클로크로스(cyclo-cross)는 보통 한 시간 정도 걸리는 경기로서 도로 외에도 험난한 비포장 도로의 3km 구간을 여러 차례 달리며 순위를 가르는 경기다. 산악자전거 경기는 흔히 MTB(Mountain Terrain Bike)라 불리는 험악한 산악 지형의 코스 경기로 기술적 라이딩이 필요한 경기다. 1870년에 최초로 시작된 트랙 경기는 국제 표준 길이인 333.33m의 벨로드롬에서 순위를 겨루는 경기다. 한국과 일본에서 시행하고 있는 경륜은 올림픽 정식 종목으로 트랙 경기에서 발전했다. 벨로드롬(velodrome)은 트랙 자전거를 위한 경기장을 의미한다. 원심력으로 밖으로 튕겨 나가지 않게 경주 직선주로는 2~15도, 곡선주로는 25~45도가 안쪽으로 기울어져 있다. 역사적으로 최초의 경륜은 덴마크에서 시작됐다. 올림픽 종목이 되기 전인 1888년 코펜하겐 근교의 오드럽 경기장(Ordrup Velodrome)에서 투표권 발매를 했고, 스포츠 베팅의 모델이 됐다. 오늘날 경륜사업은 1948년 일본에서 최초로 시작했고, 한국은 1994년에 도입했다.[5]

경륜(競輪, cycle racing)이란 「경륜·경정법」 제2조에 따르면 자전거 경주에 대한 승자투표권을 발매하고 승자투표적중자에게 환급금을 내주는 행위다. 벨로드롬 사이클 트랙에서 여러 명의 선수(7~9명)가 일정 거리(333.33m×6회)를 경주하여 순위를 겨루는 방식이다. 1906년 4월 22일에 서울 동대문 훈련원에서 최초의 경기가 소개됐고, 1922년엔 전국자전거대회가 열렸다. 일제 강점기 때 체육 분야에서 가장 잘 알려진 역사적 인물은 1936년 베를린 올림픽에서 일장기를 달고 우승했던 마라톤 선수 손기정이다. 히틀러가 게르만 민족의 우월성을 알리기 위해 제국주의 사상을 노골화했던 바로 그 대회다. 한편 비슷한 시기에 자전거 종목의 유명 선수였던 엄복동을 들어본 적이 있는가? 1910년대부터 1930년대까지 20여 년 동안 일본 선수들을 제치고 전국의 자전거 대회를 석권하면서 민족의 자긍심을 높였던 선수다. 훈련원은 조선시대 병사들이 훈련했던 운동장으로 현재의 트랙 경주를 하기에 좋은 장소였다. 당시 ≪매일신보≫엔 운동장에 참관한 10만 명의 동포가 엄복동 선수의 활약에 감동을 받았으며 그에게 '자전거 대왕'이란 칭호가 붙여졌단 기사가 있다. 엄복동을 기리기 위해 1977년부터 1999년까지 '엄복동배 전국 사이클 경기대회'가 개최되기도 했다. 1946년 발족된 대한자전거연맹은 이듬해 국제사이클연맹(UCI)에 가입하고 1948년 런던올림픽에 처음 참가하게 되면서 국제 무대에 진입했다. 연맹에 등록한 아마추어 선수들이 배출되면서 경륜사업의 추진 동력인 경륜선수 양성을 위한 환경이 마련됐다. 1991년 「경륜·경정법」이 제정되면서 1989년에 발족된 서울올림픽기념국민체육진흥공단이 「국민체육진흥법」에 따라 시행됐다. 첫 사업 개시는 1994년에 잠실경륜장이 개장되면서 본격적으로 시행됐다. 2006년 스피돔(speedom)으로 불리는 광명 돔경륜장으로 이관하면서 새로운 경륜사업을 도모하는 시기를 맞이하기도 했다.[6]

경륜

4. 플라잉스타트의 스포츠, 경정

세계 최초의 모터보트는 1886년 독일에서 1.5마력 가솔린 엔진을 보트에 달아 네카르 (Neckar) 강에서 시연했다고 알려진다. 발명의 근원지는 오늘날 개인용 자동차 보급에 혁혁한 공을 세운 두 사람, 독일의 고트리프 다임러(Gottlieb Daimler), 빌헬름 마이바흐(Wilhelm Maybach)이다. 첫 번째 모터보트 경주는 1903년 아일랜드 콕 하버(Cork Harbour)에서 개최됐다. 오늘날 스포츠 베팅으로서 경정사업은 1952년 일본에서 최초로 시행했고, 우리나라는 2002년부터 시작했다. 경정은 독특한 스타트 방식이 있다. 수면 위는 육상 경기처럼 출발선을 표시하기가 어렵기 때문에 물위의 가상 출발선을 통과해야 한다. 일본이 개발한 방식이 플라잉스타트(flying start)다. 길이 3m에 불과한 소형 모터보트에 선수가 탑승한 6척의 모터보트가 대(大)시계가 0초(12시 방향)에서 1.0초를 가리키는 사이에 물 위의 가상선을 통과한다. 고정밀 카메라로 1초가 흐르는 사이에 정해진 가상 출발선을 통과하는지 촬영해 바로 전광판에 표출한다. 모든 선수들이 출발선에 서서 동시에 출발하는 온라인스타트 방식도 있지만, 경정의 묘미는 플라잉스타트 방식이다. 선수의 빠른 판단과 모터보트 성능에 의해 좌우되는 플라잉스타트는 조급함이 앞서거나 느긋한 선수에겐 출발 실격이 될 수 있다. 실격될 것을 감수하고 과감한 승부를 펼치는 선수에겐 정상 출발이 된다면 첫 번째 턴마크를 우선 회전하여 초반에 승기를 잡는다. 경마와 경륜의 승부는 마지막에서 고객의 환호를 유도하지만, 경정은 스타트와 첫 회전에서 고객의 흥분 심리를 끌어올리는 특성이 있다.[7]

경정(競艇, motorboat racing)은 「경륜・경정법」 제2조에 따르면 모터보트 경주에 대한 승자투표권을 발매하고 승자투표적중자에게 환급금을 내주는 행위로 명시돼 있다. 경정은 1991년에 처음 제정된 「경륜·경정법」을 근거로 경기도 하남시에 위치한 미사리 경정장이 2002년에 개장되면서 사업이 시작됐다. 1988년 올림픽 조정경기장 수면의 일부를 활용했다. 올림픽 이후 가동하지 않는 상태에 있는 유휴(遊休) 시설을 다시 사용한다는 명분을 갖고 받는 기대가 컸다. 한국 경정사(史)에 기억할 만한 인사가 있다. '한국 경정의 스승'이라고 불리는 일본 경정 선수 출신인 '쿠리하라 코이치로(栗原 孝一郎)'의 역할을 빼놓을 수 없다. 1969년 일본 경정 선수 등록 후 31년간 선수 생활을 하며 1999년 제46회 도다 전일본선수권경주를 마지막으로 은퇴했다. 선수 시절 총상금이 110억 원에 이르는 최고의 선수로 일본 경정업계의 강한 반대를 무릅쓰고 2001년 8월 한국 경정훈련원 교관으로 취임했다. 훈련배도 없는 경정 불모지에 그는 당시 일본에서 사용하던 모터 10대, 보트 7척을 사비로 한국에 들여와 직접 지도했다. 그를 기리며 '쿠리하라배 특별경주'가 열린다.[8]

경정

출처: 1) 문개성(2017). 스포츠 갬블링. 커뮤니케이션북스, p.40~42.
　　　2) 앞의 책, p.62.
　　　3) 앞의 책, p.50~51.
　　　4) 앞의 책, p.74.
　　　5) 앞의 책, p.55~56.
　　　6) 앞의 책, p.84~85.
　　　7) 앞의 책, p.58~59.
　　　8) 앞의 책, p.94~95.

우리나라 스포츠 갬블링 사업이 나아가야 할 방향을 가늠해 봅시다.

스포츠토토 · 경마 · 경륜 · 경정, 합법과 불법 사이에서 도박 판타지를 꿈꾸는 이들에게

요즘 활동이 뜸한 감독 장선우는 하일지의 동명 소설 <경마장 가는 길>을 영화로 만들었다. 1990년대 초반 대담하게 형식을 파괴한 포스트모더니즘 소설과 영화로 평가받았다. 프랑스 유학을 마치고 돌아온 익명의 주인공 J(문성근 역)가 그곳에서 동거했던 R(강수연 역)을 다시 한국에서 일상적으로 만나고 헤어지는 것을 특별한 사건 없이 그린다. 남녀의 방황 속에서 R이 탈출구를 찾기 위해 '경마장 가는 길'이란 제목으로 글을 쓰기 시작한다는 내용이다. 실제 경마와는 무관한 내용이지만 경마장이란 상징적 공간을 통해 작가는 '글쓰기의 공간' 혹은 '소설적 공간'의 이미지를 부여했다. 지금 이순간도 많은 이들이 경마장이 위치한 경마공원역으로 향한다. 잠시 일상을 벗어나거나, 도박 판타지를 꿈꾸거나 혹은 심하면 중독의 늪에 빠질 수 있는 다양한 욕망이 상존하는 공간이다. 사회적 용인과 규제가 공존하는 합법적 공간의 일이다.

찰턴 헤스톤과 마이클 무어

영화 <벤허(Ben-Hur)>의 백미는 배우 찰턴 헤스턴(Charlton Heston)이 대결을 벌이는 전차 경주 장면이다. 이는 영화사의 명장면 중 하나로, 컴퓨터그래픽스 기술이 없었던 1950년대에는 대부분의 장면을 배우들이 직접 연기했다. 그는 마이클 무어(Michael Moore) 감독의 다큐멘터리 영화 <볼링 포 콜럼바인(Bowling for Columbine)>(2002)에서 전미총기협회(National Rifle Association)의 회장으로 등장한다. 콜럼바인 고등학교 총기난사 사건을 기록한 이 영화에서 감독은 벤허의 영웅으로 기억되던 그의 집에 찾아간다. 영웅의 존재는 희생당한 학생의 영정 사진을 문 앞에 내려놓게 하고 조롱당하는 대상으로 기억되기도 했다.

고대 로마 당시 경주마의 질주는 오늘날 정교한 정보를 통해 베팅하는 피사체로 역할을 하기 보다는 정치적 오락과 즉흥적 베팅의 대상이었다. 로마인들은 인품의 징표로 갬블링을 즐겼다. 오늘날에도 합법적 사행산업이라는 부정적 시각이 많은 것처럼 고대 로마에서도 공개적으로 행해졌지만 좋게 인식되지 않았다. 고대부터 오늘날까지 사회는 도박을 규제하기 보다는 도박 행위를 놀이와 내기의 즐거움으로 이해하고 함께 했다. 물론 규제했다고 성공한 적도 없었다.

하위징아와 카유아의 놀이

동시대 문화인류학자인 요한 하위징아(Johan Huizinga, 1872~1945)와 로제 카유아(Roger Caillois, 1913~1978)는 놀이를 심미적 예술 활동같이 정신적 안정을 추구하는 좋은 기능을 가진 문화현상으로 바라봤다. 하위징아의 놀이하는 인간, 호모 루덴스(Homo Ludens)는 유명한 명제가 됐다. 다만, 카유아는 '놀이의 타락' 측면을 파고들어 현실세계에 부정적인 영향을 미칠 수 있음을 강조했다. 그가 제시한 놀이의 범주에는 아곤(Agōn, 경쟁놀이), 알레아(Alea, 우연성 놀이), 미미크리(Mimicry, 역할놀이), 일링크스(Ilinx, 몰입놀이)가 있다. 오늘날 카지노와 복권은 내기, 제비뽑기, 주사위놀이, 룰렛 등의 예로 제시한 알레아의 성격이 강하다. 스포츠토토, 경마, 경륜, 경정과 같은 특정 매개를 통해 승부를 결정짓는 갬블링은 아곤이면서도 내면적으로 요행을 바라기 때문에 알레아의 뉘앙스도 있지 않을까.

도박사 오류와 도박 동기

도박사 오류 중에 대표적인 몬테카를로의 오류(Monte Carlo fallacy)가 있다. 도시국가 모나코의 행정구 가운데 하나인 이 곳은 1856년 재원확보를 위해 도박장 개설이 허가됐고, 1861년 카지노가 개장하면서 도박도시로 발전했다. 1913년 유명한 사건이 있었다. 룰렛 게임의 구슬이 20번 연속 검은색이 떨어지자 모든 도박자들은 당연히 다음엔 붉은색으로 떨어질 것으로 확신하며 베팅을 했다. 결과는 어땠을까? 스물여섯 번째까지 검은색만 나오며 많은 도박자들을 파산시켰다. 도박자는 이기고 질 확률이 각각 절반이란 사실을 인지하지 못했다. 혹은 인지할 필요를 못 느꼈을 것이다. 그렇게 많이 검은색이 나왔는데 또 검은색이 나올까. 대부분 사람들은 독립적으로 발생하는 확률적 사건이 다음 사건에 영향을 미칠 것이라고 생각한다. 즉, 서로 확률에 영향을 미칠 것이라고 착각하는 것이다.

그럼 왜 사람들은 도박을 할까? 일확천금을 떠올리며 돈 때문이라고 생각할 것이다. 물론 그럴 수도 있다. 하지만 모든 사회현상은 다른 관점이 있듯이 호모 알레아토르(Homo Aleator, 도박의 인간)의 개념을 제시한 영국의 사회학자 거다 리스(Gerda Reith)는 희열과 재미와 관련한 경험에서 찾는다. 즉, 도박행동을 통해 불안감, 초조감, 자존감 회복 등과 같은 위태로운 감정을 보상받기 위한 인간의 근원적 보상에서 비롯되는 것으로 봤다. 그럼에도 불구하고 본전 회복에 대한 동기, 대박에 대한 환상, 나에게만 돈이 떨어질 것 같은 막연한 기대 등이 내재돼 있기 때문에 벼락 맞을 확률보다 낮은 복권을 사게 된다.

사행(射倖)이란 사전적 의미는 '요행을 바라는 것'이다. 사행산업이라고 하면 능력과 무관하게 우연에 의해 재물이나 재산상 이익을 취득할 수 있게 해주는 물적 재화나 서비스를 생산하는 산업이다. 우리나라에서 합법적으로 운영되는 사행산업은 7종이다. 1922년 경마를 필두로 복권(1947), 경륜(1994), 카지노(2000, 강원랜드), 체육진흥투표권(2001, 스포츠토토), 경정(2002), 소싸움(2011)에 이른다. 스포츠와 관련한 갬블링은 경마, 경륜, 경정, 체육진흥투표권이다. 여러분, 기억하시는가? 국내 프로 스포츠 산업을 언급할 때 4대 리그(야구, 축구, 농구, 배구)의 연 관람객이 5천만 인구 중에 차지하는 1,100만 명의 의미와 가야할 길을 논했었다. 이 보다 훨씬 큰 규모가 바로 방문시설이 필요한 경마, 경륜, 경정, 카지노, 소싸움이다. 가장 최근인 2017년 기준으로 25,928천명이다. 사행산행통합감독위원회에 따르면 가장 정점을 달릴 때의 수치는 37,705천명(2008), 39,352천명(2009), 39,544천명(2010), 37,387천명(2011)로서 평균 3,800만 명이 넘으니 아무리 한 개인이 여러 번 갈 때마다 집계되는 수치라 할지라도 사행산업의 양적인 규모가 매우 크다. 이 규모를 토대로 위에 언급한 7종의 사행산업 총 매출액이 2017년 기준, 21조 7,263억 원(순 매출액 9조 2,360억 원)이다. 이를 통해 국가가 거둬들이는 조세의 규모가 같은 해, 6조 1,073억 원(조세 2조 4,107억 원, 기금 3조 6,966억 원)이다. 국가 입장에선 포기할 수 없는 매력적인 사업이다.

사행산업과 불법사행산업을 어떻게 규정할까. 불법 사행산업은 위의 7종과 관련하여 금지 또는 제한하는 행위를 말한다. 특히 정보통신망을 통해 사행성게임물을 이용하여 서비스를 제공하는 행위이다. 즉, 사설 카지노, 사설 경마·경륜·경정, 사설 소싸움, 불법 사행성게임장, 불법 온라인도박, 불법 하우스도박, 불법 경견·투견·투계 등에 해당된다. 불법도박 매출액 추정규모는 2015년 운영자 조사 기준으로 83조 7,822억 원이다. 동년도 합법 사행산업 총 매출액인 20조 5,042억 원(순 매출액 8조 8,121억 원)을 비교했을 때 불법이 얼마나 크게 자행되고 있는지 가늠해볼 수 있다. 국가 입장에선 정책적 양성화를 해야 하는 명분 사업이다. 다시 돌아가 하위징아의 놀이처럼만 즐기자. 놀이를 생존을 위한 생리현상이 아닌 문화현상으로, 언제든지 연기하거나 정지될 수 있게 자유 시간에 자발적으로만 베팅하자.

출처: 서울특별시 체육회(2019.8월). 월간 서울스포츠 346호. 칼럼 스포노믹스(문개성), p.38~39.

과제

01 스포츠 개념의 발전과정을 설명하시오.

02 하위징아와 카유아는 놀이를 어떻게 바라봤는가?

03 호모 알레아토르는 무엇을 의미하는가?

04 국내 스포츠 갬블링 사업은 어떤 종류가 있고, 앞으로 어떻게 발전해야
   하는가?

CHAPTER 03 스포츠와 문화

1절 스포츠 문화의 기능

1. 스포츠 문화의 분류

가. 물질문화

물질문화, 비물질문화, 하위문화로 분류해서 스포츠와 관련해 설명하면 다음과 같다. 첫째, 물질문화(material culture)는 물리적으로 나타나는 업적과 사용방법에 관한 모든 것을 의미한다. 대형스포츠 이벤트를 통해 창출되는 스타디움과 각종 시설·장비가 있다. 올림픽을 통해 개폐회식이 열리는 주경기장과 각종 경기종목에 따른 국제규정의 경기장이 있다. 올림픽은 특정한 도시와 지역에서 개최되므로 사후 관리의 어려움을 겪기도 한다. 이는 다양한 스포츠 종목을 보름 남짓한 기간 동안 치르기 위해선 한 곳에 집중돼 있는 경기장 시설이 요구된다. 선수와 관객의 접근성이 중요하기 때문에 한 나라에서도 특별한 경우를 제외하고는 분산 개최를 하기 보다는 정해진 지역 내에서 개최하게 된다.

반면, 월드컵은 매일 경기를 치를 수 없는 축구종목의 특성으로 국가 전체에 걸쳐 여러 개의 경기장을 건립하고 운영해야 한다. 즉, 사후 프로리그가 존재하는 국가에선 활용도 측면에서 보다 나은 환경이 될 수 있다. 이 외에도 물질문화는 스포츠 관련 용품도 해당된다.

경기장

나. 비물질문화

비물질문화(nonmaterial culture)는 물질적인 것 외의 모든 것을 의미한다. 미신, 속담, 관습, 금기, 신화 등이 해당된다. 이를 행동문화(behavioral culture)와 정신문화(spiritual culture)로 다시 분류할 수 있다. 우선 행동문화는 심판의 제스처, 추첨행위, 응원행동, 헹가래 등 스포츠에서만 볼 수 있는 독특한 문화가 자리 잡혀 있다. 스포츠에서 정신문화는 스포츠 사상, 전술, 전략, 규칙, 아마추어 정신, 매너, 징크스, 이론, 스포츠맨십, 페어플레이 정신 등 매우 다양하다.

스포츠 윤리 측면에서 매우 중요한 스포츠맨십과 페어플레이에 대해 살펴보면 다음과 같다. 스포츠맨십이란 스포츠맨이라면 당연히 따라야 준칙과 태도를 일컫는다. 이는 스포츠에서 가장 포괄적인 도덕규범이라 할 수 있다. 놀이에서의 스포츠 도덕을 갖추기 위해선 규칙의 자발적인 준수와 공정하게 경기에 임하려는 의지와 태도를 지녀야 한다. 또한 경쟁에서의 스포츠 도덕은 극단적인 경쟁상황에서도 스포츠 자체를 존중하고, 경쟁상대를 인격체로 대하고자 하는 의지와 태도에서 비롯된다.

또한 페어플레이란 무엇인가? 말 그대로 경기(play)할 때 공정하게 하는 것이다. 국제올림픽위원회(IOC)와 협력관계에 있는 국제스포츠·체육협의회 (ICSSPE, International Council of Sport Science and Physical Education)에서 페어플레이에 관한 선언(Declaration on Fair Play)으로서 "페어플레이가 없는 스포츠는 더 이상 스포츠가 아니다."라고 했다.

스포츠의 페어플레이를 두 가지 개념으로 정의할 수 있다. 첫째, 분배적 정의가 있다. 이는 공정성(fairness)과 관련한 개념으로 분배기준을 세울 때 모든 관련자가 수긍해야 한다. 예를 들어 김연아 前선수의 피겨스케이팅 종목은 난이도에 따라 점수에 차등이 있다. 이 외에도 리듬체조, 다이빙 등의 종목도 기술의 난이도에 따라 차등적 점수를 부여하는 것은 모든 참가자의 동의를 따르게 된다. 둘째, 절차적 정의가 있다. 이는 각자의 몫을 정하는 기준을 절차와 과정을 통해서 정하는 것이다. 축구, 테니스 경기 전에 동전을 던져 앞뒷면에 따라 코트를 정할 때 적용할 수 있다.

페어플레이

스포츠맨십과 페어플레이의 기준에 대해 다음과 같은 예를 통해 살펴보자. 축구 경기에서 이기는 팀이 축구경기 5분을 남기고, 근육경련을 이유로 그라운드에 누워서 고의적으로 경기를 지연시키는 경우를 통해 살펴보자. 이 경우는 스포츠맨십과 페어플레이 중에서 어느 것을 어긴 것일까? 결론부터 말하자면 둘 다 어긴 것이다. 우선 스포츠 윤리에서는 바람직하지 않는 행위로 규정하고 있다. 즉, 의도적인 경기지연이나 비순수성 혹은 반규범성으로 인해 스포츠맨십에 위배된 것이다. 또한 정정당당하게 경기에 임해야 할 의무, 즉 페어플레이에 저촉된다. 다시 말해 페어플레이는 유·불리에 상관없이 경기의 공정성을 끝까지 유지해야 하는 것이다. 결론을 다시 언급하면 위 사례는 스포츠맨십과 페어플레이 모두에 위배된 것이다. 이를 통해 스포츠맨십이 지닌 명예, 성실, 용기, 정의 등의 가치가 훼손된 것이므로 페어플레이에 비해 보다 일반적이고, 보편적인 윤리규범을 의미함을 알 수 있다.

스포츠 규칙 구조의 요소로는 조리적 행위규범, 행정법적 행위규범, 형법적 행위규범, 조직규범으로 구분할 수 있다. 조리적 행위규범은 스포츠맨십과 페어플레이처럼 규칙적인 형태는 없지만, 스포츠에서는 인정한 행위규범이라 할 수 있다. 조리(條理, reason)란 법률이나 관습법과 같이 객관적으로 존재하는 규범으로 이해할 수 있다. 행정법적 행위규범은 농구의 바이얼레이션, 배구의 네트터치와 같이 과학적인 법칙과 윤리규범 등에서 유추할 것을 허락하지 않는 것을 말한다. 형범적 행위규범은 승부조작, 구타, 약물복용과 같이 불법적인 행위를 규제하기 위한 것이다. 마지막으로 조직규범은 득점기록법과 승패의 우열을 결정하고, 경기조건의 설정방식과 같이 선수 측의 위반이 있을 수 없는 규범에 해당된다.

SPOMANITAS 넘나들기!

스포츠를 통한 정중함과 무례함의 차이를 이해해 봅시다.

영원한 아이콘 김연아, 어디로 갔지? 소트니코바

아이콘(icon)이란 그리스어로 Eikon에서 유래된 말로 이미지를 뜻한다. 아이콘을 통해 어떤 속성을 강화하는 상징적 모티브를 확보하게 된다. 우리의 자랑 김연아 선수, 오늘날 우상이라 인식되는 아이콘이 됐다. 많은 국민들은 그녀가 영원한 아이콘이 되길 바랄 것이다.

2010년 벤쿠버 동계올림픽에서 김연아는 압도적 기량으로 금메달을 목에 걸었다. 4년 후 소치 동계올림픽에서 2연패를 기대했지만, 은메달에 머물렀다. 경쟁자는 러시아 선수 아델리나 소트니코바(Adelina Dmitriyevna Sotnikova)였다. 본선까지 진출할 정도의 기량이면 유망주임에 틀림이 없었다.

누가 보더라도 러시아 텃새와 심판진의 오심은 선수의 명백한 실수에도 불구하고 순위를 바꾸게 했다. 은퇴를 앞둔 김연아는 오죽 마음이 상했으랴만은 담담한 인터뷰가 오히려 그녀를 치켜세웠다. 억울하다는 반응보다 여기까지 왔던 노력이 소중하고 올림픽 참가 자체가 자신에겐 더 중요하다는 취지였다. 전 세계 많은 사람들에게 공감(共感)을 확산시키는 기폭제 역할을 했다.

일상에서 자아실현이 중요하다고 얘기를 많이 듣는다. 심리학자 애이브러햄 매슬로우(Abraham Maslow, 1908~1970)는 인간의 심리엔 다섯 가지 계층이 있어 특정한 욕구에 의해 움직인다고 했다. 우선 배고픔, 성욕과 같은 생리적 욕구이다. 하지만 먹고 사는 것이 아무리 중요해도 이 단계가 해소되면 안전에 관한 욕구를 충족하길 원한다. 집도 안전한 곳, 직장도 안전한 곳, 보다 안전한 차량 등 보호와 안전에 관한 욕구가 채워지길 바란다.

세 번째 상위계층은 사회적 욕구로서 소속감에 관한 것이다. 인간은 사회적 동물이니 그럴 만도 하다. 이 단계가 충족되면 이왕 사회적으로 소속돼 있으니 존중을 받길 원한다. 자존심, 인식, 지위에 관한 존경 욕구를 말한다. 마지막은 앞서 언급한 자아실현 욕구에서 정점을 맞는다.

선수 인터뷰를 유심히 보게 된다. 반드시 금메달을 목에 걸겠다고 한다. 맥을 같이하여 은메달리스트의 표정보다 동메달리스트 표정이 더 밝아 보인다. 빅토리아 매드벡(Victoria Medvec) 교수와 스콧 매디(Scott Medey) 교수가 은메달리스트의 어두운 표정을 통해 제시한 '사후 가정 사고(counterfactual thinking)'의 심리학적 개념도 등장했다. 심리학자 아모스 티버스키(Amos Tversky)와 대니얼 카너먼(Daniel Kahneman)이 제시한 '간발 효과(nearness effect)'도 있다. 간발의 차이로 목적을 이루진 못했을 때 더 분하고 아쉬워 인생 전반에도 영향을 미칠 수 있다는 것이다. 선수의 심리는 국적을 막론하고 비슷할 수도 있을 거란 생각이 든다.

종종 인터뷰 내용 중에 메달 색깔보다 자신과의 싸움을 유독 강조하는 선수도 있다. 매슬로우가 얘기한 최상의 단계보다 하나 낮은 단계인 존경의 욕구를 벗어난 개념이다. 아마 사회적으로 존경을 받았던 경험이 있거나, 이미 자의반 타의반 그 분야의 고수(高手)로 인정받을 만한 선수일 가능성이 높지 않을까. 물론 단정적으로 얘기하긴 힘들겠지만. 그래서 높은 경지에 올랐던 사람들을 만나면 정중함이 묻어나오는 이유이기도 하다. 누군가 '왕년에 내가~'라고 하는 순간, 그 사람과는 마음의 빗장을 닫는 이유로 연결된다. 높은 자리에 오를수록 겸허해지는 선수를 통해 보이진 않지만 내면에 꽉 차 있는 자존감을 느끼게 한다.

우리도 반성해야 한다. 선수의 메달 수와 색깔에 집착하지 말자. 그러한 시대는 이미 지났다. 자아실현을 위해 열정을 쏟아냈던 과정을 돋보이게 하자. 대중과 여론의 성적에 대한 지나친 관심을 지양하자. 오랜 노력 끝에 최고 기량의 세계 선수들과 겨루는 자체를 존중하는 문화에 보다 귀를 기울이면 어떨까. 아무리 승자가 조명을 받는 현대사회의 스포츠라고 해도 말이다.

스포츠 공감

공감(共感). 개인적으로 참 좋아하는 단어다. 학생을 가르친다는 표현대신 학생과 스포츠 공감을 한다고 한다. 몸 체(體)자와 기를 육(育)자가 조합된 체육의 특성 상 더욱 그러할지도 모른다. 교육적인 뉘앙스가 물씬 풍기는 이 영역에선 상대를 존중하고 배려해야 하기 때문이다. 조금 더 나아가 '공양배'를 몸소 익힌 사람들과 가까워지기 마련이다. 즉 공감, 양보, 배려에 익숙한 사람들.

모기업 회장이 나이 들어 가장 조심해야 할 상대는 공감능력이 부족한 사람이라 했다. 멀리하라고 가르침을 받았던 모델은 불성실하거나 불량한 사람들인데, 나이가 들면 그런 정도는 대충 걸러진 후이니 자기만 알고 상대의 입장과 감정이 이해가 안 되는 사람들이 더 문제가 될 수 있다는 것이다. 무척 공감이 가는 얘기다.

스포츠의 역사는 문화 이데올로기와 함께 했다. 대표적으로 성 논리(gender logic), 계급 논리(class logic), 인종 논리(race logic), 인성 논리(character logic)이다. 극복해야 하고, 적극적으로 받아들일 가치가 혼재돼 있다.

첫째, 성 논리는 힘과 신체기술이 여성보다 남성이 우세하다는 인식이 내재돼 있다. 둘째, 계급 논리는 '반드시 이겨야 한다.'는 목표로 인해 승리한 선수의 금전적 보상과 명예를 부여하는 차등적 분배는 당연하다는 인식을 포함한다. 셋째, 인종 논리는 흰 피부색과 다른 피부색과의 차별화를 통해 소수민족과 유색인들을 상징적으로 억압하고자 했던 인식이 깔려 있다. 마지막으로 인성 논리는 스포츠 활동의 매너, 에티켓, 페어플레이 정신을 기본으로 한 가치를 품고 있다.

현대 스포츠에서 승자가 패자보다 조명을 받는 것은 당연시됐다. 이는 미디어가 한 몫을 했다. 하지만 패자가 진한 여운을 남기는 경우가 종종 있다. 반드시 이기지 않아도 떳떳한 과정을 통해 이룬 성과라면 누구나 박수를 치게 된다.

2014년 소트니코바가 여자 싱글 1위로 확정된 뒤, 당시 프리스케이팅 심판이었던 러시아 출신 알라 세코프세바(Alla Shekhovtseva)와 포옹을 하며 좋아하는 장면이 나온다. 이 외에도 기술 패널 3명 중 2명이 러시아 출신이었다. 끊임없는 윤리규정 위반이란 비판이 이어졌고, 결국 국제빙상연맹(ISU)은 2019년 6월, 올림픽 등 A급 대회에서 1위에서 5위가 예상되는 선수나 팀과 같은 국적을 가진 사람은 심판이나 기술 패널을 할 수 없게 규정을 수정했다. 이에 일본의 유명 피겨 칼럼니스트인 다무라 아키코(田村明子)는 2014년 소치 동계올림픽의 판정 논란으로 시작된 결정이라고 스포츠 전문 매체를 통해 기고했다. 소트니코바 입장에선 시간이 흘러 잠잠해지길 원했을까?

19세기 말 독일의 철학자 로베르트 피셔(Robert Vischer, 1847~1933)가 미학에서 사용한 감정이입(Einfühlung)이란 단어에서 '공감(empathy)'이 유래됐다. 공감은 기본적으로 남을 존중하고 배려하는 자세에서 나온다. 공감하기 어려운 방식의 소트니코바의 승리는 오히려 유망주의 앞날을 막았다. 어디서 무엇을 하고 있을까? 잘 알지도 못하고 궁금하지도 않게 됐다.

하지만 김연아는 은퇴 후에도 영원한 아이콘으로 남아있다. 2019년 6월, IOC 출범 125주년을 맞이해 35명의 올림픽 전설에 포함돼 스위스 로잔에 초청받았다. 새로 지어진 IOC 본부, 올림픽 하우스 개관식에 참석하기 위해서였다. 소감을 묻는 질문에 "제가 그랬듯, 저 또한 어린 선수들에게 영감을 줄 수 있다면 좋겠습니다."

무례함과 정중함

운동선수 출신으로 경영 컨설턴트인 크리스틴 포래스(Christine Porath)는 '무례함의 비용(2018)'에서 무례함(incivility)을 용인할 경우 개인, 조직, 사회에 막대한 손실이 발생한다고 했다. 그녀가 예를 들어 설명한 조던 스피스(Jordan Spieth) 골프 선수의 정중함(civility)은 그를 협찬한 신생 스포츠 용품회사에도 영향을 미쳤다.

미국 스포츠 브랜드 언더아머(UnderArmour)는 승리의 가능성이 적은 상대적 약자를 뜻하는 '언더독(underdog)' 마케팅을 통해 성공했다. 불리함을 딛고 도전하는 것 자체가 소중하다는 메시지를 전달했다. 아직 널리 알려지지 않았지만 누구나 다 잠재력이 있다는 것을 강조했다.

통상 기업은 스포츠 스타와의 협찬을 통해 기업과 상품 이미지를 동반 상승하게 한다. 언더아머는 2013년 프로골프대회에 한 번도 참가하지 않았던 조던 스피스와 선수 스폰서십 계약을 했다. 주변의 우려에도 불구하고 2015년 마스터스 골프대회에서 우승했다. 그것도 업계부동의 1위인 나이키(Nike)의 협찬을 받고 있던 로이 매킬로이(Rory Mcllroy)를 상대로 승리함으로써 회사가 강조한 가치를 이어갔다.

스피스는 몸에 밴 태도인지 의도했던 것인지는 알 수 없으나 인터뷰 소감에서 자신을 낮추고, 주변사람들의 도움으로 좋은 결과를 얻었다는 정중함(civility)을 보여주었다. 그가 텍사스 대학교를 중퇴하고 프로골퍼로 전향한 이유가 자폐증을 앓고 있는 여동생의 치료비를 벌기 위해서라는 사실이 알려지면서 정중함의 이미지는 더욱 공고해졌다.

또한 우승상금으로 자신의 이름을 건 재단을 설립해 자폐증, 소아질환 등의 어린이를 돕는 자선활동이 알려지면서 더욱 존중받는 선수로 성장하고 있다. 2015년 마스터즈 대회 우승 당시, 신인선수답지 않은 '자아실현'의 가치를 보여준 선수와 회사 브랜드는 빠른 속도로 소비자와의 성공적인 커뮤니케이션을 보여주었다.

남을 존중하고 배려하는 자세에서 자연스럽게 나오는 공감과 정중함. 매우 중요한 가치이다. 조직 안팎에는 내부 고객과 외부 고객이 있다. 내부 고객은 자신을 포함한 조직 내 구성원이고, 외부 고객은 말 그대로 클라이언트이다. 업무를 추진함에 있어 상대를 알아가는 과정 중에 정중함이 배어있는 공감의식을 갖춘 소유자인지를 먼저 파악하는 습관이 중요하다.

물론 자기 자신부터 이 자세를 취해야 상대를 알아보기가 쉽다. 이는 조직문화로 확장시킬 필요가 다분하다. 최고에 지위를 경험한 사람을 고수(高手)라고 부른다. 흔히 정중함(civility)을 통해 많은 사람들을 공감하게 한다. 최근 우리 사회에 문제가 되는 오너 리스크를 불러일으키는 갑질(Gapjil)은 부끄럽게 외신에서 신조어로 등장했다. 모든 오너가 고수가 될 수는 없다.

스포츠의 특성은 신체성, 경쟁성, 규칙성으로 대표된다. 거기에 본질적인 가치, 즉 페어플레이, 스포츠맨십이 포함돼야 진정한 스포츠가 된다. 4차 산업기술은 시간, 공간의 경계 없이 공감(共感)의 확산속도가 차원을 달리한다. 결론적으로 4차 산업혁명 시대에서 성공적으로 스포츠 산업을 이끌기 위해서는 스포츠 공감문화를 이해해야 된다. 인류공통의 언어로서 영원한 가치를 발휘하기 위해서는 더욱 그렇다.

출처: 문개성(2019). 보이콧 올림픽: 지독히 나쁜 사례를 통한 스포츠 마케팅 이해하기. 부크크, p.18~25.

다. 하위문화

하위문화(sub culture)란 사회 구성원 중 일부가 그들만이 향유하는 문화를 가지고 있을 때 형성되는 것이다. 스포츠 세계에서도 금기(taboo)가 하나의 문화로 자리 잡혔다. 경기를 앞두고 이발을 하지 않거나 목욕을 금기시하는 것, 특정한 음식을 삼가는 행위 등 다양한 형태로 나타난다. 이 외에도 스포츠 팀에 소속된 선수는 유니폼을 바꿔 입을 수는 없지만, 헤어스타일, 마스코트, 징크스 등을 공유하거나 많은 사람들에게 영향을 미치기도 한다. 또한 승리를 기원하는 독특한 제스처와 주술행위, 골을 넣었을 때 선수마다 다른 세리머니

(goal ceremony) 등도 스포츠의 하위문화에 속한다.

골 세리머니

2. 스포츠의 사회적 기능

　　현대 사회의 스포츠를 통해 사회에 어떤 영향을 미칠까. 우선 스포츠의 대표적인 순기능은 사회통합의 기능이 있다. 2002년 한·일 월드컵 때 4강 신화를 이룬 길거리 응원 문화를 통해 고질적인 지역 갈등과 질서 훼손과 같은 부정적인 요소를 해소할 수 있었다. 2018년 평창 동계올림픽 때 남북한의 여자 아이스하키 단일팀 구성은 많은 사람들에게 평화의 메시지를 안겨다 줄 수 있었다. 한반도 평화를 구축하기 위해선 내부 갈등을 조정하고, 동일한 열망을 통해 노력해야 손에 잡을 수 있을 거란 사회통합의 중요성을 인식하는 계기가 된 것이다.

　　또한 스포츠에 참여함으로써 개인의 정서를 순화하는 기능이 더해져 부정적인 행동을 예방할 수 있는 사회 정서적 기능을 갖고 있다. 이는 사회생활에 도움이 되는 신념, 가치, 규범 등을 배울 수 있는 사회화 기능으로 확장될 수 있다.

반면, 스포츠의 역기능에는 사회통제의 기능이 있다. 소수의 지배자는 정치, 경제, 사회 등의 국가적인 문제에 대한 관심을 스포츠로 전환하기도 한다. 정통성이 부족한 우리나라 5공화국의 통치 수단에도 스포츠를 적극 끌어들였다. 1982년에 프로 야구를 출범하고, 이듬해 프로 축구 리그 확대를 통해 국민들로 하여금 스포츠에 열광하게 했다. 이후 1986년 서울 아시아경기대회와 1988년에 서울 하계올림픽 개최를 통해 스포츠는 사회 전반에서 빼놓을 수 없는 키워드이자, 사회통제 수단으로 기능을 했다. 또한 오늘날 국내 스포츠 산업의 초석이 된 산물이기도 하다.

스포츠는 과도한 상업주의를 받아들이면서 인간의 근원적 문제를 소외하는 현상을 낳기도 한다. 선수의 신체는 돈을 벌기 위한 수단으로 전락하거나 올림픽에서 금메달을 획득해야 하는 운동기계처럼 혹독한 훈련을 받아야 하는 존재가 됐다. 보상을 담보로 운동선수의 재능과 능력을 착취하는 환경이 조성됨에 따라 신체 소외 현상이 일어날 수 있다. 또한 스포츠는 남성이 여성보다 우월하다는 성차별의 편견의식을 고착시킬 수 있는 요인이 되기도 한다.

역사적으로 여성 스포츠 챔피언은 스파르타의 그리스 공주로 전해져 오는 시니스카(Cynisca, 기원전 440~?)가 최초였다. 기원전 396년에 전차 경주에서 우승한 기록이 있다. 그러나 당시에도 고대 그리스의 여러 축제에 참여하지는 못했고, 멀리 외부에서 떨어진 곳에서 이루어졌던 승리였다. 오랜 기간 동안 여성은 참여자가 아닌 관객의 역할에 충실할 것을 강요받았다.

시니스카

여기서
잠깐

여성 스포츠 제전

고대 그리스에선 4년에 한 번 올림피아에서 개최되는 헤라제전이 있었다. 아르테미스를 기리는 의식으로 달리기와 활쏘기는 매우 중요한 행사다. 올림포스의 12신 중에 하나인 아르테미스는 제우스와 레토의 딸이다. 쌍둥이 형제인 아폴로보다 먼저 태어나 어머니의 해산을 도왔다고 전해진다. 그녀는 뭇 남성과 다를 바 없이 산, 계곡, 들판에서 사냥을 즐겼다. 그녀는 항상 그리스 신화에서 활과 화살통을 지닌 모습을 보인다. 아르테미스가 사냥의 여신이라면 아탈란테(Atalante)는 스포츠 여신이다. 아르테미스를 신봉하는 그녀는 사냥에 능숙할 뿐만 아니라 아탈란테처럼 레슬링을 잘 했다. 고대 그리스 시대의 유명한 도자기 문화가 있다. 대표적으로 두 개의 손잡이가 달린 암포라(amphora)가 있다. 바로 이 유물에 아탈란테는 아킬레스 아버지인 펠레우스(Peleus)와 레슬링 경기를 하는 모습이 담겼다. 파우사니아스는 16명의 여성들에 의해 헤라제전을 주도했다고 기록하고 있다. 경기는 달리기 경주가 대표적이었다. 서기 2세기에 활동한 여행가의 진술이 시간이 꽤 흐른 상태였지만 여성 스포츠의 시대상을 엿볼 수 있다. 그는 제전에 참가한 여성을 묘사했다. 머리를 길게 늘어뜨리고 무릎 바로 위까지 올라간 스커트를 입었다. 또한 오른

쪽 어깨부터 가슴 위까지 노출된 옷을 입었다. 여성 전용 경기장에서 경기를 치렀고 우승자에겐 올리브 관과 헤라신에게 바치는 제물인 암소의 일부를 받았다. 남성 우승자처럼 동상이 발굴되지 않아 경기장 앞에 여성 우승자 동상을 세웠는지는 알 수 없다. 또한 아테네 근교에 위치한 아르테미스 신전에서는 그 여신을 기리는 별도의 제전이 있었다고 한다. 아르테미스 제전에서는 횃불을 든 소녀들이 곰을 형상화한 마스크를 쓰고 짧은 스커트나 알몸으로 달리기 경주를 했다고 전해진다.

아르테미스

출처: 문개성(2021). 스포마니타스: 사피엔스가 걸어온 몸의 길. 박영사, p.207~208.

심지어 근대 올림픽에 새로운 생명력을 불어넣은 피에르 드 쿠베르탱(Pierre de Coubertin, 1863~1937)도 여성의 스포츠 참여에 대해 부정적인 시각을 공공연히 드러냈다. 올림픽은 남성 활동성의 엄숙하고 주기적인 열광에 바쳐져야 하고, 여성은 그 보상으로 환호를 해야 한다는 성차별적 인식을 가졌던 것이다. 하지만 1900년에 개최된 제2회 파리 올림픽에 최초로 여성이 참여할 수 있었다. 그럼에도 불구하고 3,000미터 달리기 종목은 '여성에게 너무 격렬하다.'란 이유로 경주참여가 허용되지 않았다(Cashmore, 2000).

1972년 미국의 타이틀 나인(Title Ⅸ)이란 연방 민권법을 통해 성차별 금지 법안이 제정됐다. 이는 여학생들에게 남학생과 동일한 과목, 상담, 경제적인 지원, 건강보험, 주거환경을 비롯해 운동기회를 제공해야 한다고 명시함에 따라 여성의 스포츠 참여를 활성화하게 되는 계기가 됐다. 이후 2002년 미고등교육법(Higher Education Act)의 타이틀 나인 개정법안을 발의한 하와이 출신 최초의 여성이자 동양계 미국인인 팻시 마츠 타케모토 밍크(Patsy Matsu Takemoto Mink)의 이름을 차용해 팻시 밍크 교육 기회 평등법(Patsy T. Mink Equal Opportunity in Education Act)으로 개칭됐다.

이러한 노력으로 여성의 스포츠 접근성이 강화되고 다양한 영역에서 여성 스포츠가 활성화되고 있다. 하지만 여전히 남성 스포츠만큼 관객을 유도하지 못하고 있고, 프로 스포츠에서 여성 선수는 남성 선수에 비해 낮은 연봉 격차를 극복하지 못하고 있다.

여기서 잠깐

스포츠 문화 이데올로기

스포츠 문화 이데올로기를 성 논리, 계급 논리, 인종 논리, 인성 논리를 통해 살펴보면 다음과 같다. 첫째, 성 논리(gender logic)가 있다. 힘과 신체기술이 여성보다 남성이 우세하다는 인식이다. 사회의 뿌리 깊은 일반적인 성 논리 즉, 남성과 여성의 역할 구분에 따른 차이를 스포츠 현장에도 그대로 적용한 것이다. 여성의 스포츠 참여를 제한해야 한다는 일각의 주장과 맞물려 여성 스포츠와 남성 스포츠를 구분하게 되었던 뿌리 깊은 관념과 연관이 있다.

둘째, 계급 논리(class logic)가 있다. 사람들은 스포츠 현장을 다양한 매체를 통해 선수 간의 대결, 더 나아가 국가 혹은 민족 사이의 대결 구도로 확대 해석한다. 특히 올림픽, 아시안게임, 월드컵과 같은 국가 간 경쟁의 장인 대형 스포츠 이벤트에서 드러난다. '반드시 이겨야 한다'는 목표는 선수뿐만 아니라 온 국민의 염원으로 발전하곤 한다. 또한 경기 결과에 따라 선수에게 금전적 보상과 명예를 부여하는 차등적 분배가 자연스럽고 당연한 현실이 되었다. 더불어 부유하고 힘 있는 사람들은 가치가 있는 승자이며 가난하고 힘이 없는 사람들은 게으른 패자라는 이원론적 사고가 대중의 뇌리에 박힌 지 오래다.

셋째, 인종 논리(race logic)가 있다. 최근 한국 여자 골프 선수들 활약이 대단하다. 이를 통해 그간 인종적 편견이 있었던 동양 선수에 대한 우호적 시각이 높아졌다. 골프 선수 타이거 우즈(Tiger Woods)는 몇 년 전의 개인 스캔들로 인해 많은 사람에게 실망을 주었지만, 한때는 흑인 선수의 위상을 높인 존재였다. 이렇듯 인종 논리는 흰 피부색과 다른 피부색과의 차별화를 통해 소수민족과 유색인들을 상징적으로 억압할 수 있었다. 그 매개가 바로 스포츠였던 것이다. 마지막으로 인성 논리(character logic)가 있다. 스포츠가 갖고 있는 페어플레이 정신 혹은 스포츠맨십을 통한 가치관의 변화에 기여할 수 있다는 것이다. 즉 스포츠 참가를 통해 특정한 가치와 태도, 규범 등을 학습함으로써 좋은 성향의 인성으로 탈바꿈할 수 있으리라는 기대다.

출처: 문개성(2015). 스포츠 인문과 사회. 커뮤니케이션북스, p.13~15.

2절 스포츠 사회학의 이론

1. 구조기능주의 이론

　　구조기능주의(structural‒functionalism)란 사회질서의 이론으로 모든 체계에는 충족시켜야할 기능적인 요건이 있고, 이 요건은 어떤 구조에 의해 충족된다는 내용이 내포돼 있다. 사회를 유기체에 비유하면서 발생한 가장 오래된 이론이다. 즉, 사회에는 그 존속을 위해 수행되어야 하는 기능이 있다. 또한 그 기능수행의 지속성이 구조를 이루고 있다. 이는 사회란 본질적으로 상호관련 돼 있고 상호의존적인 제도로 구성되어 있는 것이다. 다시 말해 전체의 이익이 개체보다 우선시해야 함을 강조했다.

　　우리 사회를 구성하는 성원은 동일한 가치관을 지녔고, 가정, 교육, 경제, 정부, 종교, 스포츠 등과 같이 사회의 주요부분은 상호보완적으로 조화로운 상태에 있다(Coakely, 1986). 파슨스(Talcott Parsons, 1966)는 1950년대에 AGIL paradigm을 제시해 모든 사회체계인 네 가지 기능요건을 충족해야 한다고 제시했다. 즉, 적응(Adaptation), 목표달성(Goal attainment), 통합(Integration), 잠재적 유형유지(Latent pattern maintenance 혹은 체제 유지 system management)이다.

　　첫째, 적응은 스포츠가 사회구성원들에게 현실에 적합한 사고, 감정, 행동 양식 등을 학습하는 것이다. 스포츠는 격렬한 신체활동을 통해 체력, 정신력, 극기심 등을 배양하게 하고 사회적 환경에 도전할 수 있게 한다. 둘째, 목표달성은 타인과의 공정한 경쟁을 통해 목적을 이룰 수 있는 것이다. 스포츠경험을 통해 대중에게 전체사회의 일반화된 목표와 가치를 내면화시키는 기능을 가질 수 있다. 셋째, 통합은 사회체계가 하나의 단위로 효과적으로 기능할 수 있도록 체계의 구성원들 간의 유대와 통합을 의미한다. 스포츠를 통해 사회구성원의 결속, 조직의 일체감을 조성할 수 있다. 마지막으로 잠재적 유형유지는 긴장과 갈등을 해소시키는 정화작용으로 스포츠를 통해 대중에게 사회의 기본적 가치와 규범을 전달한다는 사실에 관심을 두게 된다는 것이다.

　　구조기능주의 이론은 1960년대 초반에 스포츠 사회학의 논의가 활발할 때부터 지지를 받았다. 즉, 스포츠를 포함한 여러 사회조직과 사람들이 어떻게 작동하고 유지되고 있는지에 초점을 두고 연구가 진행됐다. 반면, 스포츠 현장에서 발생하는 다양한 갈등현상을 무시하거나 구조적인 측면을 강조함으로써 개인의 가치를 간과한다는 비판의 목소리도 있다.

2. 갈등이론

갈등이론(conflict theory)은 사회를 공통된 가치관이 아닌 본질적으로 상호 다른 관심에 특정 지워지고, 끊임없이 변화하는 것으로 바라보는 이론이다. 이는 마르크스(Karl H. Marx, 1818~1883) 이론에서 시작(유산계급, 무산계급)된 것으로 일부 지배집단이 자신들의 이익을 증진시키기 위해 스포츠를 이용하는 것이란 견해다. 갈등이론에서 스포츠는 자본주의사회에서 어떤 형태로든 이익을 추구하는 소수 지배계급에 의해 형성된 왜곡된 형태의 스포츠 활동(Coakley, 1986)이고, 스포츠는 권력을 지닌 자들의 대중통제수단으로 바라봤다(Hoch, 1972).

갈등이론은 구조기능주의 이론의 한계를 극복하기 위해 일부 학자들에 의해 논의하게 됐다. 스포츠도 다른 영역과 마찬가지로 계급과 권력구조의 유지를 통해 사회질서를 반영하고 강화하고 있다고 주장한 것이다.

갈등이론을 통한 주요 관심사항으로는 신체적 소외의 조장 문제, 강제와 사회통제를 통한 지배집단의 의도, 정치·경제·사회의 무관심으로 유도하는 구조를 비판한다. 또한 상업주의, 국수주의 및 군국주의, 성차별과 인종차별과 같은 문제에서 비롯되는 문제를 갈등이론을 적용해 비판하기도 한다.

구조기능주의와 갈등이론을 비교하면 다음과 같다. 모든 사회는 사회적 요소들로부터 비교적 안정적이고, 지속적인 묶음으로 이루어진 상호의존적 부분들의 잘 통합된 체계라고 본 것은 구조기능주의이다. 반면, 갈등이론은 모든 사회는 어느 시점에서는 변화에 종속되어 있고, 변화는 항상 있는 것으로 바라봤다. 즉, 모든 시점에서 의견의 불일치와 갈등을 보인다는 것이다. 또한 구조기능주의가 사회체계의 모든 요소들이 그 체제의 존속에 공헌한다는 점에서 기능적이라면, 갈등이론은 사회의 모든 요소들은 잠재적으로 그 사회의 해체와 변화에 공헌하는 점에 주목했다. 이에 모든 사회는 구성원들 사이의 가치

합의에 기초한다는 구조기능주의와 달리, 갈등이론은 모든 사회가 어떤 구성원들로부터 다른 구성원들에 대한 강제에 기초하고 있는 것으로 해석했다.

반면, 스포츠와 사회관계를 설명하면서 경제적 요인 이외의 다른 가능성을 고려하지 않거나, 권력집단에 의한 통제 정도를 지나치게 강조하면서 비판을 받았다. 즉, 스포츠 참가의 다양한 원인 중에는 개인의 자발적 참여에 따른 재미와 대리만족 등의 희열을 느낄 수 있는 영역이기도 하다.

3. 비판이론

비판이론(critical theory)은 마르크스주의가 경제론으로 치중할 때 프랑크푸르트학파에 의해 반대의견을 제시하며 발전된 사회학적 이론이다. 비판철학은 헤겔(Georg W. F. Hegel, 1770~1831)과 마르크스(Karl H. Marx) 이론에서 영향을 받았다. 인간에게는 기본적으로 환경을 변화시킬 수 있는 능력이 있다는 전제하에 현대사회의 복잡한 문제의 원인과 해결방안을 제시하고자 했다. 즉, 복수이론을 지향하면서 이론과 실재의 결합을 강조했다.

이는 인간의 관점에서 결정해야 하고 해석되어야 한다고 주장한 것으로 사회문제들이 본질을 폭로하는 데 중점을 두었다. 또한 권력과 권위, 자유의 본질과 한계에 대해 연구하면서 스포츠는 더 이상 자기계발과 여가수단이 아니라 자본의 이윤축적을 위한 상품으로 변질했다는 견해를 제시한다. 이를 통해 과시적인 소비 형태를 불러일으킨 스포츠 영역도 개인의 성공과 사회적 지위를 표출하는 곳이 된 것이다.

비판이론을 통해 스포츠의 진정한 가치와 이상을 규명하고자 노력했다. 또한 스포츠의 참여기회와 선택에 관한 사회집단 혹은 계층 간의 차이를 비교 분석하였다. 이를 통해 보다 많은 집단과 계층의 이익을 위한 스포츠의 변화 방법을 모색했고, 궁극적으로 사회구성원 간의 상호작용을 촉진하는 매개체로서의 역할을 강조했다.

이와 같이 기존의 사회현상에 대해 윤리성과 당위성 등을 접목시켜 폭 넓은 비판을 통해 구조기능주의와 갈등이론의 대안으로 인정받고 있다. 그럼에도 불구하고 문제해결을 위한 구체적인 대안이 부족하다는 비판도 있다.

4. 상징적 상호작용론

　상징적 상호작용론(symbolic interactionism)은 미드(George Herbert Mead, 1934)에 의해 처음 제시됐다. 그는 마음(mind), 자아(self), 사회(society)라는 세 가지 개념을 통해 사회행동의 중요한 키워드로 제시했다. 상징적 상호작용론을 통해 개인의 행동을 결정하는 역할은 객관적인 사회적 조건이 아니라 개인이 그것을 어떻게 주관적으로 인지와 평가를 하느냐에 따라 상황을 정의할 수 있다고 봤다. 즉, 인간의 능동적인 사고와 행위의 측면을 설명한 것이다.

　이를 스포츠 현상에 대해 적용하자면 스포츠 상황에서 자아, 일반화된 타자, 역할, 지위, 정체성과 같은 것은 상징적 상호작용론의 구성물이고, 스포츠 상황을 분석할 때 적합할 수 있다. 예를 들어 일반화된 타자는 투수에 대한 인식으로 팀의 중심이고, 팀을 리드하며 볼을 잘 던져야 한다는 것이다. 또한 선수들의 미신, 징크스, 금기사항, 속설 등과 같은 스포츠 의식이 있고, 스포츠맨십, 팀워크, 승리와 패배 등과 상징적인 가치는 팀 문화로서 해석하게 된다.

　앞에 설명한 구조기능주의와 갈등이론이 거시적인 관점이라면 상징적 상호작용론은 미시적인 관점에 초점을 두었다. 블루머(Blumer, 1969)는 인간의 행위에 대한 중요성을 언급하며 세 가지 명제를 제시했다. 첫째, 인간은 대상(object)이 인간에 대해 지니고 있는 의미를 바탕으로 행동한다. 둘째, 대상들의 의미는 사람과 동료들과의 사회적 상호작용에서 비롯된다. 마지막으로 대상에 대한 해석과정 속에서 처리되고 변형된다.

　즉, 개인의 행동과 사고는 사회로부터 영향을 받기도 하지만 사회를 구성하고 변화시키는 역할을 한다는 것이다. 이는 구조기능주의나 갈등이론에서 제기된 개인의 사고는 사회가 결정한다는 수동적인 주체로부터 벗어난 이론이라 할 수 있다.

5. 사회교환이론

사회교환이론(social exchange theory)은 사회관계를 비용(cost)과 보상(reward)의 교환이라는 인식에서 분석하고자 한 것이다. 행동사회학의 주창자이자 교환이론에 크게 기여한 호만스(Homans, 1974)는 여섯 가지 기본명제를 통해 사회행동을 설명하고자 했다. 즉, 성공명제(success proposition), 자극명제(stimulus proposition), 가치명제(value proposition), 박탈-포화 명제(deprivation-satiation proposition), 공격-승인 명제(aggression-approval proposition), 합리적 명제(rationality proposition)이다.

교환이론을 스포츠에 적용한다면 성공명제, 자극명제, 가치명제에 대해 보상, 교환, 실격과 같은 의미를 부여할 수 있다. 예를 들어 경기에서 좋은 성적을 보인 선수에게 더 많은 보상을 줄 수 있는 분배적 정의(distributive justice)와 관련된 의미를 부여할 수 있다. 또한 박탈-포화명제에 관해서 다음과 같이 적용을 할 수 있다. 한 선수가 같은 상을 반복해서 받으면 상의 가치가 떨어진다고 생각할 가능성을 배제하기 위해 상의 종류와 강도를 변화시켜 가치를 유지하게 하거나 높일 수 있는 방안을 강구하게 된다. 공격-승인 명제는 어떤 경기에서 한 선수가 보통 이상의 수행을 보였다면 당연히 보상을 해주어야 하는 의미로 이해할 수 있다. 마지막으로 합리적 명제에 관해서는 최소의 비용을 들여서 최고로 가치 있는 경기결과를 얻을 수 있도록 지도함으로써 합리성을 극대화한다는 의미를 찾을 수 있다.

즉, 모든 인간은 이윤을 추구하고 개인 혹은 집단에서 상호작용을 통해 교환관계를 바탕으로 이루어지는 존재인 것이다. 사회교환이론은 인간은 어떤 희생을 치르더라도 자신의 이윤을 극대화하고자 하기 때문에 이타주의적 행동은 존재하지 않는다고 보았다.

세계적으로 유일한 우리 고유의 문화적 자산, 전국체육대회를 이해해 봅시다.

100년 역사 전국체육대회, 그들만의 잔치로 끝날 것인가 혹은 글로벌 이슈의 도화선이 될 것인가.

최근 일본 아베정부는 상식에서 벗어난 언행을 일삼고 있다. 대표적으로 우리나라를 화이트리스트에서 배제함으로써 세계경제 질서를 훼손하는 단초를 제공했다. 이에 우리는 'No 일본'이란 자발적 캐치프레이즈를 통해 전 국민이 하나로 묶였다. 공교롭게 2019년 10월, 서울 개최 전국체육대회는 100년 전 '항일'에서 비롯됐다.

끈질긴 생명력과 자생적으로 진화한 우리 자산

국민배우 송강호와 김혜수가 주연한 야구영화가 있다. 2002년 한·일 월드컵으로 뜨거웠던 열기가 식을 찰나, 가을에 개봉한 'YMCA 야구단'이다. 필립 질레트(Phillip L. Gillette, 1872~1938)라는 선교사에 의해 도입되어 그 연도는 다소 논란이 있지만, 공식적으론 1904년에 야구가 처음 소개된 개화기 때를 배경으로 했다. 발음이 어려워 당시 조선인들은 길례태(吉禮泰)라고 불렀다. 길씨에 의해 소개된 야구란 종목은 오늘날에도 한 해 누적 관람객수가 800만 명을 넘나드는 빅 이벤트로 성장했다. 역사적인 전국체육대회의 효시는 바로 야구에서 비롯됐다. 일본인이 만든 체육단체에 대항해 1920년 조선체육회가 창설됐다. 물론 조선인이 주도한 체육단체다. 같은 해 제1회 전조선야구대회를 시작으로 100년 역사를 이어온 것이다. 1936년 베를린 올림픽을 기억할 것이다. 최초 TV 방송을 한 기록도 있지만 히틀러 나치가 정치적으로 악용한 대회다. 최근 방사능, 욱일기 이슈로 뒤덮이고 있는 2020년 도쿄 올림픽의 자충수와 비교되곤 한다. 베를린 올림픽은 우리에겐 마라톤에서 우승한 손기정 선수를 떠오르게 한다. 컴퓨터그래픽과 같은 기술이 없는 당시, 동아일보가 일장기를 지우고 우승사진을 보도한 유명한 일장기 말소 사건으로 이어졌다. 이 사건을 빌미로 일제는 그동안 눈에 가시였던 조선체육회를 1938년에 강제 해산했다.

태생부터 전 세계 유일의 '반제국주의'로 시작해 끈질긴 생명력을 이어온 이벤트는 이렇게 소멸되는 듯했으나, 1945년 해방을 맞이하여 그해 12월 제26회 전국체육대회를 개최했다. 심지어 동족상잔의 비극인 1950년 전쟁으로 중단됐다가 이듬해에는 전시 중이었음에도 불구하고 32회 대회가 광주에서 치러지면서 자생력을 갖추기 위해 부단한 노력을 더했다.

올림픽 종목과 전통 종목

서구의 100년 이상 역사를 가진 국제적인 스포츠 이벤트는 꽤 있다. 윔블던 테니스 선수권 대회(1877년 시작), 보스턴 마라톤 대회(1897년 시작), 투르드프랑스 도로 사이클 대회(1903년 시작) 등 단일종목의 대회들이 대표적이다. 출발과 과정이 매우 치열했던 전국체육대회의 특성은 바로 종목에 있다. 야구로 시작하여 1934년에는 야구, 축구, 농구, 육상, 정구 등 5개 종목으로 전조선종합경기대회의 면모를 갖추게 된다. 이후 씨름, 검도, 역도, 유도, 빙상, 권투, 탁구, 럭비 등이 포함됐다. 해방 후에는 자전거, 풋볼, 승마 등도 포함되며 오늘날에는 웬만한 올림픽 종목 경기가 치러진다. 또한 전통체육인 씨름, 궁도가 공식종목으로 포함돼 있고, 시범종목으로 택견(태껸)도 몇 해 전부터 선보이고 있다. 앞으로 수박, 격구, 마상재와 같은 우리의 전통종목의 확대도 기대된다.

스포츠 강국과 스포츠 산업 강국

우리나라 체육·스포츠 정책은 얼마 전까지 '스포츠 강국'에 방점을 두었다. 엘리트 체육을 집중 육성해 메달 획득에 총력을 다 했다. 호랑이 담배피던 시절까지 거슬러 가진 않더라도 지하철과 버스 안에 담배연기가 자욱했던 시절에 올림픽을 치렀다. 국가주도의 일방향 정책으로 공공질서 지키기와 병행해 선수의 순위경쟁에 온 국민의 에너지를 쏟아 부었다. 우리가 명실상부한 스포츠 강국으로서 좋은 선수를 배출하게 된 이유는 전국체육대회가 큰 몫을 했다.

시선을 산업 쪽으로 돌려도 성과가 있음을 알 수 있다. 매년 개최지를 다른 광역시권 내의 기초지자체를 바꿔가며 전국체육대회라는 생산품의 유통을 이어간다. 마치 대륙별로 개최도시를 정하는 IOC의 올림픽처럼 말이다. 대회를 치르기 위해 필요한 필수적인 체육시설과 그 외의 인프라를 갖추게 되면서 여러모로 부가가치를 창출하는 계기를 마련했다. 또한 기초지자체의 타이틀을 걸지만, 광역자치단체가 주도하면서 지역에 포진된 종목별 시설을 이용하게 함으로써 돈을 많이 들이지 않고, 효과를 높이는 구조마저 갖추었다. 2007년 스포츠산업 진흥법이 제정된 이후, 정부는 스포츠 강국에서 '스포츠 산업 강국'으로 향할 것이라는 대담한 포부를 밝혔다.

전국체육대회에서 K-스포츠이벤트로

최근 몇 년 간 전국체육대회의 규모는 다음과 같다. 광역지자체마다 소재한 연구원이 대회개최 후 산출하는 경제파급효과는 거둬내고, 순수하게 소비자 중심으로 살펴보자. 전국 17개 시·도 및 17~18국의 재외동포 선수단의 규모가 96회 강원도 대회 24,780명, 97회 충남 아산대회 24,811명, 98회 충북 충주대회 25,130명, 99회 전북 익산대회 24,924명으로 집계됐다. 선수단 외에도 가족, 친지, 언론 종사자, 체육회 관계자, 지역 방문객 등을 포함하면 어림잡아 10만 명 남짓 하는 대규모 인원이 특정한 중소도시에 일주일 간 머물며 새로운 소비시장을 형성하는 셈이다. 100회를 맞이하여 상징적으로 서울에서 개최하는 것 말고는 대체로 크지 않은 환경에 매우 큰 소비여력을 갖춘 집단이 시장(market)에서 활동하는 것이다.

대한체육회 정관 제5조(사업) 15항에 따르면 "체육회의 사업수행에 필요한 홍보사업 및 재원 조달을 위한 수익사업"을 할 수 있다. 16항 3호에는 "체육회의 고유목적사업을 원활히 수행하기 위하여 필요하다고 인정하는 때에는 관계부처의 협의를 거쳐 별도 법인을 설립하거나 출자·출연할 수 있다."라고 명시돼 있다. 즉, 서구에서 단일종목으로 발전한 국제스포츠이벤트의 조직위원회와 같이 상시적으로 운영하며 명쾌한 마케팅을 구사할 수 있다. 이 외에도 자체 마케팅 규정에는 전국체육대회 조직위와 체육회 간의 공동마케팅, 유·무형 자산과 관련한 지적재산권, 후원권, 상품화권, 방송권에 이르기까지 총체적 마케팅 활동이 가능하게 돼 있다.

결론적으로 스포츠 마케팅의 핵심요소인 기업 스폰서십, 스포츠중계권, 스포츠 스타의 3박자를 엮을 환경을 갖추었다. 박태환과 손연재가 없다고 마냥 체육행사로 그칠 것인가. 개최지를 확정하게 되는 1년 전부터 기업명칭을 전국체육대회 타이틀에 포함하면 권위가 점철된 체육의 위상이 흐려질까. 1년 내내 해당 시·도에는 기업 배너광고를 게시하고 기업 상품 프로모션을 하면 안 되는 걸까. 기업의 관심을 유도하기 위해 새로운 사업구조를 구상하여 주관방송사로 하여금 올림픽 수준의 경기를 중계할 수 있다면 얼마나 좋을까.

덧붙여 상상으로 그치지 말고, 현실로 만들어갈 구상까지 해보자. 2032년에 남북한이 힘을 합쳐 공동으로 하계올림픽 유치의사(2018.9.19. 평양 공동선언)를 밝힌 마당에 우리의 자산을 갖고 못할게 뭐 있을까. 매년 10월이면 어김없이 펼쳐지는 코리아스포츠 이벤트를 세계 소비자에게 알릴 수 있다면. 서울·평양을 오가며, 한라산과 백두산을 넘나들며 펼쳐지는 하·동계 스포츠 제전으로 확장된다면. 올림픽 종목과 전통종목이 어우어지는 축제는 곧 새로운 차원의 평화의 한마당. 전국체육대회의 스포츠사업화가 평화로 연결된다. 상상만 해도 즐겁다.

100회 전국체육대회 개막식

출처: 서울특별시 체육회(2019.10월). 월간 서울스포츠 348호. 칼럼 스포노믹스(문개성), p.38~39.

조선체육회 설립취지에 관한 추가 논의

위 칼럼에서는 조선체육회의 설립취지에 대해 상식처럼 알려진 일제 항쟁 혹은 독립 투쟁을 하기 위한 수단으로 묘사했다. 이는 100회까지 끈질긴 생명력으로 이어져 온 대회의 상징성과 2019년 불매운동의 대비적 강조를 위해 많은 이들에게 알려진 바와 같이 기술했지만, 사실적 논의도 필요하다. 1919년 일본인들이 조직한 조선체육협회에 대응하기 위해 변봉현, 이중국, 이원용 등에 의해 이듬해인 1920년 7월 13일에 조선체육회를 창립했다. 민족정신을 함양하기 위한 취지로 설립하긴 했지만, 항일과 독립보다는 민족근대화에 중점을 두었다. 조선체육회는 1938년 조선체육협회에 흡수되면서 일제강점기 때 사라졌다. 이 해에 11대 회장인 독립운동가 몽양(夢陽) 여운형(1886~1947) 선생을 제외하고는 역대 회장이 대부분 친일로 돌아섰다. 이 시기에 많은 지식인들에게 영향을 끼친 유길준은 기독교, 학교와 더불어 체육을 통해 조선인들을 근대국민으로 개조하길 주장했다. 당시 개화파 엘리트들에겐 세계적 강국 일본을 통해 유교와 전통문화를 넘어 민족 근대화에 나서야 된다는 인식이 깔려 있었다. 조선체육회의 설립 취지대로 초기엔 강한 민족정신을 주장하며 살려 나갔지만, 10여 년이 흐르면서 친일의 전위에 서게 되는 한계를 드러냈다(정희준, 2009).

한반도의 새로운 도약을 꿈꿨던 2023년 하계올림픽 공동개최의 꿈은 사라졌다. 2021년 7월 IOC 총회를 통해 호주 브리즈번이 개최지로 확정됐다. 호주에선 1956년 멜버른, 2000년 시드니에 이어 세 번째이다. 최다 개최지인 미국(1904년, 1932년, 1984년, 1996년, 2028년)에 이어 영국(1908년, 1948년, 2012년)과 프랑스(1900년, 1924년, 2024년)와 더불어 세 차례 개최하는 나라가 됐다. 물론 개최 횟수도 중요할 수도 있지만, 우리에게 무엇보다 중요한 테마는 평화이다. 강대국에 둘러싸인 지정학적 위치의 우리나라가 전쟁과 같은 큰 위협에 직면하지 않기 위해선 평화란 이슈를 놓치지 말아야 한다. 2023년 현재 시점에선 남북미 간의 대화와 소통이 요원해 보이지만, 늘 희망의 끈을 갖고 있어야 한다. 대륙별로 개최지역을 돌고 도는 어느 시점과 맞물려 다시 새로운 도약의 전초전으로 올림픽과 월드컵과 같은 대형스포츠이벤트 기획과 맞아 떨어지길 바란다. 전 세계인 수십 억 인구가 한날한시에 지켜보는 인류 공통의 언어이기 때문이다.

과제

01 성 논리, 계급 논리, 인종 논리에 속한 스포츠의 사례를 찾아보시오.

02 스포츠의 하위문화에 대해 종목별로 사례를 찾아보시오.

03 스포츠의 순기능과 역기능의 사례를 찾아보시오.

04 구조기능주의 이론과 갈등이론을 비교하시오.

CHAPTER 04 스포츠와 일탈

1절 스포츠 일탈의 관점과 기능

1. 스포츠 일탈을 바라보는 시각

스포츠 선수 일탈의 원인은 승리추구와 페어플레이라는 양립할 수 없는 두 가지 가치의 지향점에서 갈등이 비롯된다. 이는 현대 스포츠가 승리 선수에게만 보상을 하는 구조에서 그 원인을 찾을 수 있다. 즉, 스포츠 규범과 성공을 위한 욕망의 불일치에 따른 갈등에서 생각과 결과의 차이로 인해 일탈이 발생하는 것이다.

일탈을 바라보는 접근은 크게 두 가지로 분류할 수 있다. 첫째, 절대론적 접근이다. 즉, 절대적인 기준을 벗어나는 것은 일탈로 보는 시각이다. 둘째, 상대론적 접근이다. 이는 어떤 상황이 일어난 환경에 따라 용인될 수 있는 행위의 범위가 다르고, 그 범위를 벗어나는 것이 일탈이라고 보는 것이다. 이는 사회 구조적인 문제로 인식하여 일탈에 대해 무조건 없애기 보다는 완벽하지 않은 제도적 틀을 보완하며 최소화해야 한다는 시각이다. 사회적 일탈과 스포츠 일탈은 용인되는 범위가 다르므로 절대론적 접근과 상대론적 접근을 모두 수용해야 한다. 예를 들어 스포츠에선 가벼운 규칙 위반은 용인될 수 있지만, 금지약물 복용은 허용하지 않음으로써 사회적 공감대를 형성하게 된다.

2. 아노미 이론

　　로버트 머튼(Robert K. Merton, 1910~2003)의 아노미(Anomie) 이론(1957)이 있다. 아노미란 지배적인 규범과 가치가 없어서 혼란에 빠진 상태를 의미한다. 선수들이 하는 일탈행동을 다섯 가지 유형으로 분류하여 제시하였다. 첫째, 동조주의가 있다. 이는 문화적 목표와 제도화된 수단을 수용하는 것으로 경기 규칙을 준수하면서 승리하려는 것이다. 이는 전략적으로 시간을 끌면서 우승하고자 하는 지연 전술, 경기규칙이 허용하는 범위 내에서의 파울 행위 등에서 나타난다. 둘째, 혁신주의로서 문화적 목표는 수용하지만 제도화된 수단을 거부하는 것이다. 즉, 불법적인 수단을 통해서라도 승리하고자 하는 일탈행동이다. 예를 들어 1988년 벤 존슨 선수가 불법약물복용으로 올림픽 금메달을 박탈당했다. 이는 목표는 수용하되 제도화된 수단을 거부했던 일탈 유형이다. 불법 스카우트, 금지 약물 복용, 경기장 내 폭력행위, 승부조작 등 스포츠에서 만연해 있다. 셋째, 의례주의가 있다. 문화적 목표는 거부하지만 제도화된 수단은 수용하는 것으로 최선을 다하지도 않고 승리도 추구를 하지 않는다. 승리에 대한 집념보다는 규칙을 지키며 참가에 의의를 두거나 결과보다는 경기 내용을 중시하는 경우다. 또한 행동규범을 위반하지는 않았지만 최선의 노력을 다하지 않는 점도 일탈행동으로 간주할 수 있다. 넷째, 도피주의는 문화적 목표와 제도화된 수단을 모두 거부하는 것으로 승리추구와 공정경쟁을 거부하는 일탈행동이다. 예를 들어 대학에 특기자 선수로 입학했다가 스스로 실력의 한계를 느끼고 운동부에 탈퇴한 사례를 꼽을 수 있다. 또한 스포츠에 내재된 비인간성, 승리지상주의, 상업주의, 학업 결손 등으로 본인이 수행하는 영역에 대해 회의를 느껴 스포츠 참가 자체를 포기하기도 한다. 마지막으로 반란주의(혹은 반역주의)는 문화적 목표와 제도화된 수단을 모두 거부하지만, 선수 스스로 새로운 목표와 수단을 제시하는 경우이다. 예를 들면 학생선수의 학습권을 보장하기 위해 최저학력제를 도입하거나 여성참가를 허용하는 제도 개선 등과 같이 적극적으로 사회의 변화를 도모하는 것이다.

구분	내용
동조주의 (conformity)	• 문화적 목표와 제도화된 수단을 수용 • 규칙을 준수하면서 승리하려는 것
혁신주의 (innovation)	• 문화적 목표는 수용하지만, 제도화된 수단은 거부 • 불법적인 수단을 동원해서라도 승리하려는 것
의례주의 (ritualism)	• 문화적 목표는 거부하고, 제도화된 수단은 수용 • 승리추구에 집착하지도 않고, 참가에 의의를 두는 것
도피주의 (retreatism)	• 문화적 목표와 제도화된 수단을 모두 거부 • 승리추구와 공정경쟁을 모두 거부하는 것
반란주의 (rebellion)	• 문화적 목표, 제도화된 수단을 모두 거부하고, 새로운 목표와 수단 제시 • 승리추구와 공정경쟁의 수용이나 거부와는 관계없이 자신만의 수단, 방법을 동원하여 새로운 목표를 달성하려는 것

3. 과소동조와 과잉동조

선수들은 훈련과 경기 환경에 따라 과소동조(underconformity)와 과잉동조 (overconformity) 현상이 나타난다. 과소동조는 선수들이 훈련 혹은 경기 중에 규칙이나 규범이 있다는 것을 알면서도 모른 척해서 발생하는 일탈행동이다. 즉, 잘못된 것임을 알면서도 규칙을 어기고 금지된 행동을 한다. 규범을 무비 판적으로 받아들여 팀이나 조직을 위해 과도하게 충성하는 과잉동조 개념과는 반대된다.

과잉동조는 과동조(overconformity)라고도 불리는데, 영어 표기대로 규칙, 관습을 동조 혹은 순응한다는 의미의 conformity를 '오버'한 경우를 말한다. 즉, 균형적 사고를 갖지 못하고 특정한 규범에 지나치게 동조하는 일탈행동이라고 이해할 수 있다. 조직을 위해 지나치게 충성하는 경우에서 종종 발생한다.

예를 들어 감독이 축구 수비수를 불러 상대팀 공격수에 대해 거친 태클 (tackle)을 해서라도 상해를 입히라고 했을 때 이를 무비판적으로 받아들여 무 조건 따름으로써 설령 팀이 이긴다고 해도 질서를 교란하는 일탈행동이 된다. 물론 외형적으로는 규범에 속한 수비행위로 바라볼 것이다. 여러 스포츠 현장 에서 경기에 헌신할 것으로 요구하는 상황에서 위험이나 고통을 자연스럽게 받아들임으로써 발생한다. 과잉동조를 행하는 선수의 성향은 집단에 대한 애착이 강하고, 장애물을 무조건 모두 극복해야 한다는 사고를 갖고 있다. 다시 말해 본인 스스로는 과잉동조를 통해 자신이 속한 집단의 결속에 기여한다고 생각하는 것이다.

거친 태클

4. 스포츠 일탈의 순기능과 역기능

스포츠 일탈은 스포츠의 공정성과 질서체계의 훼손이란 점에서 부정적인 측면이 크다. 이는 스포츠 참가자의 사회화에 부정적인 영향을 미치기 때문이다. 반면, 스포츠 일탈을 통해 규범과 규칙을 어기는 행동이란 인식을 일반인들에게 주입할 수 있어 일탈행동의 예방효과가 있다. 또한 사회적 안전판이란 측면에서 가벼운 일탈행동은 사회적 불만을 완화시켜 주는 역할을 하기도 한다. 스포츠 일탈에 대한 기준이 시대에 따라 달라지면서 새로운 규칙과 규범을 만드는 계기를 제공할 수 있다. 즉, 스포츠 일탈행동이 창의적 활동을 창출하는 환경을 마련함에 따라 새로운 인식의 범주로 확장시키기도 한다.

예를 들어 미식축구선수 콜린 캐퍼닉(Colin R. Kaepernick)은 2016년 경찰의 인종차별에 항의해 국가 연주 시에 일어나는 것을 거부하고 무릎을 꿇는 모습을 전 세계인에게 보여주었다. 이 일로 미식축구리그(NFL)에서도 선수자격이 박탈돼 쫓겨났다. 그가 한 행동은 사회적 규범이나 규칙을 벗어하는 스포츠 일탈로 규정돼 제도권에서는 배제됐다. 그러나 사회적 정의를 실현하는 개인적 노력과 그에 따른 사회적 이슈를 끌어올린 측면에서 스포츠 일탈의 순기능에 해당될 수 있다.

세계 스포츠 용품업계에서 부동의 1위를 지키는 나이키(Nike)가 있다. "나이키의 이점은 문화변화에 대한 명확한 이해를 지니고 있다는 점이었다. 문화변화 중 가장 주요한 것은 소비주의로의 전환이었다. 다른 기업들이 이용되기를 기다리고 있는 새로운 시장을 보았다. 그것은 착용하는 것에 그치는 것이 아니라 전시될 제품이었고, 상품의 가치가 상품 자체보다는 누가 그것을 착용하는가에 달려 있는 상품이었다(Cashmore, 2000, 정준영 역, 2001, p.411)."

나이키는 2018년 하반기에 미국사회에 만연한 인종차별 이슈를 끌어올린 콜린 캐퍼닉을 광고 모델로 기용했다. 주제는 'Dream Crazy'이다. 나이키의 유명한 슬로건 'Just Do it'의 30주년 캠페인의 주인공으로 낙점되며 광고에 등장하자 미국 보수층을 중심으로 나이키 불매운동이 벌어지기도 했다. 하지만 밀레니얼과 Z세대에 열렬한 호응을 얻으며 4천 3백만 달러의 홍보효과를 얻었다. 광고 메시지를 통해 변화를 두려워하지 않는 나이키 정신을 직·간접적으로 제시하면서 스포츠 용품 이미지를 주도한다. 즉, 새로운 세대를 향해 잠재적인 소비자를 확보하기 위한 상징적 의미를 담아 사회적 순기능에도 기여할 수 있는 환경을 마련한 것이다. 제도권 내의 선수 일탈이 사회적 공감대를 끌어올렸고, 기업이 적극적으로 이 이슈에 끼어들게 되면서 스포츠 일탈의 순기능적 측면을 확장시켰다.

콜린 캐퍼닉

　스포츠에서 조직적 일탈은 운동선수의 학업성적을 위조하거나 금품수수를 통한 부정선수의 출전 등과 관련된 행위로서 일탈로 규정한다. 이 외에도 집단이탈의 원인으로 코치진의 구타와 같이 강압적인 훈련에 따른 선수의 이탈도 있다. 제도적으로는 개인 혹은 집단이탈 자체가 일탈이지만, 이러한 행동을 통해 언론에 관심을 끌어 인권의 사각지대에서 벗어날 수 있다면 스포츠 일탈의 순기능으로 이해할 수 있다.

　2018년 평창 동계올림픽 훈련과정에서 캠프를 이탈한 사실이 언론에 보도되면서 궁금증을 낳았던 심석희 선수가 대회 이후 코치의 성폭행 사실을 용기 있게 언론을 통해 알림으로써 관행적으로 이루어진 폭력현상을 고발하는 데 기여했다. "2018년 동계올림픽이 끝나고 어김없이 부정적 사례로 알려진 연맹은 어딜까? 동계올림픽 메달 효자종목을 이끄는 대한빙상경기연맹의 행태를 통해 많은 국민들은 실망을 거듭하고 있다. 빙상연맹은 역대 올림픽에서 66개의 메달(금 30, 은 22, 동 14)로 다른 가맹단체에 비해 압도적 우위의 기록을 갖고 있다. 특히 쇼트트랙은 1992년 알베르빌 올림픽부터 2018년 평창올림픽까지 금메달을 놓치지 않았다. 하지만 잊을 만하면 터지는 파벌싸움, 폭력, 폭행, 최근의 성추행과 성폭행에 이르기까지 사건·사고들이 보도되면서 많은 사람들의 노력이 퇴색하게 하는 원인으로 지목되고 있다. 체육계의 복잡한 이해관계가 얽히면서 매번 당국 차원의 감사가 이뤄져도 명쾌하게 해결된 적이 없다는 게 더 큰 문제가 되고 있다(문개성, 2019, p.148)." 하지만 피해자였던 심석희 선수가 동료 선수를 비방하고, 2018년 평창동계올림픽 당시 최민정 선수 상대로 경기방해의 의혹까지 불거지면서 일탈현상이 이어지는 사태가 발생했다. 승리 지상주의가 낳은 현실로서 통해 자성의 목소리가 커졌다.

스포츠 일탈의 종류

1. 스포츠 폭력

가. 스포츠 폭력의 개요

폭력에 대한 다양한 정의를 살펴보면 다음과 같다. 플라톤(Platon)은 폭력이란 그 자체로 존재하는 것이 아니라 존재의 결핍을 통해 무질서를 초래하는 근원이므로 예측 불가능한 것이라고 했다. 아리스토텔레스(Arisotles)는 인간 내면의 분노로부터 시작된 폭력은 악순환을 통해 반복되는 것이라고 했다. 또한 토마스 홉스(T. Hobbes)는 인간의 폭력적인 속성을 자연 상태와 욕망의 체계에서 비롯된 것이므로 인간은 통제되지 않는 폭력을 행사하는 존재라고 했고, 르네 지라르(R. Girad)는 인간 폭력의 원인은 공격본능이나 자연 상태가 아닌 모방적 경쟁관계이므로 자신이 좋아하는 사람의 폭력행위를 무의식적으로 따라 할 수 있다고 경고했다. 미셸 푸코(M. Foucault)는 위계질서와 같은 규율을 가장하여 권력이 생산되고, 그 권력의 행사가 폭력으로 변질될 수 있다고 했다.

스포츠 폭력이란 운동선수, 감독, 심판, 단체임원, 흥행주 등과 같은 스포츠 관계자를 비롯해 관중과 같은 일반인이 운동경기 또는 훈련과정 중에 스포츠와 관련하여 고의나 과실로 신체적, 언어적, 성적으로 폭력을 행사하는 것을 의미한다. 즉, 스포츠 경기나 스포츠와 관련해서 남에게 상해를 입히거나 파괴적인 행동을 보이는 것이다.

법적·제도적으로 처벌받는 스포츠 폭력 외에도 용인된 폭력 혹은 자기 목적적인 스포츠 폭력이 있다. 이는 스포츠에서 통제된 힘의 사용은 정당한 폭력이라는 개념을 내포한다. 또한 스포츠는 폭력적인 성향의 분출을 자극하면서 동시에 감시하고 제어하는 개념으로 특수성 혹은 이중성의 의미가 있다. "Stade(1966)에 따르면 미식축구는 무엇보다도 놀이의 한 형식이다. 본능적으로, 그리고 오직 그 활동을 수행하려는 목적을 위해서만 참가하는 것이다. 놀이의 형식 가운데 미식축구는 암벽등반같이 개인적인 이유 때문이 아니라 공적 요구라는 이유를 토대로 형성된 게임이다. 그리고 게임들 가운데 그것은 스포츠이다. 그것은 체스와는 달리 운동능력을 요구한다. 그리고 스포츠 가운데 그것은 폭력적이다. 폭력성은 그 게임의 특별한 영광이다(Guttmann, 1978, 송형석 역, 2008, p.179)."

스포츠 폭력의 원인으로 인간의 근원적 욕구인 폭력성을 발산하는 도구의 역할을 스포츠로 대신하기 때문에 발생한다는 견해가 있다. 스포츠 폭력은 정해진 공간과 시간에서 행해지는 모의적인 폭력으로서 사회적으로 인정받는 영역이 될 수도 있다. 독일출신의 정치 이론가였던 한나 아렌트(Hannah Arendt, 1906~1975)의 저서 '예루살렘의 아이히만(1963)'에 나오는 유명한 구절인 '악의 평범성(banality of evil)'에 따르면 홀로코스트와 같은 역사 속 악행을 저지르는 자들은 광신자가 아니라 국가에 순응하며 자신들의 행동이 보통이라 규정짓는 평범한 사람들의 행동이란 주장이다. 이와 같이 인간의 본성은 치밀한 이성에 근거하고 있는 것 같지만, 아무런 생각 없이 시키는 대로 하거나, 이전에 하던 대로 하는 성향을 드러내곤 한다.

이를 방지하기 위해 스포츠에서는 자기통제를 요구하는 제도와 규범을 통해서 폭력성을 제한하고 있다. 그럼에도 불구하고 스포츠 내의 폭력은 매우 다양한 유형으로 나타난다. 우선 단순한 신체접촉이 있다. 스포츠의 공식적인 규칙에 따라 행해지는 모든 신체접촉을 뜻한다. 예를 들어 태클, 블록, 바디체크, 충돌 등과 같은 모든 합법적인 타격이 경기 중에서 빈번하게 나타난다. 또한 불명확한 폭력이 있다. 스포츠의 공식적인 규칙에는 위반되지만 심판과 선수, 그리고 팬들에 의해 어느 정도 용인이 되는 경우를 말한다. 축구의 위험한 태클, 야구의 고의 빈볼, 육상경기를 할 때 다른 주자를 팔꿈치로 가격하는 행위, 아이스하키에서의 주먹싸움과 언쟁 등은 묵시적으로 용인되는 폭력이 있다. 이외에도 준범죄에 이르는 폭력과 범죄적 폭력으로 나타나기도 한다. 스포츠의 공식적 규칙뿐만 아니라 비공식적인 규범을 위반하는 행위는 준범죄 폭력으로 분류할 수 있다. 예를 들어 권투경기에서 벨트 아래를 공격하거나 야구경기 도중에 벌어지는 집단 난투극은 아무리 스포츠 제도권 내에서 발행하는 폭력이라 할지라도 과도한 의도가 가미돼 실질적 피해가 나타난다면 범죄에 준하는 폭력이 될 수 있다. 범죄적 폭력은 경기의 일부분으로 보기에 정도를 벗어난 극단적인 행위에서 비롯된다. 경쟁선수를 경기 외적인 장소에서 상해를 입히거나 사망에 이르게 한 사례에서 찾아볼 수 있다.

한나 아렌트

나. 스포츠의 공격성과 폭력성

공격성이란 사람과 동물이 정복을 하기 위해서 혹은 경쟁에서 이기기 위해 언어와 행동으로 표현되는 분노를 말한다. 경쟁을 통해 승리를 목적으로 한 스포츠에서도 공격성이 내재돼 있다고 보는 것이다. 그렇다면 왜 스포츠에서 공격성이 나타날까? 우선 자신의 한계를 넘어서고자 하는 도전정신에서 비롯된다. 또한 자신의 탁월성을 드러내고자 하는 시도와 인간의 원초적인 욕망과 살아온 환경에서 습득되기도 한다.

폭력이란 신체적인 손상과 정신적·심리적인 압박을 가하는 물리적인 강제력을 뜻한다. 스포츠 현장에서 폭력행위는 선수폭력과 관중폭력에서 찾아볼 수 있다. 선수폭력은 스포츠지도자 및 선수 간의 구타, 가혹행위, 심리적 폭력을 의미한다. 이는 폭력이 세습되면서 폭력의 피해자가 가해자가 되는 악순환이 생기면서 발생한다. 또한 폭력문제가 발생했을 때 소극적인 대처에 따라 다시 발생하는 여지를 남기는 데서도 원인이 된다. 특히 경기성과만으로 평가받는 지도자의 불안정한 신분에 따른 성과지상주의에서 발생하는 문제에서 그 원인을 찾을 수 있다.

스포츠 폭력은 개인적 폭력, 도구적 폭력 및 적대적 폭력으로 구분할 수 있다. 개인적 폭력은 상대방으로부터 공격을 당하거나 좌절 때문에 분노했을 때 충동적으로 표출되는 폭력행위이다. 특히 선수폭력은 경기 중에 도구적 공격과 적대적 공격에 따라 선수들 간에 발생한다. 도구적 폭력은 개인적 감정과 무관하게 팀의 승리를 위한 수단으로 행사하는 폭력행위를 말한다. 도구적 공격은 승리, 금전, 위광 등의 다른 외적 보상의 목표를 획득하기 위한 행위이다. 예를 들면 농구의 리바운드 반칙과 같이 외적인 보상을 위해 의도적으로 공격을 하는 경우, 야구에서 유격수에게 과감한 슬라이딩을 감행해 더블플레이를 방해하는 행위에서도 찾아볼 수 있다. 반면, 적대적 공격은 야구에서 투수가 타자 안쪽에 위협적인 공을 던짐으로써 승리보다 상대 선수의 부상을 목적으로 공격하는 경우이다. 또한 빈번히 오심에 대한 불만으로 선수나 지도자에 의해 심판 폭력으로 이어지기도 한다. 가장 문제점으로 부각되는 일상생활에서의 선수 폭력을 방지하는 대책이 시급한 것이다.

도구적 공격

　　스포츠 폭력에 대한 견해 차이는 항상 있게 마련이다. 예를 들어 최고의 흥행을 이어가고 있는 종합 격투기(mixed martial arts, MMA)의 윤리적 논쟁이 있다. 이러한 격투스포츠는 기원전 648년 올림픽에 도입된 고대 그리스의 판크라티온(Pankration)에서 기원을 찾을 수 있다. 최소한의 규칙만을 갖고 맨몸으로 싸운 초기의 격투 스포츠로서 당시에는 올림픽 종목이었다. 오늘날에는 아마추어 스포츠 정신과 보편적 사고를 추구하는 올림픽에는 정식 종목이 될 수 없지만, 미디어를 통해 버젓이 프로 스포츠 비즈니스에서 흥행하고 있다.

　　현대 격투스포츠의 찬성의견으로 우선 경기장 안에서 이루어지는 합법적인 폭력이란 견해가 있다. 인간의 공격성을 정화시키는 역할을 함으로써 더 나아가 폭력적이었던 사람을 스포츠맨으로 교화하는 역할을 수행할 수 있다고도 주장한다. 반면, 반대의견으로 청소년이 폭력적 행동에 노출되고 모방할 가능성이 있다는 것이다. 또한 선수뿐만 아니라 관중들의 폭력성도 증가시킬 수 있고, 무분별하게 노출된 미디어를 통한 폭력은 일상생활에까지 영향을 미칠 수 있다는 것이다. 이를 통해 폭력이 일반화되는 사회를 조장할 가능성과 폭력에 대한 무감각 및 중독을 초래할 수 있음을 우려한다.

격투 스포츠

스포츠 폭력 근절

1. 스포츠 폭력 근절대책(3대 방향, 10대 과제; 2013년 문화체육관광부)

(1) 피해선수 보호 및 지원 강화

　① 스포츠인 권익센터 상담 · 신고 기능 보강

　② 각종 대회 및 훈련 현장, 학교 등을 직접 찾아가는 교육 및 상담 확대

　③ 선수생활 지속 여부, 신분노출 등에 대한 염려로 피해자 또는 목격자가 적극적으로 신
　　고하지 못했던 점 보완

(2) 공정하고 투명한 처리시스템 구축

　① 체육단체별 '징계양형기준'을 새롭게 마련해 '무관용원칙' 적용

　② 조사권과 징계권을 분리하고 각 단체별 조사단을 구성해 사전조사 기능을 강화. 조사

및 징계 과정에 대해 외부 전문가 참여 제도화

③ 각 단체의 폭력근절 노력 및 성과 등을 종합적으로 평가할 수 있도록 조직운영평가 '윤리성' 지표를 세분화하고 가중치 확대

(3) 폭력 예방활동 강화

① 지도자 등록시스템을 구축하고 취업지원시스템과 연계해 채용시 활용할 수 있도록 제공

② 지도자 리더십 우수모델 발굴·홍보, 리더십 우수지도자 시상

③ 실적 위주의 지도자 평가시스템 개선, 학생선수 참여 대회 시상제도 개선 등 운동부의 민주적 운영에 대한 인센티브 확대

④ 학교 스포츠지도자 인성 교육을 체계화하고 선수, 학부모, 지도자를 대상으로 연중 폭력 예방 교육 실시

2. 대한체육회의 스포츠폭력추방을 위한 특별 조치방안(2020)

① 피해자를 선제적으로 보호하고 가해자는 엄정하게 처벌함

② 스포츠 폭력에 대한 다중 감시 체제를 구축하고 운영함

③ 스포츠 폭력 신고 포상제를 추진하고 신고가 장려되도록 함

④ 합숙훈련 허가제를 도입하는 등 훈련방식을 전면 전환함

⑤ 피해 방지를 위한 인권교육을 강화함

⑥ 체육계 혁신 계획 추진 내용을 철저히 평가하여 근본적 체질 개선을 이룸

현대 프로 스포츠에서 관중 폭력에 대한 심각성을 드러내고 있다. 유럽 축구에서 문제가 되는 훌리건(Hooligan)은 100여 년 전 패트릭 훌리헌(Patrick Hoolihan)이란 아일랜드인의 이름에서 유래됐다고 전해진다. 그가 축구에 관심이 있었는지 알려져 있지는 않지만, 지방 주점에서 경비원으로 일하며 폭력을 행사했던 불량배였다고 한다. 그의 이름을 통해 훌리거니즘(Hooliganism)이란 신조어가 탄생했다. 즉, 군중과 팬의 무질서를 합해서 만든 단어로서 스포츠 팀 응원을 빌미로 폭력적 행동을 일삼는 무리들의 성향을 가리키고 있다.

초기 축구장 내의 폭력은 심판의 생명을 위협하는 수준으로 1920년대에는 아스날(Arsenal Football Club)과 토트넘 홋스퍼(Tottenham Hotspur Football Club) 팬들 사이에서 칼과 쇠몽둥이가 등장할 정도로 심각했다. 관중 폭력의 원인은 한 개인이 군중의 일원이 되었을 때 군중의 익명성을 통해 표출하게 되는데 문제가 있다. 즉, 군중 속에서는 개별성과 책임성이 없어짐에 따라 발생한다. 집단행동은 군중 속의 소수사람에 의한 폭력성이 전염된다는 전염이론에서 찾아볼 수 있다. 또한 개인이 평소에 지닌 반사회적 생각이 군중이라는 익명성에 표출되는 수렴이론도 있다. 규범생성이론은 동질성이 거의 없던 개인들이 큰 집단으로 발전하면서 다수가 동조하는 새로운 규범을 통해 표출되기도 한다. 그리고 부가가치이론(사회변형이론)으로 집단행동이 일어나기 위해선 다양한 요인과 조건들이 순차적으로 조합해서 표출되기도 한다.

이 외에도 선수들의 폭력이 관중들의 동조의식을 불러일으키기도 한다. 선수 간에 또는 반대편을 응원하는 관중 간에 신체접촉이 일어나기 쉬운 환경에서 관중 폭력이 빈번하게 나타나고, 응원하는 팀에 대한 승리지상주의 열망이 과도할 때 관중 폭력이 두드러진다.

관중폭력이 발생할 가능성이 큰 경우는 특히 관중의 규모가 많을수록, 경기의 후반부일수록, 기온이 올라갈수록, 시즌이 막바지일수록 난동발생 가능성이 높은 것으로 나타났다. 이 외에도 관중의 밀도가 높을 때, 매우 중요한 경기일 때, 경기자체가 폭력적일 때, 어웨이 경기보다 홈경기일 때, 사회적 지위가 낮은 관중이 많을 때, 경기장 시설이 열악하고 불쾌지수가 높을 때 집단행동으로서 관중폭력이 발생할 가능성이 높아진다.

관중 폭력을 예방하기 위해선 폭력예방에 관한 제도를 개선해야 한다. 또한 관중 폭력은 경기에서 스포츠 참여의 관여를 항상 사람들의 태도와 스포츠에 대한 지역 사회 지지에 중요한 영향을 미치므로 '윤리적 가치관'을 고취시켜야 한다. 관중도 스포츠 참가자 일부이므로 스포츠맨십을 준수할 의무가 있음을 인지시켜야 한다. 스포츠 팀도 자기 팀을 응원하는 관중들에게 건전한 응원문화를 정착시켜야 하는 의무를 인지시키는 노력이 요구된다.

2. 약물복용

1869년은 스포츠계에선 나름 의미가 있는 연도이다. 미국에선 세계 최초의 프로 스포츠 구단이 신시내티 레드 스타킹즈가 창단한 해이다. 대서양 건너 유럽에선 벨로시페드일뤼스트레(Le Vélocipède illustré)라는 신문사가 파리와 루앙 간의 자전거 대회를 최초로 만들었다. 자전거 대회에서 투르드프랑스(Tour de France)라는 대회는 가장 유명한 이벤트로 성장했다.

매해 7월, 20일 이상 3,500Km 이상 달하는 거리를 주행하는 세계최고 수준의 엘리트 선수들이 참가하는 도로 사이클 대회다. 1903년 1회 대회는 우연한 계기로 만들어졌다. 파리의 한 카페에서 로또(L'Auto) 신문사 기자였던 제오 르페브르(Géo Lefèvre)가 해당신문 공동 창립자이자 편집자인 앙리 데그랑쥬(Henri Desgrange)와의 점심을 먹던 중 프랑스 전역을 일주하는 자전거 대회를 고안했다. 이유는 신문판매 부수를 늘려보자는 것이었다. 실제 판매에 엄청난 영향을 미쳐 1903년 발행부수가 25,000부에서 행사 직후 65,000부로 급상승했다. 1908년에는 250,000부로 첫 해 대회당시보다 10배가 늘었다. 1923년 경주 때는 하루에 500,000부 판매가 됐고, 1933년 경주 중에는 854,000부의 판매기록이 있다. 우연한 기획이 30년 만에 3,000배 이상으로 확대한 결과를 낳았다.

이 대회는 1935년에는 스페인 출신의 프란시스코 세페다 선수, 1995년에는 파비오 카사텔리 선수가 경기도중 목숨을 잃을 만큼 단일 종목으로 매우 험난한 여정을 그리고 있다. 매일 200Km 안팎의 거리를 21일 동안 프랑스 전역과 스위스 산맥을 포함한 인근 국가 내의 코스까지 포함한 총 거리를 소화한다는 것은 상상을 초월한 의지와 전략을 요구하는 상징적 경기로 발전하게 됐다.

현대판 투르드프랑스(Tour de France)를 전 세계적으로 알린 장본인이 있다. 인간승리의 대명사와 영구 제명된 아이콘, 바로 미국 출신의 선수 랜스 암스트롱(Lance Armstrong)이다. 최고의 영예와 불명예를 동시에 안게 되면서 이 대회의 홍보효과는 자의 반, 타의 반 날로 치솟게 되는 아이러니를 갖게 됐다.

랜스 암스트롱(Lance Armstrong)은 뇌까지 전이된 고환암을 극복한 후 대회 7 연패(1999~2005년)를 달성해 인간 승리의 대명사가 됐다가 약물 복용으로 모든 기록과 자격이 박탈됐고, 영구 제명됐다. 그는 불법 약물 투입으로 영구 추방되기 전에는 투르드프랑스 대회 창설자보다 높게 평가되기도 했다. 암 투병 극복으로 그치지 않고, 암치료와 회복을 위한 공익재단 활동을 적극적으로 이어감에 따라 누구나 존경하는 선수였던 것이다.

2010년 당시 그와 같은 소속이었던 미국 우정국(USPS)이 팀 동료였던 플로이드 랜디스(Floyd Landis)로부터 폭로가 시작됐지만, 초창기에는 계속 부인했다. 물론 랜디스도 약물논란에 자유롭지 못하고 은퇴했다. 2013년 유명한 토크쇼인 오프라 윈프리(Oprah Gail Winfrey) 쇼와의 TV 대담에서 경기력을 높이기 위한 유혹을 벗지 못해 여러 가지 약물과 항진제 사용을 고백했다. 암스트롱은 "자신이 사이클계에 만연한 약물복용 문화를 만들어 낸 것은 아니지만, 막으려 하지도 않았다. 도핑은 타이어에 바람을 넣는 것과 비슷했다."라고 말했다. 이후 국제사이클연맹(UCI)으로부터 모든 기록과 명예가 박탈됐고, 우정국을 비롯해 광고 계약과 관련한 기업과의 손해배상 소송으로 이어졌다.

랜스 암스트롱

스포츠에서 약물복용이란 운동선수의 육체적, 심리적 기능을 한시적으로 증진시키는 화학적 합성물 혹은 천연물질을 사용하는 것을 말한다. 약물의 종류로는 상해와 피로의 회복을 목적으로 투여하는 회복 촉진제(restorative drug)와 운동기능의 항진효과가 있는 부가촉진제(additive drug)가 있다. 약물복용의 문제점으로 인식되는 것은 운동수행을 위한 인위적 자극에 대한 윤리적 문제를 들 수 있다. 또한 약물복용으로 인해 발생할 수 있는 육체적, 정신신경적인 부작용에서 심각성을 내포하고 있다.

기록에 따르면 약물을 통해 선수 기량이 향상된 최초의 사례는 1904년 제3회 세인트루이스 올림픽에서 발생했다. 당시 미국 출신의 토머스 힉스 선수가 마라톤에서 우승하면서 비결이 밝혀졌는데 트레이너들로부터 약물의 일종인 스트리치닌과 브랜디를 공급받았음을 인정했다. 당시는 제도적 금지에 해당되지 않아 문제가 되지 않았다. 1910년부터 최초의 과학적 검사가 이루어지고 난 후, 1930년대에 들어와 doping이란 단어가 사전에 등재됐다. 선수들 사이에서는 1960년 이전에 암페타민, 이뇨제, 진통제 등의 약물이 사용되다가 1960년 이후에는 호르몬제인 아나볼릭 스테로이드가 성행했다. 1964년에는 IOC 의무분과위원회가 발족하면서 도핑 이슈를 본격화하기 시작했다. 1968년 IOC에서 반도핑 활동을 전개함에 따라 프랑스의 그르노블 동계올림픽 대회에서 첫 도핑검사를 실시했다.

이후에도 아마추어 스포츠와 프로 스포츠에 상관없이 금지약물에 따른 논란은 끊임없이 제기되고 있다. 1988년 서울하계올림픽에서 세기의 결승전이었던 100m 단거리 달리기 경주에서 우승후보인 칼 루이스와 대결을 벌인 벤 존슨 육상선수가 도핑검사에서 금지약물 복용사실이 발각돼 금메달이 박탈되기도 했다. 1999년에는 세계반도핑기구(WADA, World Anti-Doping Agency)가 창설되면서 금지약물을 세분화하게 됐고, 우리나라도 2006년에 한국도핑방지위원회(KADA, Korea Anti-Doping Agency)가 발족됐다.

국가적 차원에서 금지약물을 복용한 사례가 있었다. 2014년 소치 동계올림픽 때 러시아는 국가가 주도하여 자국 선수들에게 금지약물을 사용해 우수한 성적을 유도했다. 이후 IOC는 2018년 평창 동계올림픽 때 러시아에 대해 도핑문제가 드러나지 않은 선수의 개인자격 출전 외에는 허용하지 않았다. 이러한 경우 국가의 강요에 의한 도핑으로 선수가 원치 않는 금지약물을 사용한 경우로서 많은 논란을 낳았다.

　　이러한 약물복용을 금지하는 이유는 페어플레이 정신에 위배된다는 공정성 훼손을 꼽는다. 또한 선수의 건강이 손상될 수 있고, 비윤리적이고 비인도적인 행위로 인식돼 있다. 도핑을 하게 되는 원인의 원천적인 봉쇄가 필요하다는 의견도 있다. 즉, 앞서 언급한 국가주도의 강요에 의한 도핑을 금지해야 하고, 우상선수 흉내에 따른 부작용을 사전에 막기 위해 부정적인 역할 모형을 차단해야 한다는 것이다. 그럼에도 불구하고 엘리스 캐시모어(Ellis Cashmore, 2000)에 따르면 스포츠의 약물반대 정책에 대한 주장과 근거를 제시해도 반박하는 목소리도 만만치 않다.

▼ 표 4-2. 스포츠의 약물반대 정책의 증거와 반박

주장	증거	반박
약물은 공정하지 않다.	• 꽤 괜찮은 보강증거로서 약물은 운동 실행에서 보완, 보조 또는 보충작용을 할 수 있다.	• 역사적으로 다른 실행 보조제들은 불공정한 것으로 간주되지 않았다. • 출생조건이 이점을 줄 수도 있다.
약물복용은 선택이다.	• 동료, 코치, 트레이너의 충고나 지지를 받는다.	• 종종 유일한 대안이 최고 수준에서의 성공을 이루지 못하는 것이다.
약물은 건강에 해롭다.	• 일부는 부작용을 지니고 있지만 다른 것들은 그렇지 않다.	• 일부 스포츠 행위들 역시 위험하다. • 합법적 약물들 중 금지된 물질보다 더 해로운 것들이 많이 있다.
약물은 자연적이지 않다.	• 많은 약물들이 자연적 산물의 합성물질이다(부분적 지지).	• 자연적 신체 상태란 존재하지 않는다. • 훈련, 식사, 환경 등이 모두 생화학적 변화를 일으킨다.
선수들은 역할 모델들이다.	• 젊은이들을 스포츠 스타를 흉내 내려고 한다(강한 지지).	• 록스타와 배우들도 모방된다. • 일단 어느 수준에 도달하면 젊은 선수들은 약물이 사용된다는 것을 어쩌면 그들의 역할 모델들을 보고 깨닫게 된다.
약물은 사업에 나쁘다.	• 스폰서들은 약물을 사용했거나 사용 중이라는 의심이 가는 선수와의 계약을 피한다(좋은 지지).	• 스포츠 규제조직들은 상업적 동기가 약물정책을 이끌어 가고 있는 것이 아니라고 주장한다.

출처: Cashmore, E.(2000). *Marketing sense of sports*. 정준영 옮김(2001). 스포츠, 그 열광의 사회학. 한울아카데미, p.281.

금지약물 다섯 가지 분류

오늘날 IOC의 금지목록에 있는 물질은 4천개가 넘는다. 크게 다섯 가지 범주로 분류할
수 있는데 아나볼릭 스테로이드, 흥분제, 마취적 진통제, 베타 블로커, 이뇨제가 그것이다.

① 아나볼릭 스테로이드

1889년 찰스 브라운-시쿼드(Charles Brown-Sequard)가 고안한 치료법으로 심신의
원기를 회복시킨다고 했다. 1935년 남성 고환에서 생산되는 남성 호르몬이 테스토스테론
과 합성되면서 가장 많이 사용된 약물이다.

② 흥분제

19세기 말의 사이클 선수들은 피로감을 방지하기 위해 에테르와 케페인을 사용했다. 또
한 니트로글리세린이 헤로인, 코카인, 스트리치닌 등과 혼합하여 흥분제로서 사용했다. 흥
분제를 통해 교감신경계를 자극하여 심장박동을 빠르게 하고, 혈압을 높이고 동공을 확대
함으로써 근육 내 피로가 쌓이는 젖산에 대한 저항력을 높이고자 했다.

③ 마취적 진통제

기원전 3천년 경 고대 메소포타미아인들에 의해 사용된 양귀비 추출물이 대표적이다. 아
편, 헤로인, 코데인, 몰핀 등처럼 고통을 완화하고 중추신경계를 억제시켜 무감각 사태를
낳게 한다.

④ 베타 블로커

유전적인 신경이상의 효과를 중화시키는 데 도움을 주는 베타 블로커는 심장박동을 늦춤
으로써 불안과 긴장을 감소시킨다.

⑤ 이뇨제

체중을 빨리 감소시키기 위해 사용한다. 체액 수준을 감소시키기 위해 치료적으로 널리
이용되는 물질로서 신장을 자극하여 소변을 생산하도록 유도한다.

3. 부정행위

부정행위(cheating)는 경쟁상황에서 승리에 이르는 조건을 어느 한 쪽 편에 유리하도록 명시적 혹은 묵시적으로 동의하는 행위를 말한다. 경기의 목표에 대해 강한 집착을 성사시키기 위해 비합법적 수단을 동원하는 것이다. 대표적으로 일탈적 부정행위가 있다. 승부를 담합하거나 학칙을 위반하는 행위도 포함된다. 종종 선수, 심판, 브로커 등이 엮인 불법 베팅구조에 끼어들게 되면서 사회적인 문제가 되기도 한다. 이 외에도 경마에서 경주마에 약물을 투여하는 행위를 비롯해 도로 사이클 경기에서 교묘하게 소형모터를 달아 바퀴를 자동적으로 순환시켰던 사례에서도 찾아볼 수 있다.

또한 제도적 부정행위가 있다. 이는 관례적 일탈(routinized deviance)로서 축구경기에서 헐리웃 액션이라 일컫는 과도한 제스처로 부상당한 것처럼 꾸미는 행위, 의도적인 반칙을 통해 경기 흐름을 끊는 행위, 불법적인 용기구를 사용하는 행위 등에서 나타난다. 부정행위가 나타날 가능성이 큰 경우는 우선 승리에 대한 보상이 크거나 경쟁결과가 불확실한 경우이다. 또한 경기 규칙과 규정이 과도할 경우에도 나타나기도 하고, 기술 자체가 경기의 중요한 요소가 될 경우도 나타날 수 있다.

4. 유전자 조작 및 기술 활용

IOC 의무분과위원회에선 유전자 조작을 도핑보다 더 심각한 문제로 인식하고 있다. 경기력을 높이기 위한 유전자 조작은 인간의 존엄성을 무시하고, 스포츠 정신에 반하는 행위로서 규정한 것이다. 이는 선수 생명을 위협할 수 있고 기록 지상주의에 따라 인간의 상품화 문제가 발생할 수 있다. 또한 스포츠 가치와 페어플레이의 스포츠 정신에 위배됨에 따라 스포츠의 본질적인 의미가 사라질 수 있다.

스포츠 분야의 과학기술은 발전을 거듭하고 있다. 매튜류, 신발류, 모자류, 호구류와 같이 선수의 안전을 위한 기술이 대표적이다. 또한 시간계측 장비, 사진 판독, 도핑검사 장비 등 스포츠 공정성을 위한 감시를 위한 기술도 발전을 하고 있다. 더불어 선수 경기 수행능력을 향상시키기 위한 기술이 나날로 발전하고 있다. 예를 들어 디스크 자전거, 전신 수영복, 유리섬유 장대, 탄소봉 창 등으로 제품 소재의 변화도 여러 종목에서 이루어지고 있다.

하지만 국제수영연맹(FINA)에서 기록단축이 되는 특정 소재의 전신수영복 착용을 금지시키기도 했다. 이는 스포츠 공정성이 훼손되고 스포츠는 장비의 경쟁이 아닌 신체적 경쟁을 우선시해야 한다는 명분도 작용한 것이다. 이와 같이 스포츠가 첨단기술의 경연장으로 변질될 수 있는 우려가 있다. 긍정적인 측면에서 과학기술의 관점은 스포츠 과학으로 바라보지만, 부정적인 측면에선 기술 도핑이란 인식도 있는 것이다.

SPOMANITAS 넘나들기!

공감을 얻지 못하는 스포츠 일탈의 문제는 무엇이며, 공감의 의미를 이해해 봅시다.

스포츠 공감(共感)

잉글랜드프리미어리그(EPL) 2015－16 시즌에 레스터 시티가 우승했다. 국제축구연맹(FIFA)은 격앙된 논평을 내놓았다. "레스터시티 우승 확률은 5000분의 1에 불과했다. 스코틀랜드 네스호에 괴물이 생존했을 확률과 비슷한데, 레스터시티가 0.02%의 확률을 뚫어냈다." 흥분은 여기서 그치지 않았다. "살아있는 엘비스 프레슬리를 발견한 것과 같다." 무슨 일이 일어난 걸까?

스트라이커 제이미 바디(Jamie Richard Vardy)는 요즘말로 흙수저다. 주급 5만 원의 공장 노동자였던 그는 축구선수의 꿈을 위해 일을 마친 후 연습을 했고, 그 결과 8부 리그부터 시작해서 오늘날 여기까지 왔다. 그는 말했다. "자리가 정해진 사람은 없다. 모든 것은 나에게 달렸다." 그의 파란만장한 인생역정은 대중의 공감을 불러일으켰다.

또 다른 우승주역으로 클라우디오 라니에르(Claudio Ranieri) 감독을 빼놓을 수 없다. 2015년 7월에 레스터시티에 부임할 때만 해도 팬과 언론의 반응은 냉담했다. 백전노장이지만 1부 리그 우승 경험이 없기 때문이다. 언론에선 실험가(tinkerman)를 데려왔다고 비아냥거렸다. 그는 패배의식에 젖어있던 선수들에게 변함없는 믿음을 통해 소통을 이뤘다. 언론 인터뷰에서 전술을 언급하는 대신 선수를 '신뢰한다'라고 했다. 그가 보여준 선수와 대중과의 공감의식은 결국 언론의 사과를 이끌어냈다. 바로 '실험가에서 슈퍼맨으로(tinkerman to superman)'라고 말이다.

사상 유례가 없는 공감을 표출하는 방식

'공감(empathy)'이란 단어는 19세기 말 독일의 철학자 로베르트 피셔(Robert Vischer)가 미학에서 사용한 감정이입(Einfühlung)에서 유래됐다. 비슷한 단어로 '동정'이 있다. 나에게서 출발하는 '동정'과 남으로부터 유발하는 '공감'의 표현을 우린 어떻게 하고 있는가?

2015년의 기억을 떠올려보자. 우린 '아이스버킷 챌린지'를 기억한다. 루게릭병 환자들을 돕기 위한 캠페인으로 세계적 열풍으로 이어갔다. 국내에서도 루게릭병을 앓고 있는 농구선수 및 코치출신인 박승일 씨를 돕기 위해 각계각층의 관심으로 이어졌다. 또한 많은 사람들은 승일희망재단을 통해 기부를 펼쳤다.

전 세계인들은 프랑스 파리 테러의 슬픔을 딛고 일상을 찾아가는 'Pray for France'란 구호를 전파함으로써 공감을 표출했다. 페이스북을 통해 단 한 번의 클릭으로 삼색기(프랑스 국기)를 본인의 계정을 나타내는 화면에 표시했던 것이다. 역사적으로 유례가 없는 공감을 표출하는 방식이다.

기술발달로 가져온 생활양식의 변화는 전 세계의 이슈를 인지하며 일상을 살아가게 한다. 창단 132년 만에 일군 레스터시티의 기적은 남의 나라에서 펼쳐지는 스포츠 비즈니스의 얘기로만 들리지 않는다. 왜 이토록 사람들은 열광하는가? 도대체 스포츠가 갖고 있는 보이지 않는 힘은 무엇이기에 우리 마음을 동요시키는가?

스포츠가 주는 공감과 판타지의 세계

레스터시티는 1928−29년 시즌에 준우승을 한 것 말고는 대중들이 각인할 만한 전적이 없었다. 현대 스포츠의 상업논리에 따라 이번 우승을 통해 선수, 감독은 물론 구단가치가 높아질 것이다. 스포츠 비즈니스의 시작은 제이미 바디와 같은 영국 노동자 계층의 스포츠 활동이 클럽으로 발전하면서 부터다. 금전적 대가가 있는 프로페셔널리즘이다. 하지만 근대 스포츠의 출발지였던 19세기 영국에서는 절제와 매너를 중시했던 아마추어리즘이 성행했고, 오늘날엔 당연시되고 있는 상업논리와 프로페셔널리즘을 경멸했다. 당시엔 하얀색 유니폼 착용을 고수하면서 상류층 문화로만 인식했었다. 그러나 지금, '각본 없는 드라마' 속 주인공이 우리와 비슷한 삶 속에서 어려움을 딛고 성공할 때 대중들은 격한 공감을 표출한다. 스포츠를 바라보고 즐기는 현대인들의 모습이다.

스포츠는 '인성 논리(character logic)'란 문화 이데올로기가 있다. 스포츠 활동의 매너, 에티켓, 페어플레이 정신을 기본으로 한 가치다. 프로페셔널리즘의 스포츠 문화에서 승자가 패자보다 조명을 받는 것은 당연시됐지만 패자가 더 진한 여운을 남기기도 한다. 소치 동계올림픽 개최국 러시아의 텃세 및 심판판정으로 금메달을 획득한 소트니코바 선수와 올림픽에 출전한 것에 더 큰 의미를 두었던 김연아 선수가 비교되곤 한다. 공감하기 어려운 방식의 승리는 오히려 유망주의 인생에 걸림돌로 작용했다. 떳떳한 과정을 통해 이룬 성과의 차이가 얼마나 큰지 여실히 보여주었다. 네덜란드의 대표적 문화인류학자인 요한 하위징아(Johan Huizinga, 1872~1945)가 제시했던 호모 루덴스(Homo Ludens)는 놀이(play)의 자발적인 활동을 통해 즐거움을 추구한다. 게임(game)은 놀이의 발전된 형태로 인간은 가장 본능적인 활동을 선망한다. 스포츠는 경쟁적인 신체활동을 제도화한 형태가 됐다. 이러한 스포츠를 우린 어떻게 소비하고 있는가? 경기장에서 관람하고, 직접 참여하기도 하고, 매체를 통해 정보를 탐색하거나 콘텐츠를 구매한다. 최근 가상현실, 사물인터넷, 360도 카메라 등의 혁신적 기술을 통해 스포츠 소비활동의 변화를 예측할 수 있다. 경기장에 직접 가지 않아도 관람문화가 성립될 수 있다. 생산자가 제공하는 콘텐츠를 일방적으로 보는 것이 아니라 보고 싶은 것만 골라 볼 수도 있다. 즉 스포츠소비자의 구분이 모호해졌다. 스포츠 콘텐츠는 기술발달을 통해 격하게 공감을 이끌어내기도 하고, 판타지를 극대화시킬 것이 분명해졌다.

스포츠 스토리두잉(Story Doing) 시대

스토리텔링(Story Telling)에서 스토리두잉(Story Doing) 시대가 왔다. 소비자가 직접 콘텐츠를 갖고 행동한다. 2012년 런던올림픽에서 나이키는 급부상하는 스포츠 소비시장인 중국을 겨냥했다. '모든 선수가 영웅이고 모든 선수가 승패와 관련 없이 위대하다'란 캠페인을 통해 런던올림픽 17일 동안 모든 중국선수 경기를 실시간 영상으로 공유했다. 중국인들은 취지에 부합하는 영상을 직접 찍어 올리면서 이 공감 캠페인을 대단한 열기로 이어갔다.

공감이란 무엇인가. 남의 마음을 읽고 함께 하는 것이다. 스포츠의 본질과 상업주의 방식의 다변화, 스포츠를 통한 원초적 열망과 최첨단 기술을 통한 스포츠 마케팅 시장의 변화. 전혀 다른 방향을 바라보는 것 같지만 우리가 열광하는 곳은 스포츠 공감(共感) 의식을 함께 하는 지점이다. 이 지점이 곧 또 다른 스포츠 세계의 출발점이다.

출처: 현대자동차 그룹 이노션 월드와이드(2016.8.). Life is Orange. 특별기고(문개성). 스포츠 공감(共感), p.8~9.

스포츠 일탈이 누군가에게는 꿈을 안겨다 줄 수 있음을 이해해 봅시다.

꿈에 미쳐본 적 있는가?

미국 흑인 육상선수 토미 스미스와 존 카를로스는 검은 장갑을 낀 한 손을 하늘을 향해 세웠다. 1968년 멕시코의 멕시코시티에서 개최된 올림픽 육상 결승 경기를 끝내고 1위와 3위의 단상에 맨발로 올라가 행했던 일이다. 미국 내 소수민족의 차별에 대한 항의의 표시였다. 2위를 했던 호주의 백인 선수 피터 노먼도 인권 배지를 달고 시상대에 올라 동참했다. 호주정부는 노먼 선수가 1972년 뮌헨올림픽에서 선발됐는데 제외시켰다. 일탈로 바라본 것이다. 2006년 노먼이 세상을 떴을 때 스미스와 카를로스가 관을 들어 마지막까지 공감대를 이어갔다. 덧붙여 2012년 호주정부는 노먼 선수를 제외한 사실을 인정하고, 2018년에 공로 훈장을 수여하기도 했다.

부당함에 항의하기 위해 한쪽 무릎을 꿇는 행위를 기억할 것이다. 미국 사회에서 끊이지 않는 인종차별 이슈에 반대 목소리를 강하게 표현할 때 고개를 숙이고 한쪽 팔을 세우는 행위와 더불어 사용되곤 한다. 이는 미식축구선수 콜린 캐퍼닉이 2016년 경찰의 인종차별 행동에 항의해 국가 연주 시에 행했던 퍼포먼스였다. 이 일로 미식축구리그에서 선수자격이 박탈돼 쫓겨나기도 했다.

당시 트럼프 대통령을 비롯해 관료들이 보기에 사회적 규범과 규칙을 벗어난 일탈로 규정화한 것이다. 스포츠 영역에서 일탈의 기본은 승리 추구와 페어플레이라는 양립하기 힘든 두 가지 가치를 추구해야 할 균형점이 무너지면서 발생한다. 특히 현대 스포츠의 상업주의가 팽배해지면서 승자에 초점을 둔 미디어 환경이 그러한 현상을 재촉하기도 한다. 심지어 머튼(R. K. Merton)의 아노미 이론에서 분류한 동조주의 즉, 전략적으로 시간을 끌면서 우승하고자 하는 지연 전술과 경기 규칙 내에서 용인된 폭력이라 할 수 있는 파울 행위 등도 일탈로 볼 수 있다.

하물며 전 세계인이 바라보는 장소에서 장갑을 껴서 한 손을 치켜세우거나 한쪽 무릎을 꿇고 앉는 행위는 관료의 시각으론 대단히 부적절하게 보였을 것이다. 시대를 역행하는 관료는 부당함의 거부, 저항의 표시, 풍자와 해학을 이해하지 못하는 것이다. 하지만 그의 행동은 사회적 정의를 실현하기 위한 개인의 노력이 결코 헛되지 않았음을 보여주었다.

오늘날 세계 최고의 스포츠 용품회사로 성장한 나이키는 이러한 사회적 이슈를 피해가지 않는 것으로 유명하다. 1980년대 말부터 사용한 멋진 슬로건인 'Just Do it'의 탄생 30주년을 기념해 광고 모델을 콜린 캐퍼닉으로 기용한다. 미국 보수층을 중심으로 벌어진 나이키 불매운동도 감수하면서까지 다수의 대중들을 향해 동참의 목소리를 냈던 것이다.

새로운 슬로건은 'Dream Crazy'이다. 결과는 어땠을까. MZ 세대의 열렬한 호응을 받으며 큰 성공을 거두었다. 시대의 큰 파고를 이해하지 못하면서 고여 있는 물을 고수하는 기득권을 향해 얘기해야 할 세대는 바로 여러분이다. 변화를 주저하거나 머뭇거리지 말고 '그냥 하면' 되고, 한 번쯤은 '꿈에 미쳐봐야' 하지 않을까.

출처: 문개성(2022.10.11.) 꿈에 미쳐본 적 있는가. 원대신문(제1416호), 사설.

과제

01 공감을 얻지 못하는 스포츠 일탈 사례를 찾아보시오.

02 공감을 얻어 사회적 순기능에 기여한 스포츠 일탈 사례를 찾아보시오.

03 과소동조와 과잉동조의 사례를 찾아보시오.

04 약물복용에 대해 금지하는 찬성의견과 반대의견을 비교하시오.

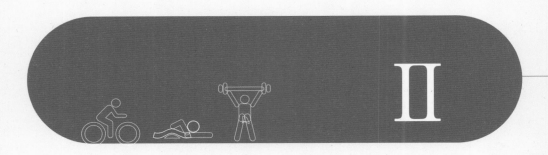

스포츠의 역사와 철학

스포츠는 시대별로 특징을 달리했다. 즉, 목적하는 바가 달랐다. 오늘날과 같이 스포츠를 보면서 열광하기도 했고, 소수의 통치 집단은 대규모 관중들을 향해 메시지를 전파하는 유용한 수단으로 삼았다. 개인적 건강을 추구하는 현대와 달리 도시국가를 외부의 적으로부터 방어하기 위해 체력을 길렀다. 또한 특정한 집단에 의해서만 스포츠가 통용되기도 했고, 다시 개인을 중시하는 풍조에 의해 여러 형태의 스포츠가 탄생했다. 18세기 산업혁명으로부터 계량화된 산출물이 사회에 만연하다 보니 스포츠란 콘텐츠도 사회적 공감대를 형성해야 흥행할 수 있다는 인식이 자리 잡혔다. 이를 통해 1896년 고대 올림픽을 재현하기 위한 근대 올림픽으로 새로운 생명을 불어넣었고, 20세기 자본주의의 최정점을 달리게 한 프로 스포츠가 탄생했다. 이와 같이 스포츠는 시대적 사명을 갖고 역사와 함께 했으며, 몸을 근간으로 했던 체육(體育)의 본질적 의미를 더해 철학적 사유가 가능하게 한 중요한 요인이었다.

CHAPTER 05 고대 스포츠 I

1절 수메르와 이집트

1. 메소포타미아의 스포츠

인류 최초의 문명으로 여기는 메소포타미아(Mesopotamia) 문명은 티그리스강과 유프라테스강 사이의 비옥한 곳에서 기원전 3500년 경에 시작됐다. 오늘날의 이라크 지역에 해당된다. 이 문명에서 가장 중요한 역할을 담당한 종족은 수메르 인들이어서 수메르 문명이라고도 한다. 수메르 인은 인류 최고(最古)의 도시문명을 발전시키며 이집트 문명에도 영향을 미친 것으로 추정하고 있다.

이들이 사용한 언어는 고대 오리엔트 문명의 여러 민족과는 다른 특수한 언어를 사용한 것으로 전해지고 있으며, 상형문자(象形文字)를 사용했다. 이후 기원전 3000년경부터 약 3,000년간 메소포타미아 중심으로 고대 오리엔트에서 광범위하게 사용된 설형문자(cuneiform, 楔形文字)를 사용했다. 수메르 인은 점토를 굳혀서 만든 서판에 신전에 바치는 각종 물품과 수를 기록한 것으로 현재에도 완전히 해독하지 못하고 있다.

설형문자

　고대 메소포타미아 각지에서 발견되는 일종의 신전인 지구라트(Ziggurat)를
통해 당시 문명의 발전을 가늠할 수 있다. 고대 메소포타미아 문명은 인접 국
가를 정복하고 영토를 확장함에 따라 바빌로니아(기원전 1900년경), 아시리아
(기원전 1100년경), 신바빌로니아(기원전 600년경)의 3대 제국이 탄생하게 됐다.
　기원전 1792년 함무라비 왕이 바빌로니아 제국을 건설하고, 유명한 함무
라비 법전을 편찬했다.

지구라트

이 시기의 교육은 실용성을 강조하며 점성학 번역, 서사시, 기록 등을 토대로 직업적 소양을 기르는 데 초점을 두었다. 당시 상업도시로서 각기 다른 언어를 사용했던 바빌로니아에서는 번역가도 많았다고 전해지고 있다. 또한 왕과 귀족, 사제, 부유한 상인 등이 점유한 기록관은 지적 훈련이 중시된 반면, 체육은 농민, 직업인, 군인 등의 생활과 밀접한 직업훈련과 결합됐다. 물론 귀족과 군 지휘관은 전쟁과 수렵에 필요한 신체능력의 훈련을 통해 신장시켰으며, 수영, 궁술, 마술 등 다양한 기술을 배웠다. 고대 메소포타미아 시대에는 고대 이집트인들이 즐겼던 놀이문화와 무용은 발전하지 못했다.

수메르왕 중에 가장 유명한 길가메쉬(Gilgamesh)는 기원전 2000년경 일부를 통치했다. 그에게는 다양한 서사시적 업적과 관련한 이야기와 전설이 전해지고 있다. 그는 사자를 죽이고 전쟁에서 많은 적들을 죽임으로써 그리스 영웅 헤라클레스의 모델이란 견해도 있다(Mechikoff, 2006). 그에 못지않게 후세에 잘 알려진 아시리아(Assyria)의 왕인 아슈르바니팔(Ashurbanipal)의 사냥하는 모습이 담긴 벽화를 통해 전투기술이 중요한 스포츠임을 짐작할 수 있다. "스포츠와 영성(spirituality)은 스포츠가 현대화되기까지 결합될 것이며 의식(ritual)보다는 이성(reason)에 기반을 둔 태도에 의해 지배된다. 사자사냥 의식을 나타낸 그림에서 왕 아슈르바니팔은 제례복을 입었으며 죽은 사자 위에 와인을 붓고 있었다. 이것은 종교의식을 나타내는 듯 하며 종교 의식에서 왕은 악(사자)을 제거함으로써 그의 힘과 미덕을 나타낼 수 있었다(Mechikoff, 2006, 김방출 역, p.44)." 이와 같이 이 시대의 지배자들에게 사자 사냥은 인기 있는 스포츠였다.

아슈르바니팔

수메르인의 전쟁

높이 약 21.6센티미터, 폭 약 49.5센티미터 크기의 모자이크 그림으로 남겨진 '우르의 스
탠더드'(기원전 2600년 무렵)에는 전쟁을 매우 사실적으로 묘사돼 있다. 전차 한 대가 속
도를 내고 그 아래에는 적들의 시체가 나뒹군다. 포로의 머리와 가슴에는 피가 철철 흐르
듯 물결선으로 표현돼 수메르 화가의 뛰어난 묘사력을 보여준다. 또한 아시리아군의 공성
포에 이름 모를 여인이 마구 울부짖는 모습도 표현하기도 했다. 이를 비롯해 적들에 대해
선 처참하게 부상당하거나 죽은 모습을 생생히 묘사하면서도 단 한명의 아시리아 사람은
그러하지 않았다. 이러한 의도적 묘사를 살펴보면 통치자의 선전술이 이미 발달해 있었다.
그 어떤 통치자가 자신과 전쟁터에 나가기만 하면 속수무책으로 당했다는 것을 기록하고
싶을까. 이 시대의 여러 부조에 묘사된 스포츠로는 권투, 레슬링 외에도 활쏘기도 있다.
신아시리아 제국 시대(기원전 1000년~기원전 609년)에 치렀던 '라키시 공방전'(기원전
701년)을 묘사한 부조이다. 여기에는 창병, 궁병, 투석기를 쓰는 병사들이 있다. 질서정연
한 것을 보면 얼떨결에 끌려 나온 농민이 아니라 훈련받은 용병의 모습일 수 있다. 체계적
인 신체활동과 전쟁 기술을 배운 그들의 표정에는 두려움이란 찾아볼 수 없는 것이다.

출처: 문개성(2021). 스포마니타스: 사피엔스가 걸어온 몸의 길. 박영사, p.143~144.

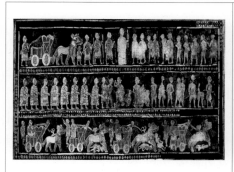 

우르의 스탠더드 / 라키시 공방전

2. 이집트의 스포츠

기원전 3000년경, 나일강 유역에 고대 이집트 문명이 발생했다. 기원전 700년경 아시리아에 의해 정복당하고, 독립된 문명을 구가하다가 기원전 30년 경에 고대 로마에 의해 복속되는 운명을 맞이하기도 한다. 이집트로 상징되는 세계 최대 길이의 나일강의 자연환경과 피라미드를 통해 대수학, 기하학과 같은 토지측량 기술, 건축기술, 수역학 등이 발달했음을 알 수 있다. 정기적으로 범람했던 홍수를 극복하기 위한 치수작업에 대규모 노동환경이 만들어지고, 피라미드를 비롯해 관개수로 등을 조성할 수 있었다.

피라미드

고대 이집트에서는 사람이 말하는 소리를 기호로 나타내는 표음문자(phonogram, 表音文字)인 알파벳(Alphabet)을 창안하고, 기록을 보전할 수 있는 파피루스(Papyrus)를 고안했다. 고대 국가의 기록보존은 매우 중요한 역할이기 때문에 기록관 양성학교가 운영될 만큼 교육 프로그램이 성행했다. 귀족이나 사제들은 이 외에도 산술, 천문학, 기하학을 배웠고, 고급관리가 되기 위한 절차를 밟았다. 반면 하층계급을 위한 교육기관은 거의 없었다.

이집트 상형문자

　　이집트의 체육을 살펴보면 국가의 강제성은 없었지만 군인, 농민과 같이 직업에 따른 필요에 의해 보급됐다. 파피루스에 남겨진 그림을 통해 오버핸드 스트로크(over hand stroke)의 수영하는 영법이 나타나 있다. 귀족의 집에 수영장을 설치할 만큼 남성뿐만 아니라 여성도 즐기는 종목으로 발전했다.

　　특히 군인계급의 전투기술을 높이기 위한 스포츠가 됐다. 수영 외에도 수렵, 레슬링, 전투무용은 군인 계급에게 전술적으로 필요한 스포츠로서 근력, 유연성, 민첩성 등을 기를 수 있게 했다. 청년들 사이에서는 역도, 봉, 마상 창 시합, 공 게임 등이 유행했고, 어린이들은 공, 구슬, 굴렁쇠, 주사위, 후프, 인형, 팽이 등 다양한 완구를 활용한 놀이 활동을 즐겼다. 고대 이집트 시대의 체육은 음악, 노래, 춤이 어우러지는 오락과 유희의 무대이기도 했다. 이집트 군주들의 대중 인기를 확보하기 위한 수단으로 활용했을 만큼 스포츠는 정치의 도구이자, 생활의 일부분을 차지한 중요한 양식이었다.

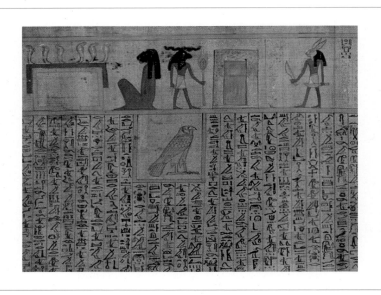

파피루스

여기서
잠깐

이집트인의 레슬링

레슬링은 수메르에도 많이 알려진 종목이었다. 오로지 근력과 유연성을 통해서만 이루어지는 사람과 사람 간의 원초적 대결이다. 두 선수가 알몸이면 이보다 태곳적 순수함을 간직한 경쟁도 찾기가 힘들 것이다. 잘 알려진 바와 같이 기원전 776년에 시작된 고대 그리스 올림픽에선 나체로 경기를 했다. 기원전 2050년경의 베니하산(Beni Hasan)에 레슬링 벽화가 남아있다. 122쌍의 다양한 레슬링 기술이 묘사돼 있다. 한국의 씨름처럼 샅바와 같은 띠를 착용한 레슬러도 있다. 두 명의 나체선수 중 한 명이 상대에게 띠를 건네는 장면도 있다. 이 외에도 고대 이집트 유물을 통해 상아 칼 손잡이에 조각된 레슬링(기원전 3100년경), 점토판에 조각된 레슬링(기원전 3100년경), 테베(Thebes)의 티아넨(Tianen)의 레슬링 고분벽화(기원전 1410년경), 제사장 아멘모스(Amenmos)의 레슬링 항아리(기원전 1300년경)가 전해지고 있다.

출처: 문개성(2021). 스포마니타스: 사피엔스가 걸어온 몸의 길. 박영사, p.151~152.

베니하산의 레슬링 벽화

2절 인도, 중국, 페르시아

1. 인도의 스포츠

기원전 2500년경에 인더스 강 상류지역에는 하랍파(Harappa), 하류지역에는 모헨조다로(Mohenjo Daro)라는 문명을 낳았다. 브라만(Brahmans, 승려), 크샤트리아(Kshatria, 무사), 바이샤(Vaisya, 상인, 농민), 수드라(Sudras, 노예)라는 4계급의 카스트 제도로 분류돼 있다. 카스트 제도는 기원전 1500년경 인도를 침략하여 오랜 기간 지배했던 아리안족의 계급 체계에서 유래된 것으로 알려져 있다. 초기에는 사회적 기능에 따라 분류됐지만, 점차 신분계급으로 고착화 됐다.

모헨조다로

　아리안(Aryans) 족은 원시적 다신교였던 고대 인도의 종교를 브라만교로 통일시켰다. 이를 통해 브라만계급의 특권을 유지하는 수단으로 발전했다. 크샤트리아와 바이샤계급의 향상으로 석가모니(기원전 624~ 기원전 544 추정)가 출현하고, 이후 브라만교, 불교 및 민간신앙의 절충으로 힌두교가 발생하게 된다.

　당시 체육은 카스트 제도로 인해 별로 중시되지 않았다. 또한 기력을 쇠퇴시키는 기후조건에 따라 격렬한 신체활동에 부적합한 환경이었다. 이로 인해 정신수양과 심신단련법의 좌선이 행해졌다. 특히 요가(Yoga)는 오늘날에도 널리 보급된 심신단련법이다. 현대 요가에 영향을 미쳤던 힌두교신 중의 하나인 시바(Siva) 신을 신앙과 관련된 무용의 신으로 여겼다.

시바 신

여기서
잠깐

인도의 요가

인도 요가의 유파는 여섯 가지로 분류할 수 있다. 현대 사회로 전수돼 흥행을 하고 있는 프로그램은 하타 요가(Hatha Yoga)와 라자 요가(Raja Yoga)이다. 전자는 우리 몸을 해와 달의 개념으로 설명한 것으로 자세와 호흡 수련을 중시한다. 후자는 수련대신 슬픔과 기쁨의 원인을 제거하는 상태에 도달하고자 하는 목적을 갖고 있다.

또한 즈냐 요가(Jnana Yoga)는 직관적 지혜를 추구하고 박티 요가(Bhakti Yoga)는 인간적인 요소를 버림으로써 신을 통해 행하는 요가이다. 이 외에도 카르마 요가(Karma Yoga)는 사회적 의무와 도덕적 규제를 따지며 실천을 요구하고, 만트라 요가(Mantra Yoga)는 음의 진동을 통해 자연의 음향과 화합할 수 있다는 다소 복잡한 원리를 품었다. 마지막으로 라야 요가(Laya Yoga)는 호흡을 통해 마음의 자제를 이룩하려고 한다. 결국 엑스타시스(ekstasis)에 도달하기 위해 완전한 집중을 성취하려는 태도이다.

인도하면 요가가 떠오른다고 하여 정적인 신체행위만 있었던 것은 아니다. 기원전 500년경 페르시아에서 발생한 격구(擊毬)가 전해졌다. 말 문화와 관련된 격렬한 스포츠 전파의 한 갈래가 인도로 들어온 것이다. 다른 줄기는 티베트를 거쳐 중국, 한국, 일본으로 건너갔다. 말을 조련하면서 긴 채를 이용해 공을 쳐서 상대의 골문을 관통시키는 스포츠이다. 19세기에 영국으로 건너가 폴로(polo)라는 경기로 다시 탄생했다.

출처: 문개성(2021). 스포마니타스: 사피엔스가 걸어온 몸의 길. 박영사, p,169, 172.

2. 중국의 스포츠

중국문명은 기원전 2500년경에 황허강 유역을 중심으로 태동했다. 고대 동양문화의 근원으로 주변국가에 많은 영향을 미친 중국은 지리적 여건을 활용해 구분 지었다. 북쪽에 만리장성을 쌓고, 서남쪽에 위치한 히말라야 산맥, 텐산산맥, 알타이산맥으로 국경의 장벽을 세워 이국인 출입을 금하는 정책을 폈다. 중국의 동쪽인 우리나라를 동이(東夷)라고 부르고, 서쪽의 사람들을 일컬어 서융(西戎), 남쪽으로는 남만(南蠻), 북쪽으로는 북적(北狄)으로 불렀다. 즉, 중국이 아닌 모든 지역의 사람을 '야만인'이라고 인식하게 했다. 이와 같이 외부적으로는 쇄국정책을 폈고, 내부적으로는 가족제도와 조상숭배란 전통을 통해 사회질서를 굳히고자 했다.

만리장성

대표적인 고대 중국의 체육은 쿵푸(Cong Fu, 功夫)가 있다. 중국문명과 더불어 발전해 온 의료체조로서 기원전 500년경에 한 승려에 의해 체계적으로 만들었다고 전해진다. 청소년기의 교육을 살펴보면 13세 때는 음악과 시가를 배우고, 15세가 되면 활쏘기(사, 射)와 승마(어, 御)를 배웠다. 20세가 될 무렵에는 본격적으로 예(禮)를 배우게 했다. 이는 주나라에서 전해져 온 귀족자제의 필수과목인 육예(예 禮, 락 樂, 사 射, 어 御, 서 書, 수 數)를 통해 교육됐다.

  고대 중국에서는 지리적 여건에 따른 외부로부터의 침략에 대한 우려가 낮아 군사훈련을 위한 스포츠는 발달하지 않았다. 또한 서책에 몰두하는 교육 환경에 따라 도교, 불교, 유교의 전파로 육체 단련의 필요성이 감소하기도 했다. 단지 귀족자제와 군 지휘관이 즐겼던 축국(蹴鞠), 각저(角觝), 수박(手搏), 격검(擊劍), 수렵 등 몸을 단련하기 위한 다양한 체육활동이 있었다. 더불어 유희를 즐기기 위한 투호(投壺), 무용 등을 즐겼다. 이 외에도 서기 약 527년에 부디히 드하마(Buddihidhama)가 중국으로 복싱을 가져온 후 인기 있는 스포츠가 됐다.

쿵푸

중국의 전차제작 기술

은왕조 이후 주왕조(기원전 1046년~기원전 256년)가 들어섰다. 중국 역사상 가장 오래 존재했던 나라이다. 봉건제와 종법제를 기본으로 왕실과 제후국 간의 관계를 공고히 했다. 주나라는 은나라의 제후국이었지만 기원전 11세기부터 세력이 강성해졌다. 은나라보다 전차를 먼저 사용한 것으로 알려져 있다. 축력(畜力)을 이용해야 했기에 이동 수단의 최적화 조건인 말의 보유량도 은나라보다 많았다. 알려진 바에 따르면 은나라도 청동기 제작수준이 뛰어났다. 또한 두 마리 혹은 네 마리가 끄는 전차가 있었다. 바퀴 지름이 150센티미터이고 18개 이상의 바퀴살이 달려 있었다.

반면 주나라 군대는 4두 전차가 일반적이었다. 일단 물리적 크기가 컸다. 아무래도 적에게는 상대적 위압감을 느끼게 했을 것이다. 물론 크기만 컸다고 유리한 것은 아니다. 청동 말머리 장식, 고둥껍데기, 청동종 등의 각종 장식물을 말과 전차에 달아 무겁고 요란스러웠다고 한다. 심리적 위협을 주는 무기로도 활용범위가 컸던 것이다. 기원전 8세기에 이르러서는 전차의 전성시대로서 고대 중국의 전쟁에서 매우 큰 비중을 차지했다. 바퀴살이 26개로 늘어나면서 구조적 약점이었던 전차의 끌채를 270센티미터에서 180센티미터로 줄여 기동성과 안전성을 높였다. 게다가 바퀴 축 끝에는 청동으로 만든 30센티미터 크기의 톱니 날을 달았다. 드넓은 초원에서 태산만한 말 떼가 시끄러운 노이즈를 내뿜으며 달려온다고 상상해보라. 먼지바람을 일으키며 지축을 울리는 말발굽 소리에 상대는 어찌할 바를 몰랐을 것이다.

주나라는 은나라에 비해 전차 제작기술이 뛰어났다. 이를 통해 내구력이 강한 바퀴를 정교하게 만들었다. 또한 말을 조련하는 기술도 높았을 것이다. 말은 인류가 대략 6천 년 전부터 가축화에 성공한 동물이다. 주나라 사람들은 말을 많이 번식시키면서 훈련용, 전쟁용 무기를 키우는 데 기술적인 측면에서 앞섰을 것이다. 고대에선 동서를 막론하고 말이 이끄는 전차와 훈련받은 사람의 효과적인 조합이 전쟁 승패의 큰 요인으로 작동했다. 실제 은나라가 보유한 코끼리 부대는 그다지 효력을 발휘하지 못했다. 고대 로마를 위협했던 카르타고의 명장 한니발이 이끌었던 코끼리 부대처럼 초반에는 상대를 무력화하기 충분했을 것이다. 일단 밟고 지나가면 몸을 추릴 수 있는 그 어떤 생명체도 없었을 테니 말이다. 하지만 인도 변종의 야생 코끼리를 가축화하기가 힘들었을 뿐더러 잦은 사냥으로 개체수도 급감했던 것이다. 결국 목야 전투로 몇 년 뒤 은나라는 역사 속으로 사라졌다. 은나라의 전통과 관습은 황하강 하류 유역에서 자리 잡게 된 송(宋)나라로 이어졌다.

출처: 문개성(2021). 스포마니타스: 사피엔스가 걸어온 몸의 길. 박영사, p.174~176.

고대 중국의 전차 유물

3. 페르시아의 스포츠

키루스왕이 기원전 558년에 페르시아 제국을 건설하고 지속적으로 번영하다가 마케도니아의 알렉산드로스 왕에 의해 기원전 331년에 멸망했다. 북쪽으로는 카스피해와 남쪽으로 페르시아만에 이르기까지 광활한 영토를 점유했다. 이들은 주변을 둘러싼 아리안족과의 싸움에서 승리하기 위한 가치관이 강해 국가의 방위력 강화와 영토 확장에 주력했다.

바빌론

이러한 사상을 바탕으로 페르시아는 중국과 인도와 달리 체육을 중시했다. 귀족자제들은 군사적 교육을 목적으로 체계적으로 훈련을 받았다. 기록에 따르면 6세까지는 집안에서 그들의 종교인 조로아스터(Zoroaster) 교리를 배웠다. 7세에서 14세까지의 남자는 신체훈련과 군사훈련을 국가 시스템에서 교육을 받았다. 질주, 투석, 승마, 궁술, 투창 등에 이르기까지 군대 양성에 필요한 체육활동을 배웠다.

고대 중국의 노자의 말을 빌려 오늘날 행해졌던 대형 스포츠 이벤트 개최국의 태도에 대해 살펴봅시다.

자신을 낮추어야 할 때

최근 발매된 노하(老河)의 대중음악 신곡인 '자기를 낮추네 68'로 인해 2,600년 전에 설파한 노자(老子)의 도덕경(68장)을 떠올리게 한다. 매사 잘 하는 사람이란 누구일까? 가사와 글귀를 빌려 요약하자면, 무력을 사용하거나 화를 드러내지 않는다(不武, 不怒). 또한 맞서 싸우지 않고도(不與) 이기는 사람이라 할 수 있다.

이 시점에 자신을 낮춘다(爲之下)라는 의미를 새삼 느끼게 한다. 유독 매서운 추위를 견뎌야 했던 2022년 겨울, 우리의 관심을 높인 빅 이벤트가 있었다. 바로 2022 베이징 동계 올림픽이다. 이 올림픽을 살펴보기 전에 언급할 이벤트도 있다.

코로나-19로 1년 미뤄졌던 2020 도쿄 하계 올림픽이다. 이 대회에 대해 '기묘한 이벤트'라고 표현하겠다. 대표적인 올림픽 행사인 개·폐막식에서 1980, 90년대로 이어온 문화강국의 면모는 자취를 감췄고, 그 빈자리에 시대 트렌드를 전혀 읽지 못하는 퍼포먼스가 가득했다. 4.0 마켓(온라인과 오프라인의 통합 시장)이 전 세계를 강타하며 실시간 소통을 이어가는 데 능숙한 많은 소비자들의 욕구를 충족시키지 못했다. 이에 많은 사람들은 여러 원인 중에 구태의연한 정치적 환경도 꼽았다. 이는 자신을 낮추기 보다는 남을 깎아 내리던 정치행위와도 연결됐다. 지금 이 순간에도 우리나라를 포함해 주변국가의 반발을 불러일으키는 역사적 사실의 왜곡을 멈추지 않는다.

17일 간의 장정을 끝낸 베이징 동계 올림픽에서 자신을 낮추었던 환경이 있나 살펴볼까. 결론부터 얘기하자면, 올림픽 정신을 무색하게 했던 대회가 됐다. 편파 판정으로 얻은 승리에 대해 주변의 시선을 아랑곳하지 않고 자축하는 주최국의 민낯을 보았다. 진정한 승자가 무엇인지를 다시금 깨닫게 하는 대회였다. 우리 고유의 역사인 고조선, 고려, 발해 등을 중국 역사로 왜곡하고자 하는 동북공정의 야심을 개막식 때 드러내 논란을 부추겼다. 소수 민족의 복식을 표현한다며 한복을 입은 공연자를 등장시켰던 것이다. 이 또한 10년 마다 정권을 후속세대에 물려주었던 중국만의 정치적 가치 부재에서 살펴볼 수 있을 것이다.

큰 나라의 면모란 무엇일까. 노자 도덕경을 조금 더 살펴본다면 대국하류(大國下流)란 말이 있다(61장). 큰 나라는 아래로 흐른다는 것이다. 즉, 큰 나라는 위에 있는 것이 아니라 아래에 존재하는 것이다. 마치 작은 물이 모여 계곡을 거쳐 아래로 모이는 것과 같다. 자세를 낮춰야 큰 나라의 위상이 높아짐을 의미한다. 포용성, 온화함, 고요함이 갖는 위대함과도 연결된다.

가사와 글귀를 빌려 첨언하자면, 잘 하는 사람이 행하는 것이란 싸우지 않는 덕(不爭之德)이라 하고 사람을 관리하는 진정한 힘(用人之力)이라 하며, 이를 하늘과 맞닿아 있는 조화로운 이치(配天)이라 표현했다. 아주 오랜 전부터 내려온 이치(古之極것)란 것이다. 최근 4.0 시장에서 우리가 걸어가야 할 길(道, Way)은 무엇일까? 우리는 문화대국(K-Culture)으로 한걸음 더 들어갈 시대적 과제를 안고 있다. 엄혹할 시기에 자신을 낮추며 힘을 발휘할 리더가 어떤 사람인지, 우리만의 정치 환경을 늘 염두에 두어야 한다.

출처: 문개성(2022.3.2.). 자신을 낮추어야 할 때. 원대신문(제1406호), 사설.

 과제

01 고대의 체육과 스포츠의 특징을 찾아보시오.

02 고대 수메르와 이집트의 스포츠의 특징을 찾아보시오.

03 고대 인도, 중국, 페르시아의 스포츠의 특징을 찾아보시오.

CHAPTER 06 고대 스포츠II

1절 고대 그리스의 스포츠

1. 호메로스 시대의 스포츠

기원전 1100년경부터 기원전 146년까지 시대를 고대 그리스 시대로 명명한다. 고대 로마가 코린토스 전투로 그리스를 정복한 해까지를 의미한다. 호메로스 시대는 첫 올림피아 제전이 개최됐던 기원전 776년까지의 시대로 구분할수 있다. 기원전 8세기 중·후반에 오늘날의 터키 서부 해안지역인 이오니아에서 활동한 시인으로 알려진 호메로스(Homeros)는 그의 저서 '일리아드(Iliad)'와 '오디세이(Odyssey)'를 통해 당시 시대상을 알렸다. '일리아드'는 현존하는 가장 오래된 서사시로서 1만 5693행, 24권 분량으로 10년간에 치렀던 그리스군의 트로이 공격 중에서 마지막 해에 일어난 사건을 노래했다. '오디세이'는 트로이 전쟁의 영웅 오디세우스의 귀향 모험담으로 총 24편으로 구성돼 있다.

'일리아드'에 등장하는 아킬레스(Achilles) 친구인 파트로클로스(Patroculus)의 명복을 비는 장면에서 창던지기, 복싱, 레슬링 등을 하는 장면이 나온다. '오디세이'에선 오디세우스(Odusseús)가 달리기, 원반던지기, 레슬링, 복싱 등을 하는 페르시아인을 묘사한 장면이 묘사돼 있다. 현대 체육과 스포츠를 연상하게 하는 다양한 종목이 등장함에 따라 신들과 같은 이상적인 인간이 되고자 했던 목표의식이 투영되어 체력, 인내심, 용기 등을 함양하기 위한 시대적 분위기를 읽을 수 있다.

일리아드와 오디세이를 통해 영웅을 묘사하면서 의인화(擬人化)를 통해

II. 스포츠의 역사와 철학 121

탁월함에 대한 갈망을 표현했다. 일리아드의 영웅 아킬레스는 '행동의 인간'으로 대표했고, 오디세이의 영웅 오디세우스는 '지혜의 인간'으로 표현하면서 이 두 가지의 이상을 숭고한 개인 내면에서 조화시키고 개발하는 데 교육의 목적을 두었다(강동원, 2006).

이 시기에는 형식적인 교육제도는 없었지만, 가정이나 부족 내에서 교육을 담당했다. 스포츠는 '행동의 인간'을 육성시키기 위한 중요한 요인으로 체력, 인내, 기민성, 용기 등을 기르고자 했다. 모든 시민에게는 군인의 덕목인 단련된 육체 조건을 불어 넣고자 했다. 이를 위해 다양한 스포츠 프로그램이 운영됐다. 귀족들은 일반 군인들이 훈련해야 하는 전차경기, 복싱, 레슬링, 달리기, 창던지기, 활쏘기 등을 배웠다. 축제나 장례경기에서 젊은 사람들에게 동기를 부여하고, 장례 경기에서 추모하기 위한 죽은 사람들을 위해 포상 제도를 운영했다. 일리아드와 오디세이 작품에서 말, 청동 제단, 심지어 수작업에 능숙한 여자 등이 상품으로 등장하는 것을 알 수 있다.

호메로스

2. 스파르타의 스포츠

고대 그리스의 대표적인 시기인 기원전 510년에서 기원전 323년까지 20여개의 도시국가가 형성돼 각기 다른 문화를 형성했다. 이 시기의 대표국가로는 아테네와 스파르타가 있다. 첫 올림픽 제전이 개최된 기원전 776년 이전까지는 두 도시국가가 비슷한 문화를 형성했지만, 이후 아테네는 개인의 자유와 민주적 가치를 중시한 데 반해, 스파르타는 엄격하고 보수적인 전제주의 국가 형태로 발전했다.

스파르타는 펠로폰네소스반도 남부 에우로타스강 유역에서 발달한 도시국가(polis)로서 군대의 힘으로 국가를 부흥시키기 위한 군국주의 특성을 지녔다. 경쟁에서 도출된 육체적인 적합성과 강인함을 군사적인 속성과 연결했다. 이 과정을 충실히 이행한 도시국가는 스파르타였다. 태어나서 어릴 때부터 가족과 분리돼 전투성을 극대화하기 위한 프로그램을 수행했다.

초장기 스파르타는 유연한 사회제도로 운영됐으나 시간이 지날수록 보수적인 통치형태를 통해 체육의 목표가 군인을 양성하는 것으로 바뀌었다. 허약한 아이가 태어나면 원로회의를 거쳐 타이케투스산에 버렸을 만큼 엄격한 제도를 유지했다. 남자는 7세 때 국립공동교육소에 수용돼 훈련을 받았고, 18세가 되면 청년조에 가입해 국경 외곽 지대를 정찰하는 역할을 담당하게 했다. 30세가 될 때까지 군사훈련을 받게 하여 완전한 시민으로 인정하는 사회적 문화를 형성했다. 이후 어린 소년들을 훈련시키는 의무도 중요시한 덕목으로 50세가 될 때까지 지속됐다. 여성에겐 모성애와 같은 본성을 억제하게 하여 전쟁에서 자식을 잃은 슬픔과 두려움을 근절시키고자 했을 만큼 경직된 사회를 유지하고자 했다.

3세기 이상 안정적 사회를 유지하던 스파르타는 변화에 대한 두려움을 안고 지낸 채, 전쟁기술을 터득한 수준만큼 평화를 지속할 수 있는 원동력을 찾지 못했다. 기원전 8세기경에는 9천 명의 스파르타인과 25만 명의 피정복민으로 구성됐다고 한다. 이와 같이 소수가 다수를 지배하기 위한 전략으로 군사적 계급제도를 두고 철권정책을 강화했던 것이다.

스파르타의 스포츠는 군사적 목표가 뚜렷했기 때문에 두려움을 없애고 체력과 용기를 함양하고자 했다. 특이한 점은 신체 동작의 우아함을 높게 인지하여 무용을 중시하였다. 군인정신을 몸에 배양하기 위해선 리듬을 통해 용기를 북돋는다고 믿었기 때문이다. 또한 현대 스포츠의 운동생리학, 운동역학, 스포츠심리학 등에서 적용되는 훈련강도를 조절하는 운동 프로그램을 수행했다고 전해진다. 군사훈련에 필요한 종목으로 달리기, 싸움하기, 수영, 사냥, 레슬링, 복싱, 원반던지기, 창던지기 등이 있었고, 판크라티온(pancratium)이라 알려진 난폭한 경기를 수행하게 했다. 고대 그리스의 경기 종목으로 성행했던 판크라티온은 팔레(레슬링)과 피그메(복싱)을 결합한 종목으로 물거나 눈 찌르기와 같은 몇 가지를 제외하면 모든 행위가 허용됐다.

스파르타 왕 레오디나스

스파르타 교육

스파르타에선 일곱 살 무렵에 시작하는 국가교육제도는 절대적이었다. 스파르타 시민은 사회의 최상위에 속한 호모이오이(homoioi, 하나인 자들)였다. 아고게(agoge)라 불리는 국가가 운영하는 공교육 학교에서 죽을 각오로 교육을 받았다. 일곱 살에서 열두 살까지는 파이도노모스(paidonomos, 시민출신 감독관)로부터 글과 체육을 배웠다. '소년들의 목자'란 뜻을 지닌 그들은 매우 엄격했다.

여자들은 집안에서는 다정다감했지만 공적인 장소에선 늘 무뚝뚝했다. 결혼을 하기 전까지 남자들과 동등한 수준의 교육을 받았다. 여성들도 달리기, 투창, 레슬링 등의 운동을 했다. 남자들은 60세까지 현역에서 복무해야 한다. 아고게를 떠나서의 사회생활을 상상할 수 없었다. 결혼을 한 뒤에도 남자들은 병영에서 생활해야 했다. 주로 밤 시간을 이용해 가끔 집에 가는 목적은 후손을 갖기 위해서였다.

스파르타인은 열두 살이 된 후 아고게의 중급과정에서 지급받은 망토를 입고 맨발로 고된 훈련을 받았다. 수다를 떨고 싶은 나이였지만 간결한 말투 외에는 허용되지 않았다. 극한 상황에서 살아남는 법을 배웠다. 스파르타 청소년들은 스무 살이 돼서야 졸업을 한다. 마지막 2년은 그야말로 생지옥이었다. 그들의 인식엔 최고의 영광스러운 자리였을 수도 있다. 가장 촉망받는 이들로 선발된 집단은 크립테이아(krypteia)이다. 공인된 살인단이었다.

단도 하나만으로 산에 들어가 스스로 먹을 것을 찾아야 했다. 이들 임무 중 하나가 헤일로테스(heilotes)라 불리는 메세니아 피정복민 몇몇을 살해하는 것이었다. 전쟁에서도 두려움을 갖지 않게 하기 위한 인간의 잔혹성을 인위적으로 부여했다. 물론 이 과정 모두 국가가 주도했다. 인류 역사에서 유례를 찾기 힘든 대단히 독특한 시스템을 갖추었다.

헤일로테스들은 호시탐탐 반란을 꾀했다. 스파르타인들은 기원전 7세기경 그리스의 서북부에 위치한 메세니아를 정복했다. 비옥한 농토와 풍부한 철광석이 매장된 곳으로 헤일로테스를 노예로 부렸다. 종종 전쟁터에 끌려가 성벽을 쌓거나 노역을 했다. 헤일로테스는 가장 최하층으로 규모가 10만 명 이상이었다. 스파르타 외곽지역에 살았던 페리오이코이(perioikoi)도 있다. 5~6만 명 정도의 변두리 주민으로 상공업과 무기제작 등에 종사했다. 이들은 최상층 호모이오이와 최하층 헤일로테스의 중간층이었다. 호모이오이는 1만여 명의 스파르타 시민으로 전쟁에 직접 참여했다.

최상위 계층이 전쟁수행 능력을 키우고 몸소 참가했다는 것 자체도 독특하다. 오늘날 고위층 자녀의 병역기피 인식과는 큰 차이가 있다. 그만큼 정신적 무장이 대단했던 스파르타였다. 소수의 집권세력이 다수를 지배하는 방식은 무척 잔인했다. 전쟁승리에 공헌한 헤일로테스를 해방시켜주겠다고 한 자리에 집결시킨 후 수 천명을 학살하기도 했다. 정교한 통치를 하면서도 수적으로 열세인 단점을 보완하기 위한 극적인 장치였다. 일상에 심리적 공포를 내재시킨 효과는 컸을 것이다.

고대 그리스인들이 갈망한 영웅시대는 우리에게 수많은 예술작품을 남겼다. 이 시대의 예술은 영웅들을 싸움터로 몰고 나가는 것이 아니라 승리를 이끈 영웅들을 위로한다. 대중들에게 칭송의 대상으로 만들었다. 이들이 추구한 명예심을 높이는 작업은 동시대와 후세 사람들에게 칭송을 받고 싶다는 욕구로 드러냈다. 스파르타 명예는 어디로 갔단 말인가.

그들은 단 하나의 예술작품을 남기지 않았다. 그 흔한 도자기도 없다. 이들이 추구했던 강인한 몸의 기준은 무엇인가. 정신적 개조의 흔적은 어디 있단 말인가. 허망한 이상과도 같다.

출처: 문개성(2021). 스포마니타스: 사피엔스가 걸어온 몸의 길. 박영사, p.227~231(요약).

3. 아테네의 스포츠

가. 전기 아테네 시대의 스포츠

기원전 6세기에는 체육관(gymnasium)이라 불리는 새로운 건물이 지어졌다. 문자 그대로 옷을 벗고 훈련한다는 의미를 지닌 이 곳에서 탁월함(arete)이란 우연히 오는 것이 아니라 오랜 기간 동안의 훈련을 통해 성취할 수 있는 산물로서 인식했던 것이다.

강력한 도시국가를 유지하기 위해선 폭력을 정당화하는 제도적 장치가 필요했다. 즉, 외부의 공격을 방어할 수 있는 힘을 기르기 위해 스포츠를 통한 군사훈련의 목적을 수행할 수밖에 없었다. 즉, 고대 그리스 문명에서 스포츠는 핵심적 요소로서 작용했던 것이다. 문화인류학자인 하위징아(Johan Huizinga, 1872~1945)와 엘리아스(Norbert Elias, 1897~1990)는 이러한 문명화 과정에서 통제하며 동시에 '제의화된 육체적 폭력의 표현'을 위한 '영역(enclaves)'을 만들어내는 문화를 함축한다고 강조했다(Cashmore, 2000).

기원전 6세기까지는 스파르타와 아테네의 문화가 비슷했다. 이후 아테네는 스파르타가 발전해가자 군사적 힘의 필요성을 인지하게 됐다. 두 도시국가 모두 어린아이부터 젊은이까지 가르치는 것은 시민의 책임으로서 중요한 목적을 지녔다. 다만 아테네는 청년들에게 군사적 기량과 용기를 배양하는 것 외에 개인에게 부여된 책임으로 신들에 대한 경외감, 윗사람에 대한 존경심, 국가에 대한 충성 등을 포함한 이상적 인간을 형성하는 데 보다 주안점을 두었다(강동원, 2006).

개인은 스포츠를 철학, 음악, 회화, 문학, 조각과 같이 다른 분야와의 조화를 이루기 위해 노력했다. 육체와 정신의 조화로운 균형을 위해 오늘날 스포츠 경기에서 볼 수 있는 힘, 속도, 지구력에 따른 기록을 수립하는 것보다 체육을 통한 동작의 외형, 우아함, 숙련도 등을 강조했다. 특이한 점은 현대 스포츠에서 매우 중요한 단체경기의 팀워크(team work)를 중시하지 않았다. 이는 스포츠 경기를 통한 목적은 개인의 자아를 극대화하기 위한 수단이었다는 점을 알 수 있다.

아테네 젊은이들은 팔레스트라(palaestra)라고 불리는 레슬링 학교에서 스포츠를 배웠다. 이 외에도 디다스카룸(didascaleum)이라 불리는 음악학교에서 문학, 음악, 산수를 배움으로써 균형 잡힌 시민의식을 기르고자 했다. 팔레스트라에서는 레슬링, 복싱, 체조를 할 수 있는 공간이 있었고, 탈의실, 목욕실, 몸에 기름을 바르거나 모래를 묻히는 방과 같이 별도의 공간으로 구성돼 자유롭게 신체활동을 할 수 있었다. 팔레스트라를 소유하고 정해진 수험료를 받아 운영하는 파이도트리베(paidotribe)라 불리는 스포츠지도사가 있었다. 또한 파이도트리베 외에도 소년시절부터 성인이 될 때까지 가르치는 페다고그(pedagugue)라는 감독자는 소년에게 매질을 할 수 있었다고 한다.

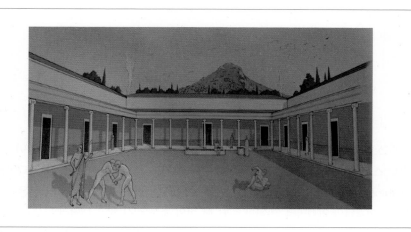

팔레스트라

고대 올림픽 경기와 고대 스포츠 종목

고대 올림픽 경기

범그리스 4대 제례 경기라 하면 올림피아(Olympia), 피티아(Pythia), 이스토미아(Isthomia), 네미아(Nemea)가 있다. 첫째, 올림피아 제전은 펠로폰네소스반도 남부에서 BC 776년에 시작되어 4년마다 개최되었다. 이 경기는 제우스를 위한 축제로서 8월에 열려 5일 간 지속되었다. 당시 도시국가 사이에 전쟁이 있었어도 올림피아 제전 중에는 휴전했다고 전해진다.

둘째, 피티아 축제는 아폴론을 위한 음악 경연 대회로 시작하여 올림피아 경기 종목이 추가되었다. 델포이 평원에서 4년에 한 번씩 올림피아 제전 이후 3년째 되는 해에 개최되었다. 주요 종목은 전차 경기와 경마였다. 우승자에게는 월계수잎 관을 수여하는 전통이 있었다.

셋째, 이스토미아 축제는 바다의 신 포세이돈을 위한 축제였다. 올림픽 이후 2년과 4년째 되는 해에 코린트에서 개최되었다. 바다의 신을 위한 축제인 만큼 보트 경기를 개최했고, 이외에도 육상 · 승마 경기와 음악이 어우러졌던 행사였다. 우승자에게는 소나무잎 관을 수여했다. 마지막으로 네미아 축제는 제우스를 위해 아르골리스에서 2년마다 개최되었던 축제였다. 우승자에게는 파슬리(셀러리)잎 관이 수여되었다.

출처: 문개성(2015). 스포츠 인문과 사회. 커뮤니케이션북스, p.20~21.

고대 스포츠 종목

고대 스포츠 제전으로부터 전해져 오는 종목은 레슬링과 권투와 더불어 육상이 있었다. 고대 스포츠 제전의 단골 종목은 달리기 경주였다. 스타디온(Stadion), 디아올로스(Diaulos), 돌리코스(Dolichos)이다. 기원전 776년 1회부터 도입된 스타디온은 191.27미터로 오늘날의 200미터 경주이다. 단 한 번의 숨도 쉬지 않고 내달리는 우사인 볼트가 뛰던 100미터 단거리 경주는 없었다. 디아올로스는 기원전 724년에 도입된 경주이다. 거리가 2스타디아(스타디온의 복수형)이므로 400미터 경주와 유사하다. 오늘날의 장거리 달리기는 기원전 720년에 도입된 돌리코스로 24스타디아로서 5000미터 경주를 생각하면 된다. 달리기 중에 특이한 종목이 추가됐다. 바로 호프리토드로모스(Hoplitodromos)라는 종목이다. 기원전 520년에 도입된 이 달리기는 전쟁 때 착용하는 전투복장을 하고

디아울로스를 치렀다. 전투복장을 갖추기 위해 우선 투구를 썼다. 왼손엔 방패를 들고 오른손에 창을 들었다. 정강이 보호대를 착용한 후 단검을 휴대하고 가죽끈으로 된 샌들을 신었다. 대략 35킬로그램에 달하는 무게를 몸에 지닌 채 달렸다. 육상 필드경기에는 아콘(Akon, 창던지기), 디스코스(Diskos, 원반던지기), 할마(Halma, 멀리뛰기) 등이 있었다. 아콘과 디스코스는 대표적인 군사 기술이었다. 멀리뛰기조차도 방패와 창을 대신해 균형추를 들고 뛰었다고 하니 기본적으로 전쟁에 필요한 체력조건을 테스트하는 것이었다. 1912년 스웨덴 스톡홀름 올림픽 때 처음으로 도입된 근대 5종 경기가 있다. 승마(장애물), 펜싱(에페), 수영(200미터 자유형), 사격(10미터 공기권총), 달리기(3킬로미터 크로스컨트리)를 겨룬다. 성질이 다른 종목을 혼합한 격이다. 종목은 다소 다르지만 고대 스포츠 제전의 5종 경기에 기초한 것이다. 기원전 708년부터 도입됐다. 종목은 스타디온(단거리 육상), 할라(멀리뛰기), 디스코스(원반던지기), 아콘(창던지기), 팔레(레슬링)를 겨루었다.

출처: 문개성(2021). 스포마니타스: 사피엔스가 걸어온 몸의 길. 박영사, p.216~217.

나. 후기 아테네 시대의 스포츠

후기 아테네 시대는 그리스·페르시아 전쟁(기원전 499~기원전 450) 이후로 구분한다. 전쟁 승리 이후 펠리클레스(Pericles, 기원전 495년경~기원전 429)에 의해 모든 고대 그리스 국가를 정복하려고 하다가 실패하게 돼 주변의 도시국가들로부터 경계의 대상이 됐다. 이후 스파르타는 펠로폰네소스 동맹을 구축해 남부 그리스 연방을 이끌고, 아테네는 델로스 동맹을 이끌면서 두 세력 간의 내전으로 번졌다. 기원전 431년부터 30년 동안 이어진 펠로폰네소스 전쟁을 통해 기력을 다한 두 도시국가는 예전의 영광을 잃고 말았다. 결국 아테네는 마케도니아의 지배하에 들어섰고, 이후 로마제국에 의해 흡수됐다.

후기 아테네 시대에는 전통적인 세계관을 비판하는 사조가 양산됐다. 국가, 종교, 전통을 중시했던 교육의 목적에서 개인의 성공과 행복이 우선시 됐다. 이 시기의 철학자인 소크라테스(Socrates, 기원전 470년경~기원전 399)는 전통적인 지식보다 진리를 찾는 일에 교육의 목적으로 삼아야 한다고 했고, 플라톤(Plato, 기원전 428년경~기원전 348년경)은 개인의 적성에 맞는 방법으로 국가에

봉사할 수 있도록 해야 한다고 주장했다. 아리스토텔레스(Aristoteles, 기원전 384~기원전 322)는 교육의 최고목표를 건강, 명성, 도덕, 명예 등과 같은 행복의 범주로 이해해야 한다고 했다.

이 시기의 스포츠는 전기 아테네 시대에 추구했던 '활동적인 인간'의 이상이 아닌 '지혜로운 인간'을 추구하는 데 몰두했다. 전통적인 신체교육을 통한 시민의식을 함양하는 분위기가 사라짐에 따라 팔레스트라(palaestra)의 인기도 주저앉았다. 아리스토텔레스는 지성적 분위기로 보내는 시간을 줄이고 체육관으로 돌아갈 것을 젊은이들에게 권장했다. 스크라테스도 건전하고 건강한 신체를 통해 사람에게 막강한 보호가 이루어지고, 신체를 사용하는 것이 최고 상태의 체력을 유지하는 것이기에 스포츠의 지속을 호소했다. 그의 제자인 플라톤도 운동과 스포츠의 도덕적 가치는 신체적 가치보다 높기 때문에 국가의 궁극적인 목표인 평화를 유지하기 위해서라도 건강한 신체의 중요성을 강조하였다(강동원, 2006).

전기 아테네의 팔레스트라에서 추구한 스포츠 활동을 이어갔지만, 일반 시민들의 관심은 점차 사라졌다. 대신 직업선수 제도가 절정에 달하면서 올림픽 경기에 출전하기 위해 연중 훈련하는 프로그램이 생겨났다. 또한 경기에 출전한 선수를 보기 위해 직접 땀을 흘리기보다 관람하는 스포츠 문화를 선택하는 풍조가 강해졌다. 히포크라테스(Hippocrates, 기원전 460년경~기원전 370년경)는 선수 기량을 향상시키기 위한 전문 기법과 관련된 식이요법, 식사량, 시간과 장소, 활동 형태 등에 관한 과학적인 탐구를 했다.

히포크라테스

여기서
잠깐

고대 그리스 전차경주

고대 그리스에선 말을 활용하여 전차경기와 경마를 탄생시켰다. 호메로스 시대보다 한참 전인 기원전 12~13세기경으로 추정하고 있다. 본격적인 기록은 기원전 8세기경이 돼서야 모습을 드러낸 것이다. 기원전 680년에는 히피코스 아곤(Hippikos Agon)이라 불린 전차경기가 올림픽의 공식 종목이 됐다. 이 때는 4두 전차경기(Tethrippon)가 등장한다. 2두 전차경기(Synoris)를 기원전 408년에 채택한 것으로 기록하고 있지만, 항아리 그림을 통해 기원전 6세기에도 널리 시행했던 것으로 추정하고 있다. 기원전 5세기경에는 노새와 당나귀 암컷까지 경마에 도입을 했지만 기원전 444년에 모두 폐기됐다.

4두 전차경기는 12바퀴 돌아 약 15킬로미터를 달렸고, 2두 전차경기는 8바퀴를 돌아 10킬로미터 정도 달렸다. 전차에 횃불을 달고 전투복장과 무장을 하기도 했다. 번쩍이는 불빛 효과, 자욱한 연기, 격렬한 채찍질 소리, 뒤엉킨 말발굽 소리 등이 어우러져 극한의 대리를 체험하게 했다.

전차경기와 경마는 스타디움 남쪽에 별도로 건설된 히포드로모스(Hippodromos)에서 개최됐다. 전차경기를 위해 그리스 전역에 많이 퍼져 있던 것으로 추정하고 있다. 현재는 대개 평평한 벌판으로만 남아있다. 열광적인 관중의 응원과 같은 극적인 장면은 상상해야 하지만, 서기 150년 무렵에 활동했던 고대 그리스 여행가 파우사니아스(Pausanias)의 단편적 기록을 통해 그 열기를 어림짐작하게 한다.

콘스탄티노플(현재 터키의 이스탄불) 고궁에서 발견된 필사본을 통해 대략적 규모를 알 수 있다. 코스가 8스타디아(스타디온의 복수형), 너비가 1스타디온 4플레트라(플레트론의 복수형)로 기록돼 있다. 올림피아에서 1스타디온이 192.3미터 정도이고 6플레트라로 계산하면 코스는 1538.16미터, 너비는 320.45미터가 된다. 또한 두 기둥을 중심으로 계속 왕복하는 경기여서 실제는 6스타디아(1153.62미터) 정도였다고 한다.

물론 고대 스포츠에서는 근대 이후의 특성인 합리화와 계량화는 나타나지 않는다. 즉, 지역 마다 규모를 달리했던 것이다. 고대 올림피아 제전이 열리는 곳마다 원반의 크기와 무게가 달랐다. 스타디움도 마찬가지였다. 또한 고대 그리스인들은 스포츠 경기를 통해 계산하여 얻은 값에 관심이 없었다. 이는 기술적인 문제라기보다는 문화적인 차이라 할 수 있다. 구트만(Guttmann, A)이 현대 스포츠 세계에 사는 우리에 대해 고대 올림피아 축제를 즐기는 관람자보다 로마나 콘스탄티노플의 어느 한 경기에 열광하는 관중에 가깝다고 한 이유가 여기에 있다. 그 당시 또한 편집증에 가까운 지금 수준의 수치를 기록하지 않았지만 말이다.

전차경기는 매우 위험했다. 말은 반환점을 돌며 아침햇살에 길게 늘어진 자신의 그림자에 놀라 자빠지기도 했다. '말의 공포'란 뜻을 지닌 타락시포스(Taraxippos) 제단 근처를 통과할 때면 번번이 사고가 있어났다. 제례의식으로 충만한 고대 스포츠 경기에서 미신이 난무했던 것은 말할 것도 없었을 것이다.

고대 그리스 사회에서 상류층과 귀족의 전유물이었던 전차경기에 참가하기 위해선 비싼 비용을 치러야 했다. 이러한 원인으로 전차 경주는 점차 쇠퇴하게 되면서 올림픽 프로그램에서도 사라졌다. 기원전 7세기경에는 전쟁전술의 변화로 중갑병의 방진(方陣)부대가 서로 경주하는 경마가 등장했다. 병사들을 사각형으로 배치하여 서로 부딪히며 승부를 가린 것이다.

공식적인 기록으로 켈레스(Keles)라 불린 경마는 기원전 648년에 도입됐다. 오늘날의 경마와는 달랐다. 우선 안장이나 등자(Stirrups)가 없었다. 기껏해야 두꺼운 담요를 걸쳐놓아 위에 올라타 두 발을 말 몸통에 부착해 균형을 맞췄다. 기수에 대한 안전장치가 없었으니 떨어지기 일쑤였다. 호메로스가 묘사한 장례 경기에는 심판과 관중이 등장한다. 심판은 경기 자체를 감시하기도 했지만, 격렬한 승부에서 빚어지는 혹시 모를 관중들 사이의 소란을 수습하기 위해서도 배치됐다.

출처: 문개성(2021). 스포마니타스: 사피엔스가 걸어온 몸의 길. 박영사, p.195~199(요약).

고대 그리스 전차 경주

2절 고대 로마의 스포츠

1. 전기 로마 시대의 스포츠

고대 로마는 왕정(기원전 753~기원전 509), 공화정(기원전 509~기원전 27), 제국 시대(기원전 27~서기 476)까지를 말한다. 전기 로마 시대의 교육은 도덕적이고 군사적 훈련을 강조했다. 고대 그리스인이 추구했던 심신의 조화로운 개발과 관련한 지적 성취보다는 실용성을 내세웠다. 스포츠의 목표도 그리스와 달리 외형의 아름다움과 활동의 우아함보다는 숙련된 전투원의 양성이 중요했다. 신체적 힘, 용감성, 명령에 대한 복종심을 증진시키는 것이 보다 중요했던 것이다.

스파르타 아이들은 국가가 주도한 병영에서 교육을 받았고, 그리스에선 팔레스트라(palaestra)라고 불린 체육관에서 교육을 받았다. 반면, 로마의 어린이는 가정에서 교육을 받고, 성인이 되면 군대에서 교육을 받았다. 즉, 로마는 국가가 제도적으로 운영하는 학교제도가 없었다. 청소년이 되면 부친과 함께 종교 활동, 공회소 방문 등 공적인 일을 함께 했고, 티베르 강에 인접한 세르비아 성벽 외곽에 있는 넓은 마르티우스 연병장(campus martius)에서 운동을 했다. 즉, 아버지가 교사역할을 했다. 이러한 활동은 남자가 17세에서 47세까지 국가가 필요할 때 징집돼 현역으로 복무하게 하는 전기 로마 시대의 토대를 이루었다. 전쟁은 로마인들에게 영예로운 일이었기에 엄격한 군사훈련 프로그램을 수행하게 했다. 주로 달리기, 뛰기, 수영, 창던지기, 펜싱 등을 연습하였고 활쏘기, 말타기 훈련, 행군도 있었다.

어린 시절에는 굴렁쇠, 수레 굴리기, 팽이치기, 목마타기, 숨바꼭질, 주사위 놀이, 홀·짝 알아맞히기 등 다양한 신체활동을 했다. 오늘날 체스와 비슷한 '라트룬쿨리(Latrunculi)' 혹은 '라트룬쿨로룸(Latrun-culorum)'이라 불린 놀이가 전해지고 있다. 이 외에도 '루두스(Ludus duodecim scriptorum)'와 '타불라(Tabula)'와 같은 주사위 놀이가 있었다. 청소년기에는 아버지를 따라 건강과 훈련에 도움이 되는 신체활동을 하였는데, 우열을 겨루는 경기에는 참가하지 않았다고 한다. 주로 창던지기, 백병전, 말타기 등을 배웠다.

　　로마인들은 구기종목을 좋아했다. 다만, 공을 던지고 받을 수 있는 라켓과 방망이를 사용했다는 기록은 없다. 맨손으로 공을 벽에다 던진 후 바닥에 떨어져 튀어 오르는 공을 치는 '핸드볼', 이 과정을 세 사람이 둘 혹은 그 이상의 공을 갖고 반복하는 운동인 '트리곤', 머리카락으로 채운 한 개의 작은 공을 사용하여 둘 또는 그 이상의 양편의 경기자들이 공을 던지면 몸을 움직여 피하는 운동인 '하르파' 등이 전해진다(강동원, 2006).

타불라

고대 스포츠 스타

고대 로마시대에서 전차경기는 최상위 인기를 구가했다. 우승한 선수들은 가문의 영광이 되었다. 경기가 끝나면 이름 모를 솜씨 좋은 화가들이 길거리 벽에 선수 얼굴을 새겼다. 공공장소에 황금흉상도 생겨났다. 그리스의 영광 시대에도 가장 인기를 끌었던 전차 경기에 유난히 경외감을 표출했다. 이는 극렬한 레이싱의 간접 체험을 안겨다주는 짜릿함도 있었지만, 그 어떤 종목보다 위험하기 때문이었다. 기수들의 용맹성과 정신적 자질에서 아우라(aura)를 느끼지 않았을까.

전차경기는 2두, 3두, 4두 전차경기가 있었고, 특별경주로 6마리, 7마리, 심지어는 10마리가 끄는 경기도 있었다. 말들이 커브를 돌 때 가장 바깥쪽에 위치한 말의 기량은 안쪽 말보다 뛰어나야 했다. 원심력을 이겨내며 속도를 맞춰야 하기 때문이다. 사람의 두 손으로 7마리 말의 고삐를 능숙하게 조절하면서 바깥쪽 말의 속도를 높이기 위해 균형감을 잡는 것은 매우 어려운 작업이었을 것이다. 이러한 이유로 충돌에 따른 낙마사고는 빈번했다.

푸스쿠스란 선수는 57회 우승을 하고 스물네 살의 나이로 사망했다. 마르쿠스 아우렐리우스 몰리키우스는 125회 우승을 한 후, 스무 살의 나이에 요절했다. 이 선수와 형제인 폴레네이케스는 739회 우승의 대기록을 남기고 스물아홉 살 때 사망하고 만다. 정치적 소산으로 발전을 거듭한 전차경주 영웅들의 죽음은 시인을 비롯해 많은 이들의 애도로 이어졌다. 직접 추모시를 남기는가 하면 기수의 업적을 비문에 남겼다. 스포츠 스타는 선수뿐만이 아니었다. 386회 우승한 투스쿠스와 같이 유명한 말들도 비문에 남겨질 만큼 인기가 있었다.

유명해진 기수는 소속팀 색깔을 바꾸지 않는다는 조건을 내걸면서 몸값을 높였다. 현대 프로 스포츠 선수가 에이전트의 도움을 받고 가치를 높이는 행위처럼 자신의 몸값을 흥정하는 것이다. 오늘날에도 이들이 수직적, 세대적 사회계층을 이루는 것처럼 신분상승을 하기 위한 수많은 젊은이들이 도전했다. 스포츠 스타라고 하는 독특한 지점의 계층이 이 시기에 생겨났다고 해도 무방하다. 이 계층이 20세기 들어 재현한 셈이다. 이 두 시기 간의 공통점은 정교하게 구성된 스포츠 이벤트의 기획이 있었던 것이다.

이러한 스타를 길러내는 조직은 잘 구성돼 있었다. 기본적인 팀 구성과 끈끈한 팀워크가 바탕에 깔려 있다. 즉, 전차경기에 자금을 대는 오너, 전차를 손질하고 말을 최적의 컨디션으로 유지하는 관리사, 그리고 전차를 몰고 경기에 참가하는 기수로 이루어져 있었다. 황제가 후원하는 상금을 거머쥐기 위해 기수 선발, 말 조련, 전차 정비 등에 마사는 모든 비용을 투자하게 된다. 마사의 명예를 걸고 조직화된 팀 운영을 잘 해야 하는 것이다. 현대 프로 스포츠 리그처럼 기업 스폰서십 환경에 잘 길러진 선수와 흥행을 주도하는 리그가 정교하게 기획되는 것처럼 말이다.

출처: 문개성(2021). 스포마니타스: 사피엔스가 걸어온 몸의 길. 박영사, p.277~279(요약).

2. 후기 로마 시대의 스포츠

고대 로마의 정치가이자 장군이었던 카이사르(Gaius Iulius Caesar, 기원전 100~기원전 44)는 군부 지도자들과의 권력투쟁을 거쳐 로마 공화정이 제정으로 변화하는 데 중요한 역할을 했다. 이후 양자인 아우구스투스(Imperator Caesar Divi Filius Augustus, 기원전 63~서기 14)를 초대 황제에 앉히면서 기원전 27년에 제국을 성립하는 데 기여했다. 로마의 번성이 절정에 달했던 시대이면서 쇠퇴의 길로 가는 여정을 통해 서기 476년 튜톤족의 리더인 오도아케르(Odoacer)에 의해 서로마가 붕괴됐다.

다른 사람과 경쟁하는 것을 좋아했던 그리스인들에 비해 로마인들은 이러한 활동을 직업으로 바라봤다. 즉, 본인이 직접 경쟁을 즐기는 것보다 다른 사람들 간 경쟁을 보는 것을 선호했다. 또한 후기 로마 시대의 군대는 용병으로 조직되어 초창기의 신성한 국방의 의무에서 개인적 명성과 재산을 획득하는 방법으로 변질됐다. 이 시기의 스포츠는 군인과 직업 경기자에게만 중요한 덕목이 됐다. 일반 시민들에겐 격렬한 스포츠보다 건강을 중시하는 보건 체조(health gymnastics)에 대한 관심이 높았다. 또한 스포츠는 이상을 실현하기 위해 구현된 것이 아니라, 정치적 목적을 달성하기 위해 화려한 경기와 축제를 추진하게 됐다. 교육현장에선 스포츠를 가르치지 않는 대신, 학교와 동떨어진 곳에는 원형경기장, 검투사 경기장, 축제장소 등과 같은 여가와 오락을 즐길 수 있는 시설을 건립하였다.

라틴어로 글라디아토르(Gladiator)라 불린 검투사는 고대 로마에선 인기 있는 오락의 주인공이었다. 기원전 264년에 보아리움(Boarium) 경기장에서 마르크스 유니우스 브루투스(Marcus Junius Brutus)와 데키무스(Decimus Junius Brutus Albinus) 형제가 아버지 장례를 추도하는 검투사 시합을 개최한 것이 최초의 기록으로 남아있다. 기원전 46년에 카이사르가 정치 선전을 목적으로 1200명이 넘는 검투사를 모아 대규모 대회를 개최하기도 했다. 그리고 로마 근교 마르스 광장에 인공 연못을 만들어 군함을 띄어 모의 해전을 펼치기도 했다고 하니 오늘날 메가스포츠 이벤트로서 각광받는 올림픽과 월드컵과 같은 개회식 장면을 연상하게 하는 초대형 이벤트로 사람들의 관심을 이끌었던 것이다.

검투사

후기 로마인들은 그리스인들이 스포츠를 통해 획득하는 영예로운 가치와 영광 대신, 인간의 공격성과 폭력을 극대화시켰다. 그들이 창안한 것은 검투사를 양성하고 공개적으로 죽임을 당하는 것을 목격할 수 있게 했다는 점에서 상당히 다른 양상을 띤 것이다. 오늘날 선수양성을 위해 비용을 투자하듯이 고대 로마의 검투사를 훈련시키는 데 많은 비용을 들였다. 유죄선고를 받은 죄수와 노예를 희생시켜 검투사 간 혹은 인간과 야수 간의 싸움 장면을 콜로세움과 같은 공식적인 경기장에서 삶과 죽음의 경계를 구분 짓는 이벤트를 무려 500년 간 실행했다. 이후 검투학교는 기독교의 반대로 서기 399년에 폐쇄됐다.

또한 기록에 따르면 전차 경주를 보기 위해서 25만 명의 군중을 모았다고 하니 오늘날 단일종목으로서 최고의 이벤트인 월드컵과 같은 열기를 지녔다. 대원형경기장(circus maximus)에서는 유니폼 색깔이 다른 전차경주의 팀을 응원하고, 승자에겐 상금과 영예를 부여했다. 수많은 군중이 열광하는 자리는 정치적 함의가 다분했다. 대중의 관심을 스포츠에 몰입하게 하고, 사회적 안정장치와 통제를 위한 수단으로서 이용한 것이다.

여기서 잠깐

고대 로마의 검투사, 우리나라 고대 체육

1. 고대 로마의 검투사 직업

검투사를 등급별로 나누기도 했다. 검투사 경기가 정치적으로 이용되면서 인기를 얻자 돈을 후원하는 주최자가 생겼다. 그들은 거액의 빚을 지기도 했다. 적정한 지출에 부합하고자 검투사를 고용하는 방식도 다양해진 것이다. 검투사 랭크 제도로서 최상급 제1랭크(Primus Palus)에서부터 제4랭크(Quartus Palus)까지 구분했다. 제1랭크에 속한 선수들은 개인용 방도 제공받았다고 한다.

우리 의식 속에 자리 잡은 그들의 이미지 중에서 결투를 앞두고 항상 쇠사슬에 묶여 있는 것을 상상할 수 있다. 하지만 실제는 사뭇 달랐다. 도주 위험이 적은 검투사들은 거리를 활보할 수도 있었고, 애인과의 동거는 물론 결혼을 해서 가정을 꾸리기도 했다. 검투사는 늘 죽음과 가까운 존재들이었지만 만만치 않은 대전료로 인해 많은 이들을 유혹했다.

그들을 임대(Locutio et conductio)하는 비용에서 자유 검투사는 25%, 노예 검투사는 20%의 대전료를 받았다고 한다. 검투사를 직접 살 수도 있는데, 임대는 구매(Emptio et vendito) 비용의 2~10%라고 전해진다. 은퇴했던 검투사가 다시 지원한 경우도 있었다. 이러한 자유 검투사(Auctorati)는 경기 주최자와 직접 계약을 맺어 보다 높은 대전료를 요구하기도 했다. 프리랜서로서 목소리를 냈던 것이다. 심지어 여성 검투사(Gladiatrix)도 있었다. 같은 여성끼리만 결투했다.

다양한 처지의 검투사를 통해 모두가 노예 인권보다 못한 삶을 살았던 것은 아니란 사실을 알 수 있다. 기획자, 후원자, 프로모터에 이르기까지 스포츠 비즈니스 현장이 짜임새 있게 돌아갔던 것이다. 서로 윈윈(win-win)하는 흥행 요인을 고민하지 않을 수 없었다. 게다가 가장 무시할 수 없었던 대중의 목소리는 잔인함을 원했다. 보다 스펙터클한 엔터테인먼트 요소가 있어야 했다. 전차경기장을 방불케 하는 열광적 지지와 더불어 차별성이 존재해야 했다. 이로써 검투사가 죽음에 이르는 거리는 날로 가까워질 수밖에 없었다.

검투사 종류도 다양했다. 특히 아르벨라스(Arbelas)는 오른손에 들고 있는 검의 활용도가 높아 행동이 매우 빨랐다. 이들은 방패 없이 두 개의 칼을 들었던 경량급 검투사였던 디마이카이루스(Dimachaerus)와 함께 가장 민첩한 프로 검투사들이었다. 2년간 훈련을 받고 검투사가 되는 과정으로 갈 수 있었다. 검투사 양성소에서 프로들과 섞여 많은 기술을 배울 수 있었다. 자신과 같이 운 좋게 계속 살아남아 죄가 풀리고 해방됐던 사례도 알게 됐다. 이와 같이 여태껏 살아남은 아마추어 검투사들은 단체전에 포함됐다.

검투시합을 개최하기 위해선 검투사 양성소와 계약을 맺은 후 절차가 진행된다. 검투사를 임대하거나 구매하는 비용을 흥정하고 계약을 맺는다. 성사가 되면 광고(Edicta Muneris)를 한다. 붉은 잉크로 건물 벽면, 시문, 묘석 등에 프로그램 내용과 일정을 공지했다. 주최자, 주관자, 검투사 양성소 명칭, 검투사 숫자, 퍼레이드와 경기 내용, 경품행사, 장소, 시간이 빽빽하게 그리고 눈에 잘 띄게 알렸다. 대회 전날에는 주최자 만찬을 통해 경기에 참여할 검투사를 볼 수 있었다. 대진표는 경기직전까지 공개되지 않았다.

팜파(Pampa)라 불리는 개회식이 시작됐다. 먼저 대회 주최자가 등장했다. 경호인이자 처형을 담당하기도 하는 무시무시한 릭토르(lictor)를 대동했다. 그들은 파스케스(fasces)라는 도끼를 들고 다니며 호위했다. 그 뒤로 대형 게시판이 등장했다. 처형당할 자의 범죄 내력과 대진표가 빼곡히 적혀있었다. 드디어 오늘의 주인공, 검투사들이 등장했다. 비록 죽음의 주인공이지만 엄청난 환호를 받으며 그도 걸어 나갔다. 그의 운명은 어떻게 될까.

첫 번째 진행순서는 동물을 상대로 싸운 검투시합이다. 베나티오(Venatio)라고 불렀다. 이를 위해 우선 진귀한 동물들을 한데 모아 황제, 원로원 의원, 귀족, 시민들을 향해 재롱을 떨며 지나갔다. 이어서 훈련받은 동물의 곡예를 선보였다. 계속해서 맹수끼리의 싸움에 이어 맹수와 베나토르(Venator)의 싸움이 벌어졌다. 베나토르는 맹수를 상대로 싸움을 하는 전문 검투사이다. 정오가 되면 휴식시간을 갖는데 이때 범죄자들을 공개 처형했다. 이어 복싱과 판크라티온과 같은 스포츠 종목을 선보였다. 자투리 시간을 내어 팬터마임과 같은 희극도 선사했다. 웃음, 환호, 탄성과 기대감이 최고조에 달하게 되면 하이라이트인 검투사 경기를 치렀다.

출처: 문개성(2021). 스포마니타스: 사피엔스가 걸어온 몸의 길. 박영사, p.293~296(요약).

2. 선사 · 부족시대 및 삼국시대의 체육

1) 선사 · 부족시대의 체육

선사시대의 신체의 쓰임은 식량획득과 몸을 지키는 생존방식이 주를 이루었다. 부족시대가 되면서 제천행사, 민속놀이, 사냥활동으로 놀이와 전투와 연관된 체육으로 발전했다. 고구려는 매년 10월 동맹이란 국중 대회를 열고, 신라에서는 가을에 열린 가배에서 남자는 활쏘기, 여자는 길쌈내기를 하였다. 오늘날의 한가위에 해당한다. 부여에서는 매년 12월 하늘에 지낸 제천의식으로 영고가 있었고, 동예에서는 무천이란 제천의식이 거행됐다. 이 시기의 민속놀이는 오늘날 씨름에 해당하는 각저(角觝)가 있었다. 현재 국가무형문화재 제131호로 지정된 씨름은 두 사람이 맨손으로 허리의 띠를 맞잡고 기를 겨루어 넘어뜨리는 경기형태로 기록에 남아있다. 또한 수박(手搏)은 주먹으로 싸우는 무술로 발전했고, 이 외에도 기마(말 타기), 사예(射藝, 활쏘기), 격검(칼싸움), 저포(윷놀이) 등이 전해진다.

2) 삼국시대의 체육

삼국시대에는 나무로 만든 막대기(주사위)를 던져서 승부를 겨루는 놀이(윷놀이)인 저포(樗蒲), 두 사람이 맨손으로 허리의 띠를 맞잡고 기를 겨루어 넘어뜨리는 경기(씨름)로서 각력, 각희, 상박, 쟁교, 솔교라고도 불렸던 각저(角觝)가 있었다. 또한 농주, 기구라고도 불린 축국(蹴鞠)으로 오늘날의 축구와 유사하며 가죽주머니로 공을 만들어 활동했다. 이 외에도 변전, 편전, 편싸움이라고도 불린 돌팔매 싸움의 일종인 석전(石戰), 화살을 항아리에 던지며 넣는 놀이인 투호(投壺), 2벌의 윷과 30개의 말을 가지고 하는 놀이인 쌍륙, 추판희라고도 불린 널뛰기 놀이인 도판희(跳板戲)가 전해지고 있다. 그리고 추천희(鞦韆戲, 그네뛰기), 격구(擊毬, 폴로 또는 필드하키), 위기(바둑), 줄다리기, 줄타기, 술래잡기, 제기차기, 설마(雪馬, 썰매), 죽마(竹馬, 나무다리 걷기), 농주(弄珠, 여러 개의 구술을 갖고 행하는 놀이), 악삭(握槊, 주사위를 던져 그 수만큼 이동) 등으로 삼국시대의 전통놀이가 있다. 삼국시대의 무예체육으로는 대표적으로 말 위에서 여러 동작을 보였던 마상재(馬上才), 방응(放鷹, 매사냥), 수박(手搏, 주먹으로 싸우기), 기사(말을 타고 달리면서 활을 쏘는 것) 등이 전해지고 있다.

각저

SPOMANITAS 넘나들기!

통치세력이 주도했던 고대 스포츠의 브랜드화에 이어 오늘날 민간이 주도하는 브랜드 문화를 이해해 봅시다.

이노베이션, 나이키·아디다스가 걷는 위기와 기회의 길

1980년대 후반에 상영된 SF 영화 백 투더 퓨처(Back to the Future)를 40대 이상의 세대는 기억할 것이다. 특히 두 번째 시리즈에서 보여주었던 미래모습의 '설렘'을 간직하고 있지 않을까. 누구나 꿈꿔봤던 하늘을 나는 자동차, 쓰레기를 활용한 자동차 연료, 초단위의 일기예보 예측 시스템, 자동 사이즈 조절 건조기능이 되는 재킷 등 수많은 아이템이 등장한다. 이 영화의 배경은 2015년이지만, 2019년 현재 위에 언급한 상품은 아직 없다. 하늘을 날기는커녕 여전히 도로정체에 시달리고 출퇴근 전쟁을 겪고 있다. 주인공 마티(마이클 제이폭스 역)가 공중전화로 통화하는 장면이 나온다. 오늘날 스마트폰 개인컴퓨터 시대를 미처 예측하지 못하기도 했다.

혁신의 선두, 나이키

이 영화에서 흥미진진한 스포츠 용품이 등장한다. 마티가 신은 나이키 신발은 발 사이즈에 맞게 알아서 조여주는 기능이 있다. 나이키는 실제로 일명 스마트 운동화를 출시했다. 영화배경이 된 2015년에 맞춰 따끈한 보도를 통해 흥을 돋우며 이듬해 '하이퍼 어댑트 1.0'을 출시했다. 업그레이드를 통해 절반 수준의 가격으로 2019년 '어댑트 비비(Adapt BB)'란 상품을 선보였다. 이젠 우리에게 익숙한 스마트폰 애플리케이션을 통해 조임 수준을 조정할 수 있는 농구화이다. 선수가 경기 도중 발의 컨디션이 수시로 바뀐다는 점을 착안한 것이다. 운동화 하단에 달린 버튼을 통해서도 살짝 느슨해질 때 순간적으로 단단히 매어주는 기능이 있다.

미래학자 제러미 리프킨은 일찌감치 20세기 부(富)를 창출한 기업사례로 미국 오리건주에 위치한 나이키 본사를 언급했다. 세계화 전략을 주도하는 본사는 대규모 공장 설비를 보유하거나 직접 가동하지 않고, 혁신적인 상품 이미지를 창조하는 연구 디자인실의 역할을 한다. 즉, 그는 물적자본보다 지적자본이 더 중요한 사회는 소유 (possess)보다 접속(access)에 방점을 둔다고 했고, 인간의 상상력과 창조력을 21세기 부의 원천으로 꼽았다.

2012년 나이키는 생뚱맞은 상품을 출시했다. 스포츠와 전혀 상관이 없을 것 같은 퓨얼밴드(Fuel Band)이다. 손목에 착용하는 이 상품은 운동 종목에 무관하게 활동 양에 따라 연료(fuel)가 채워지는 구조로 사용자의 활동량, 시간, 스텝, 칼로리 등을 개인별로 목표해 직접 건강을 관리하고 재미도 느끼게끔 설계됐다. 이젠 많은 기업이 따라하며 혁신이란 단어가 무색할 정도로 흔한 일상용품이 됐지만, 출시 당시엔 칸 광고제 대상을 수상하며 패스트컴퍼니(Fast Company)란 미국 경제지에서 구글, 애플 등을 따돌리고 혁신 기업 1위로 선정되는 지위를 누렸다. 이미 나이키는 2006년 애플과 손을 잡고 나이키 플러스(Nike+)란 소프트웨어 플랫폼 생태계를 구축하며 IT 기업의 전유물로 생각했던 분야를 주도하기 위한 노력을 하고 있었다.

2016년, 북미에서 가장 많이 팔린 제품 리스트에는 아디다스 레트로 슈퍼스타가 있었다. 이는 나이키 스포츠화가 10년 동안 차지했던 지위를 잃은 순간이기도 했다. 2017년 중반 이후 인력의 2%인 1,400명을 감축하면서 이래저래 부침을 겪고 있는 나이키이다. 미국 시장 점유율 44% 수준의 브랜드로 아디다스의 11% 수준보다 여전히 공고해 보이지만, 아디다스는 짧은 기간 내 2배로 확대시켰다. 즉, 나이키의 점유율을 가져간 것이다. 나이키는 2018년 하반기에 미식축구 선수 출신의 콜린 캐퍼닉(Colin Kaepernick)을 광고 모델로 선정했다. 주제는 Dream Crazy이다. 그가 누구인가. 2016년 경찰의 인종차별에 항의해 국가 연주 시 일어나는 것을 거부하고 무릎을 꿇는 모습을 전 세계인에게 보여주었다. 이 일로 NFL에서도 선수자격이 박탈돼 쫓겨났다. 유명한 슬로건 Just Do it의 30주년 캠페인의 주인공으로 낙점되며 광고에 등장하자 미국 보수층을 중심으로 나이키 불매운동이 벌어지기도 했다. 하지만 밀레니얼과 Z세대에 열렬한 호응을 얻으며 4천 3백만 달러의 홍보효과를 얻었다.

생산지는 곧 소비지, 아디다스

2015년 말, 독일의 아디다스는 로봇을 활용하여 신발을 만들겠다는 계획을 발표했다. 2016년 중반, 안스바흐(Ansbach) 근처에 있는 일명 스피드 팩토리(speed factory)에서 아디다스 퓨처크래프트 M.F.G(Made for Germany)라는 첫 생산품을 공개했다. 운동화를 사람이 만들지 않고 3D 프린팅 기술이 보편화된다면 제조와 유통비용이 현격히 줄어들게 되고, 값싼 노동시장을 찾아 공장을 지을 이유가 없어질 것이다. 동남아 등지에서 제조된 상품이 바다를 통해 건너오기까지의 시간, 공간, 비용을 바라보는 관점이 바뀌고, 생산지가 곧 소비지가 될 수 있는 여건이 된다. 또한 소비자가 어느 나라에서든 인터넷상으로 몇 번의 클릭으로 원하는 제품과 서비스를 받아볼 수 있을 것이다. 전통적인 생산방식이 혁신적으로 바뀌게 되면서 20세기의 불변했던 제조업 분야의 가치, 즉 표준화란 개념이 모호해질 것이다.

앞서 등장한 리프킨은 3D 프린터를 대량생산에서 대중생산을 이끄는 제조 민주화 수단이라고 표현했다. 2D 프린팅은 출력을 명령해야 시행된다. 3D 프린팅으로 대표되는 디지털 제조 기술은 복잡한 프로세스를 거치지 않고 원하는 시간, 방식, 장소에서 눈에 보이는 물체를 디자인하고 생산하게 했다. 부품을 조립하거나 원단을 꿰맬 필요가 없이 제품자체가 서비스가 가미된 생산품이 될 수 있으니 대량에서 대중적 개념으로 자리 잡힐 날이 멀지 않았다.

한 때 최대 시장인 북미에서 미국발 신생 스포츠 브랜드 언더아머에 따라 잡힐 위기에 처했던 아디다스의 절치부심하는 노력이 엿보인다. 최근 러닝, 농구, 스타일리쉬한 일상복인 originals 비즈니스에 집중한 미션은 성공하고 있다. NBA 스타 제임스 하든과의 협찬 외에도 래퍼인 카니예 웨스트와의 콜라보 디자인, 새로운 직물에 대한 투자, 혁신 기술과 디자인의 조합 등을 통해 브랜드 가치를 높이고 있다. 결국 지속적인 소비자와의 커뮤니케이션을 강조한다.

어제의 새로움이 오늘의 구(舊)유물이 되는 시대

올해 문체부에서 발표한 2018 스포츠 산업 실태조사를 인용하면 다음과 같다. 수치를 압축해서 살펴보자. 국내 스포츠 산업(용품·시설·서비스) 분야의 사업체수(매출액, 종사자수)는 2015년도 93,350개(68조 3,500억 원, 37.3만 명), 2016년도 95,387개(72조 6,080억 원, 39.8만 명), 2017년도 101,207개(74조 6,960억 원, 42.4만 명)으로 집계됐다. 같은 기간 동안 스포츠 용품업의 사업체수(매출액, 종사자수, 전체 사업체수·매출액·종사자 수 대비 비율)를 살펴보면 다음과 같다. 2015년도 34,559개(32조 6,170억 원, 12.9만 명, 37%·47.7%·34.7%), 2016년도 35,859개(33조 5,470억 원, 13.7만 명, 37.6%·46.2%·34.4%), 2017년도 35,845개(34조 110억 원, 14만 명, 35.4%·45.5%·33.0%)로 나타났다. 비약적 성장을 위해서는 과제가 있기 마련이다.

앞서 언급한 '백 투더 퓨처'에서 30년이 지난 지금, 현실화된 아이템 중에서 3D 영화도 있다. 주인공 마티가 죠스 19탄의 3D 예고영상을 거리에서 보며 놀라는 장면이 나온다. 미래를 상상하는 것은 늘 즐겁다. 미래를 상상하는 것에 그치지 않고 현실화하려는 퍼스트 무버(first mover)의 행보는 늘 놀랍다. 새로운 분야를 개척하는 선도자는 투자를 두려워하지 않는다. 위기와 기회를 양팔저울에 올려놓고 도전을 멈추지 않는다. 개인, 기업, 정부가 고루 경쟁력을 갖추기 위해선 해묵은 방법을 통해 답을 얻을 수 없다. 아직도 신발에 대해 발을 보호하는 차원으로만 해석하고 있지 않은가 자문해볼 시기이다.

출처: 서울특별시 체육회(2019.7월). 월간 서울스포츠 345호. 칼럼 스포노믹스(문개성), p.38-39.

 과제

01 아테네와 스파르타의 스포츠의 특징을 찾아보시오.

02 고대 로마 시대의 스포츠의 특징을 찾아보시오.

03 고대 스포츠를 그린 영화의 사례를 찾아보시오.

CHAPTER 07 서양 중세 스포츠

1절 초기 그리스도교 시대와 수도원의 스포츠

1. 로마 시대의 잔재 탈피

서양의 중세는 서로마 제국이 멸망(서기 476년)할 때부터 르네상스와 종교 개혁 시대인 15~16세기 이르는 기간으로 무려 1천년 이상이 지속됐다. 이 시기에는 다른 시대보다 신체활동에 대한 인식이 낮았다. 서로마 제국이 멸망(서기 476년)하고 난 후, 교회는 그 사회를 지배하기에 이른다. 인간의 보편적 형제애에 바탕을 두고 교육철학을 수립했고, 정신적 부흥이 중요한 시기가 됐다. 후기 로마 시대에 성행했던 원형경기장과 검투장의 잔인성에 대해 경멸했다. 이는 그리스도 신앙에 해롭기 때문에 더욱 억압하고자 했다.

이러한 분위기는 영원한 구원을 추구하는 인간의 육신에 대해 중요하지 않는 산물로 받아들였다. 육신의 욕망을 초월하는 것이 곧 올바른 길이라 인식했다. 로마의 잔재를 탈피하고자 정신적 측면을 신체적 측면보다 중요하게 여겨 금욕주의가 대표적인 사상이 됐다. 이는 체육과 스포츠가 퇴보하게 된 이유로 작용했다. 이 외에도 문학, 예술, 과학, 철학은 경시됐고, 기독교 교리와 신학에 국한된 교육으로 발전했다.

성직자들은 보건과 청결에 대해선 반대하지 않았으나, 로마 시대에 성행했던 남녀가 혼욕하는 목욕 문화에 대해선 부도덕한 것으로 간주했다. 다만, 초기 그리스도인들에겐 무용을 종교적 표현의 수단으로 이용했다. 교회 의식을 거행하거나 죽은 자를 위한 장례와 장엄한 축제 때 활용한 것이다. 하지만 시간이 지나면서 종교 무용도 점차 사라지면서 서기 774년에 공식적으로 무용을 금지했다.

금욕주의

2. 금욕주의 교육

수도원은 초창기 교회와 유사하게 발전했다. 하지만 점차 금욕주의가 보다 엄격해지면서 4세기 무렵엔 외부와 폐쇄된 환경에서 수도원 규칙을 적용했다. 성 베네딕토(St. Benedictus, 서기 480~547)는 수도원에서는 2시간 공부하고, 7시간 노동하도록 하는 수도자가 지켜야 할 규칙을 제정하기도 했다. 수도원의 삶은 육신의 고행과 세속과의 단절을 통해 영혼을 구원하는 데 초점을 두었다. 즉, 육체적 존재보다 영적인 존재를 성장시켜야 하기 때문에 육체를 발달시키기 위한 인위적 활동을 하지 않았다. 후세에 암흑시대(Dark Age)라 불리는 이 시기에는 스포츠가 발전할 수 없었다.

수도원은 6세기에서 11세기까지 유일한 교육기관으로 7~8세가 되면 부모의 의사에 따라 수도생활을 할 수 있었다. 정신적인 운동가였던 수도자들이 문법, 수사학, 논리학, 산수, 기학, 천문, 음악을 포함한 다양한 교과목을 담당하였다. 다만, 수도원 학교의 교육과정에는 스포츠 활동은 없었다. 즉, 당시 대중적인 교육체계인 수도원에서는 오늘날과 같은 체육 교과목이 없었다. 오히려 교회에서 놀이행위에 대해 '죄이며 시간낭비'라고 부정했던 것이다.

신체적 활동을 하지 않는 환경 외에도 로마의 공중목욕 문화를 거부했던 분위기에 따라 온수목욕을 금지하였다. 이러한 비위생적 환경으로 전염병과 질병이 나돌기도 했다.

성 베네딕토

11~15세기에는 그리스도교 세계에서 다양한 분야의 철학적 사고가 양산됐다. 상업과 교역의 발달로 도시는 성장하게 됐고, 신학뿐만 아니라 의학, 법률, 건축, 예술, 문학 등의 분야에서 이성과 논리로 뒷받침하기 위한 노력을 했다. 이러한 분위기에 힘입어 교회, 정부, 교육 등 세 가지 분야의 지도자 양성을 목적으로 하는 대학교가 설립됐다.

특히 스콜라 철학(scholasticus)은 교회의 신앙을 토대로 금욕적 태도를 강조했다. 이에 스포츠에 대한 필요성이 더욱 감소됐다. 지적, 종교적 훈련체계를 강조한 스콜라 철학은 논리적 분석, 삼단 논법적 추론, 반박, 토론 등에서는 매우 치밀하게 연구 방법이 동원됐지만, 스포츠는 교육과정으로 포함되지 않았다(강동원, 2006). 심지어 비위생적인 외모와 환경이 초래해도 영혼의 구원에는 장애가 되지 않는다고 생각했다. 11세기 수도원에서는 교육적 중요성이 감소되기 시작하고, 대신 대성당 학교들이 교육기관으로 부상했다. 대학교는 이 대성당 학교들로부터 유래됐지만, 당시 스포츠에 대해 관심을 갖지는 않았다.

5세기말에서 11세기까지의 중세 전기 시대에는 신체활동에 대한 강력한 반대를 했다고 해도 과언이 아니다. 즉, 교회에 의해 허용된 신체활동은 기사의 군사훈련 정도였던 것이다.

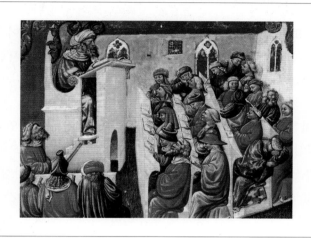

14세기 학교

2절 봉건주의 시대의 스포츠

1. 기사도와 스포츠

로마제국은 스스로 생명과 재산을 지키지 못하게 된 경험을 남겼다. 이에 시민들은 자신을 보호할 방법을 찾지 않을 수 없게 됐다. 정부보다 교회의 힘이 막강해진 이유이다. 이러한 이유로 봉건제도, 장원제도, 기사도 제도가 생겨났다. 봉건제도는 중세의 사회적, 경제적, 정치적으로 생활 전반에 뿌리를 내리면서 유럽 전역에 정착됐다. 왕은 소수의 지주들이 가진 땅 외의 모든 토지를 소유하되 통치권 일부를 귀족들에게 위임했다. 장원제도는 귀족들이 농민을 보호하는 대가로 촌락 경제가 가동될 수 있는 소규모 가내수공업과 농업적 용역을 농민이 담당하는 것이다.

11세기에서 15세기까지 형식적 완성을 보였던 기사(騎士, chivalry) 제도가 성행했다. 오늘날까지 이어진 기사도 정신에는 약자를 보호하고, 여자를 위해 의협심을 발휘하며 정직해야 할 것 등의 사회적, 도덕적 관습과 행동의 준칙을 지켰다. 그들은 군주를 위해 전쟁을 치르고, 교회를 방어하기 위해 종교적 서약을 했다. 또한 부인을 존경하는 마음을 담아 보호하는 것이 중요한 덕목으로 여겨졌다. 하지만 당대엔 '기사란 신과 왕, 부인에게만 헌신하는 자'란 오명도 있었다(문개성, 2015).

스포츠는 기사도에겐 매우 중요한 교육과정이었다. 이들의 스포츠는 그리스인처럼 우아한 신체와 행동을 추구하지도 않았고, 전기 로마인과 같이 국가를 위한 충성심도 없었다. 단지 봉건 귀족으로부터 애호를 받으며 군사적 의무와 종교적 서약을 완수하는 데 이용됐다. 젊은이들은 정규교육 과정 단계인 시동 또는 수습기사(page, 7~14세)를 완수한 후, 종자(squire, 14~21세)가 된다.

시동 졸업생은 약 7년간 종자로 복무하며 기사로 발탁할 때까지 교육을 받는다. 종자가 되면 힘과 지구력을 기르기 위한 중량 운반하기, 장거리 달리기, 완전무장하고 한 몸으로 말 등에 뛰어 타기, 중무장으로 공중돌기, 창던지기, 과녁 찌르기, 비후드(behourd) 등 매우 다양하면서도 힘든 스포츠를 했다. 비후드는 작은 요새 하나를 두고 한 그룹은 방어하고, 다른 그룹은 공격하는 스포츠로서 모의 전투를 경험하게 하는 게임의 일종이다. 기사작위 수여식은 장엄하게 종교 의식으로 거행됐다. 이후 마상시합(토너먼트, tournament)이 개최되면 새로 탄생한 기사를 최초로 참가하게 함으로써 그 권위를 유지할 수 있게 했다.

기사

2. 토너먼트

12세기에서 16세기 사이의 마상시합(tournament)은 유럽사회 전체에서 체계적으로 조직화되며 발전했다. 중세유럽에서 발전한 무장 기사의 마상창 시합은 유명한 이벤트가 됐다. 그들은 영주로부터 충분한 후원을 받으면서 경쟁적 환경 속에서 지위를 누렸다. 중세봉건 사회에서 봉건 영주에 예속된 농민인 농노(農奴)의 봉사를 받을 수도 있었다.

750~887년에 서유럽을 통치한 프랑크에선 카롤링거 왕조(Carolingian, 760~887) 때부터 병사들의 군사훈련으로 토너먼트(tournois, 투르누아)가 성행했다. 기록에 따르면 루트비히 2세(Ludwig II, 재위 843~876)가 주최한 토너먼트에선 참가자들을 양쪽에 집결시키고 전투를 벌이듯 돌진하게끔 했으며, 도망가는 사람들 사이로 왕이 직접 돌격을 감행했다고 한다. 영국에서도 11세기에 기사계급의 형성과 함께 주요한 경기 문화로 등장했고, 12~13세기에 전성기를 맞이하였다. 스테판 국왕(Stephen, 재위 1135~1154)은 토너먼트 경기 도중에 사상자가 속출하자 금지시키기도 했다. 그러나 군사훈련의 가치를 인정받아 결국 부활했다. 이와 같이 토너먼트는 왕이나 귀족의 결혼식, 기사 작위식,

전재 출정식 등의 이유로 성, 수도원, 광장 등에서 전성기에는 일주일 한두 번은 개최됐다(하웅용, 옥광, 2006).

15세기 무렵 마상창 시합이 더욱 유명해지면서 수많은 군중을 동원하게 됐고, 화려한 퍼레이드를 통해 관람 스포츠로서의 위상을 높였다. 토너먼트의 종류로는 수많은 기사들이 전쟁과 유사한 조건에서 싸우는 난투(melee)와 무장한 두 기사가 서로 싸우는 쥬스트(joust) 및 과녁 맞추기(quintus) 등이 있었다. 이는 중세의 수렵과 매사냥 등과 더불어 상류계층(지배계급)의 신체문화로 등장한 스포츠였다.

쥬스트

이러한 분위기는 경기 때마다 패자를 제외시켜서 최후에 남은 둘이서 우승을 결정하는 토너먼트가 공식적으로 자리 잡히게 했다. 오늘날 민간 기업의 협찬처럼 귀족이 지원하는 호화로운 행사는 날로 커져갔다. 기록에 따르면 1520년경 잉글랜드의 국왕이자 아일랜드의 영주인 헨리 8세(Henry Ⅷ, 1491~1547)와 프랑스의 국왕인 프랑수아 1세(François Ier, 1494~1547) 사이의 토너먼트 시합은 국경선을 따라 21일 동안 국제대회로 치렀다. 본 경기가 치러지기 전에 재미를 부여하고 긴장감을 높이기 위한 사전 이벤트도 풍성했다. 검투와 묘기 등이 어우러진 행사는 수만의 관객을 불러 모을 수 있는 원동력으로 작용했다.

　　토너먼트 대회의 주역인 기사들은 애초에 군사적 목적을 갖고 조직화가 됐지만, 전쟁을 치르려면 막대한 비용을 감당해야 하는 통치자 입장에선 전쟁의 대체물 방식으로 분쟁을 해소하는 수단이 됐다(Cashmore, 2000). 이 방식은 갈수록 인기가 높아져 이탈리아, 프랑스, 독일 등 여러 유럽 국가에서 마상창 시합을 위한 시설이 지어졌고, 관중을 위한 무대와 스탠드도 설치됐다.

토너먼트

3. 유럽 전역의 다양한 스포츠 종목

　　유럽 전역에서 도시가 발전하게 되면서 기사도를 위한 스포츠 교육은 점차 쇠퇴해 갔다. 그럼에도 불구하고 일반 대중들이 토너먼트를 좋아하면서 명맥을 유지했다. 중세 시대의 가장 성공적인 왕으로 평가받는 14세기 잉글랜드의 에드워드 3세(Edward Ⅲ, 1312~1377) 때는 백성들이 어떤 짐승이든지 그 등에 올라타 도리깨로 싸움을 벌이기도 했고, 프랑스에선 토너먼트, 쥬스트 등 다양한 경기가 개최됐다.

중세 후기의 도시환경은 비교적 자유로웠다. 길드를 형성하던 수공업자들과 도시방위와 치안을 담당하던 기사계층인 중류계층에선 검술과 사격 등을 선호했다. 길드의 결속과 도시방위라는 목적에 부합했던 것이다. 노동자 계급은 걷기, 뛰기, 던지기와 같은 민속적인 놀이를 즐겼고, 도시별로 독자적인 시민행사가 성행하게 됐다. 시민제의 종목으로 검술, 궁시 외에도 줄타기, 피라미드 쌓기, 팬터마임, 무용, 연주, 권투(gioco delle pugna) 등이 있었다.

이탈리아에서는 13세기 이후에 귀족과 기병을 위한 토너먼트가 개발되면서 기병대의 전쟁준비를 위한 훈련이 감소됐다. 그곳의 소년들은 평화 시에 방패싸움의 일종인 지우오코 델 마스쿠도(giuoco del mazzascudo)와 지우오코 델 폰테(giuoco del ponte)를 즐겼다. 특히 13~14세기경에는 투스카니(Tuscani)와 움브리아(Umbria)의 대부분 도시에서도 지우오코 델 마스쿠도가 열렸다. 곤봉과 방패를 무기삼아 두발로 서서 싸우는 경기로서 토너먼트와 유사했다. 15~19세기 초까지 피사(Pisa)에선 지우오코 델 폰테가 교량 위에서 겨루는 전통으로 이어질 만큼 인기있는 스포츠였다.

지우오코 델 폰테

또한 팔리오(palio)라 불리는 승마경주, 달리기 경주, 전차 경주, 당나귀 경주, 보트 경주 등이 성행했다. 난투전을 벌이는 주먹 싸움의 일종으로 전투적 성격이 짙은 격렬한 스포츠인 지우오코 델 칼치오(giuoco del calcio)도 많은 이들이 즐겼던 종목이었다. 이 게임은 16세기 이후 럭비와 비슷한 스포츠로 발전하게 됐다.

16세기 이후에는 400여 년간 인기를 끌어온 토너먼트가 쇠퇴하게 되면서 사람을 대상으로 했던 시합 대신 과녁에 겨냥하는 방식으로 바뀌었다. 사냥과 활쏘기는 마상창 시합과 공존해서 발전했지만 마상창 시합만큼 관중의 인기를 끌어올리지는 못했다. 하지만 오늘날 올림픽 종목으로 유효할 정도로 스포츠가 지닌 신체성, 경쟁성, 규칙성을 충족시켰다. 또한 하층계급 사이에 인기가 있었던 동물을 대상으로 한 '유혈 스포츠'가 성행하게 되면서 오늘의 시각으로는 불법으로 간주한 종목도 발전했다. 대표적인 것은 12세기부터 영국에서 이뤄진 투계(鬪鷄)로서 1835년 금지될 때까지 수백 명의 관객을 모으는 인기 있는 구경거리였다. 이 외에도 동물을 사슬에 매여 찌르게 하거나 사나운 개들을 풀어 곰을 공격하게 하는 등 잔인한 광경 속에서 도박이 이루어졌다.

지우오코 델 칼치오

동물을 바라보는 오늘날의 관점

현대사회는 스포츠 분야의 종차별주의에 대한 반기를 들어 금지하는 목소리가 높다. 즉, 동물을 대상으로 경작하거나 운반을 위한 도구화 외에 경쟁도구화, 교감도구화, 유희도구화, 연구도구화에 대해서는 종차별주의로 기준을 삼고 있다. 첫째, 동물의 경쟁도구화는 전쟁에 동원하거나 투견과 소싸움과 같이 동물 간의 싸움을 종차별주의로 바라본다. 그럼에도 불구하고 1922년부터 우리나라에 도입된 경마(horse racing)는 미국, 일본, 홍콩, 싱가포르, 호주 등 여러 나라에서도 합법적인 사업으로 발전해 왔다. 또한 우리나라는 소싸움도 2011년에 사행산업으로 인정을 받고 성행 중이다.

둘째, 동물의 교감도구화는 승마, 마장마술, 장애물 비월경기 등이 해당되는 것이다. 이 또한 올림픽에서 공식적인 종목으로 자리 잡았지만 종차별주의로 바라보고 있다. 셋째, 동물의 유희도구화는 현대인들이 즐기는 수렵과 낚시와 같은 행위도 포함된다. 또한 동물보호단체에서 문제를 제기하는 투우경기와 서커스 등도 종차별주의에 해당된다. 마지막으로 동물의 연구도구화는 인류의 건강을 위해 흰쥐, 원숭이, 고양이 등을 대상으로 임상실험을 하는 경우에 해당된다.

이를 윤리적 관점에서 대체(replace), 감소(reduce), 개선(refinement)이란 기준을 마련했다. 국내법인 동물실험의 원칙(동물보호법 제23조)에도 명시돼 있다. 즉, '대체'란 실험재료를 인간 대신 고등동물로, 고등동물 대신 하등동물로, 하등동물 대신 식물로, 식물 대신 무생물로 대체할 것을 권장하는 것이다. '감소'는 실험에 동원되는 동물의 숫자를 실험결과의 신뢰도를 확보할 수 있는 범위의 최소화로 권장하고, '개선'은 실험에 동원되는 동물들에게 최대한의 복지와 도덕적 지위에 맞는 대우를 해 줄 것으로 권장한다는 내용을 담고 있다.

레슬링 경기는 영국의 주요도시에서 축제의 오락적인 측면을 강조하며 열렸다. 1411년에 잉글랜드의 왕인 헨리 4세(Henry Ⅳ, 1366~1413)는 런던 시내에서의 레슬링 경기를 금지한다고 선포하기도 했다. 13세기 무렵 프랑스에서는 주드폼(Jeu de paume)이라 불리는 궁정 테니스를 수도원과 교회에서 즐겼다. 현대 테니스와 같이 그물이나 라켓을 사용하지 않고, 둑을 쌓아두고 손바닥으로 쳤다. 프랑스인들은 옥외 스포츠 외에도 실내에서도 스포츠를 즐겼는데

1230년경 실내 테니스장이 건립된 것으로 추정하고 있다. 테니스는 에드워드 3세 때 영국에서도 가장 인기가 있는 종목으로 성장하면서 궁정에 테니스장을 짓고 권장하기까지 했다.

이와 같이 당시 상류계층의 신체문화로서 앞서 언급한 토너먼트, 쥬스트, 주드뽐 등과 함께 개나 매를 이용한 수렵이 인기를 끌었다. 특히 수렵은 상류계층의 사교장으로 활용하며 그들의 전유물로 활용했다. 사냥감에서 얻은 모피는 난방이 거의 되지 않았던 당시 사회에 매우 유용한 물품이 됐다. 모피는 종류에 따라 부자와 가난한 자로 구분되는 상징물과 같았다.

서민들의 공놀이는 일반적인 놀이였다. 볼링은 북부 유럽에서 로마 군인들에 의해 전해진 것으로 추정한다. 독일의 교회에서 전파된 후 상류층의 평신도들 사이에 유행하면서 널리 알려졌다. 14세기 독일에선 3개의 표적만을 사용했고, 다른 지역에선 17개의 표적을 사용했다는 기록이 전해진다. 영국에서는 이미 13세기에 잔디밭 볼링 또는 공굴리기 형태의 게임을 즐겼다. 서민사회의 공놀이 중에서 9개의 기중이나 병과 같은 물체를 물건을 던져 쓰러지게 했던 구주희(ninepins)도 큰 인기를 끌었다.

당구는 공굴리기를 실내 조건에 맞게 변형된 것으로 추정한다. 현대의 포켓 당구와 유사한 형태로 마루 위에 막대기를 사용했던 크로케(Croquet)란 종목으로 발전했다. 이런 공놀이가 규칙이 정해지면서 더욱 대중화됐고, 오늘날의 축구, 골프, 크리켓, 테니스, 볼링 등과 같은 경기로 발전하게 된 원인이 됐다.

특히 오늘날 단일 종목으로 가장 인기가 있는 축구는 12세기 영국에서 시작됐다. 19세기에 이르러 공을 손으로 쥘 수 있는 럭비가 생겨났다. 지금도 쿨미디어 스포츠(cool media sports)의 전형적인 형태로서 저정밀성(low definition), 고참여성(high participation)의 특성을 지녀 관중의 몰입도가 어떤 종목보다 높다. 이 시기에도 사람의 원초적 본능을 자극함에 따라 게임이 거칠었다. 15세기의 수도원 기록에는 이 스포츠를 폐지하자는 목소리도 있었다.

고려시대의 체육

고려시대에는 왕실과 귀족사회에서 즐겼던 놀이로서 격구, 방응, 투호 등이 있었다. 격구는 말타기, 기창, 기검, 기사의 능력 향상을 위한 군사훈련 수단이었다. 무인집권기에 격구의 사치성이 최고조에 이르는 등의 폐단이 발생하기도 했다. 방응은 매사냥으로 귀족들이 즐겼던 놀이이고, 투호는 손으로 화살을 던져서 항아리에 넣는 경기였다. 또한 서민들이 주로 즐겼던 놀이로서 발로 공을 차는 경기가 오늘날의 축구와 유사한 축국(蹴鞠)이다. 또한 삼국시대 이전부터 유래된 각저(角觝, 씨름), 단오절에 시행된 그네뛰기인 추천(鞦韆), 연날리기인 풍연, 척석희라고도 불린 돌팔매 싸움인 석전(石戰), 2벌의 윷과 30개의 말을 갖고 하는 놀이인 쌍륙이 있다.

고려시대에는 무예체육을 위한 교육행사로서 강예재와 향사례가 있었다. 강예재는 국자감에서 무예를 가르쳐서 장수로 등용하기 위한 전문 강좌로 알려지고 있고, 향사례는 지방에 있는 향교에서 그 지방사람 중 효(孝), 제(悌), 충(忠), 신(信)한 사람을 모시고 행사를 치렀던 것을 말한다. 이 시기의 무예체육으로 부족국가 시대부터 전해져 온 수박이 있었다. 수박희는 무신반란의 주요 원인 중 하나로 여겨진다. 이 외에도 궁술과 마상재(말을 타고 여러 가지 재주를 보여주는 기마술)가 있었다.

격구

3절 르네상스 시대의 스포츠

1. 고대 그리스 문화로의 회귀

　　1453년 오늘날 터키의 이스탄불 지역인 콘스탄티노플이 오스만투르크에 패망하자 많은 그리스 학자들이 이탈리아로 이주했다. 고대 그리스가 추구했던 문화와 인문주의에 관해 다시 평가를 할 수 있는 환경이 주어지면서 문예 부흥기를 맞이할 수 있었다. 최초의 근대적 학자인 페트라르카(Francesco Petrarca, 1304~1374)는 논리학과 스콜라 철학 대신 고전을 연구함으로써 인문주의 정신을 불러 일으켰다. 15세기에 시작된 르네상스 시기에는 개인이 해방되는 시기로 간주해 오고 있다. 이탈리아에서 시작된 르네상스는 전 유럽으로 확장돼 개인의 창조성과 상상력을 재생하는 환경으로 변모했다. 인간의 이성과 존엄성을 강조하며 자연현상에 대한 새로운 시각을 찾기 위해 중세의 문화적 퇴보를 벗어나려는 흐름이 생겼다.

메르쿨리알리스

이 시기에 이탈리아의 문헌의학자인 메르쿨리알리스(Hieronymus Mercurialis, 1530~1606)는 건강을 유지할 수 있는 운동의 가치를 알렸다. 그는 1569년 '체조술에 관한 6권의 서(書)'를 출간하며 체육의 중요성을 알렸다. 고대의 체육관들과 스포츠를 상세히 묘사하고 신체 운동을 통해 위생학적 가치를 높일 것을 제시했다.

이 문화적 재생 시기에서 도드라졌던 개념은 유희와 오락(recreation)이었다. 이러한 특성은 구기종목을 통해서도 나타났다. 오늘날 테니스와 핸드볼과 유사한 팔로 델라 마노(palo della mano), 라체타(raccetta), 팔레타(paletta) 등으로 알려진 종목이 출현했다. 또한 칼치오(calcio)라 불리는 거친 구기종목은 축구의 변형으로 여겨진다. 현대 이탈리아에서 '토토칼치오(totocalcio)'라 불리는 스포츠 베팅 상품이 있다. 고정환급률의 게임방식으로 유럽 축구 13개 경기의 결과(승, 무, 패)를 예측하는 상품이 있을 만큼 전통적 용어를 그대로 사용하고 있다. 또한 지금도 16세기 이탈리아에서 시작된 축구와 럭비가 혼합된 초기 형태 경기가 '칼치오 스토리코(calcio strorico)' 혹은 '칼치오 플로렌티노(calcio florentino)'라 불리며 매년 치러지고 있다. 공을 뺏기 위한 난투극 수준의 경기로서 많은 사람들의 관심을 유도하는 지역 스포츠 이벤트로 각광을 받고 있다.

현대판 칼치오

르네상스 시기에는 인간 스스로 운명을 만들어갈 수 있는 분위기 속에서 카톨릭주의의 영향력은 지속적으로 감퇴했다. 이 때 스포츠는 즐거움을 이끌어내는 목적이 강했다. 즉, 승패여부는 중요하지 않았다. 이 시기에 등장한 펜싱시합도 대결이 아닌 묘기에 가까운 행위였던 것이다. 단지 사람들 앞에서 자신이 지닌 육체적 능력을 표현할 기회정도로 인식했다. 이를 통해 관객들에게 즐거움을 선사하면 되는 것이었다. 이 시기에는 고대 그리스 시대에 팽배했고, 현대 스포츠에서 자리 잡힌 승리선수에 대한 영광스러운 가치에 대해선 관심이 없었다. 이를 높이기 위한 노력을 전혀 구현하지 않았던 것이다. 오히려 기원전 2000년경 고대 이집트의 경기와 유사성을 지니고 있었다.

또한 인간의 모든 측면을 조화롭게 발달시키고자 했던 사조로 인해 스포츠가 필요한 요인이 됐다. 스포츠 교육과 훈련으로 국력을 높이기 위한 전쟁기술로 발전하고자 했던 노력이 있었다. 이를 위해 신체훈련을 필수적인 덕목으로 인식하게 됐다. 당시 인문주의자들은 '건강한 신체에 건전한 정신이 깃든다.'는 고전적 이념을 받아들이고, 신체활동을 통한 지적, 집중력, 의욕, 정신력을 높이고자 했다.

2. 문예부흥기의 스포츠

체육은 오랜 기간 동안 암흑기를 거쳐 르네상스의 영향을 받아 근대체육의 새로운 길을 열게 됐다. 이는 신학과 계급사회의 틀에서 벗어나서 인간 중심의 문화를 창출하기 위한 분위기에서 비롯된 것이다. 문예부흥시기의 스포츠는 인문주의 교육으로 대체됨에 따라 다양한 분야와의 조화를 중시했다. 학생들은 문학, 수사학, 도덕, 철학, 음악, 무용, 회화, 도안 등을 비롯해 신체훈련을 하였다.

초기 인문주의 연구자인 베르게리우스(Petrus Paulus Vergeius, 1370~1444)는 스포츠를 군사훈련 교육을 함께 오락을 위한 여러 가지 활동으로 포함시킬 것을 주장했다. 검술, 방패, 창, 곤봉 등의 사용법 등과 함께 수영, 달리기, 뛰기, 레슬링, 복싱, 창던지기, 활쏘기 등을 망라한 종목을 포함시켰다. 또한 수렵과 낚시와 같은 여가를 즐기는 것이 중요하다고 했다. 그는 1404년에 '좋은 도덕과 자유스러운 학문(De Ingenuis Moribus et Liberalibus Studiis Adulescentiae)'이란 소논문을 통해 인격교육, 신체운동, 무술훈련, 레크리에이션을 비롯해 체육사상을 언급했다. 특히 전쟁이라는 현실을 회피할 수 없기 때문에 훈련을 통해 문과 무를 겸비해야 한다고 주장했다.

베르게리우스

초기 르네상스 철학자이자 건축가인 알베르티(Leon Battista Alberti, 1404~ 1472)는 신체를 튼튼히 해야 질병을 예방할 수 있다고 주장함으로써 젊은이들에게 민첩성과 인내, 힘, 기술, 협동능력을 기르기 위해 활기찬 스포츠를 제시했다. 공놀이, 펜싱, 수영, 말타기 등을 권장하였으나 토너먼트는 격렬하기 때문에 배제시키기도 했다.

이탈리아 인문주의 교육자인 펠트레(Vittorino da Feltre, 1378~1446)는 최초로 인문주의 교육을 위해 궁전학교(Court School)를 설립했고, 볼게임, 도약, 펜싱, 승마 등 다양한 체육활동을 권장했다. 그는 체육의 목적은 신체를 단련하게 할 뿐만 아니라 가혹한 전쟁에도 견딜 수 있는 환경을 만들 수 있는 중요한 요인으로 바라봤다.

하지만 이 시기의 북유럽에서는 초기 이탈리아 인문주의자들의 스포츠 인식을 수용하지는 못했다. 당시의 개혁가였던 에라스무스(Desiderius Erasmus, 1466~1536)는 정신노동에 필요한 일부의 신체훈련은 필요하지만 금욕주의에 대한 인식을 탈피하지 못했다. 독일에서 시민학교와 대성당에서 형성된 김나지움(Gymnasium)은 고대 그리스의 체육관(Gymnasium)에서 유래된 명칭이었음에도 불구하고, 교육과정에는 스포츠는 없고 고전과 종교 위주로 이루어졌다. 이와 같이 북유럽에서는 일부 스포츠를 권장하기는 했으나 18세기까지도 정규 교육과정에 포함되지 못했다.

그러나 에라스무스는 교육이 그릇된 사회를 개선해나가는 효과적인 방법이라고 역설하며 많은 학자들에게도 영향을 미쳤다. 특히 영국의 인문학자인 엘리엇(Thomas Elyot, 1490~1546)과 교육가인 아샴(Roger Ascham, 1515~1568)은 체육 분야에 공헌한 인물이다. 그들은 건강한 정신과 신체를 함양하기 위해선 휴양 및 오락을 누려야 하고, 오랜 시간 동안 공부를 한 후에는 놀이나 운동이 필요하다고 했다. 엘리엇은 자신의 저서인 '가정교사의 서(The Book Named the Governor)'에서 젊은이들의 적합한 체육운동을 위해 달리기, 사냥, 레슬링, 아령운동, 테니스, 승마, 검술, 궁술, 무용, 수영, 카드놀이 등 다양한 신체활동과 오락을 권장하였다. 아샴도 그의 저서 '학교교사(The School Master)'를 통해 품위를 지키기 위해선 말타기, 창 시합, 달리기, 활쏘기, 도약, 뛰어넘기, 수영, 춤, 노래, 매사냥, 수렵, 테니스 등에 이르기까지 신사적 유희를 즐기기 위해 필요한 요소라고 역설했다.

12세기 영국 왕족들이 주로 즐겼던 닭싸움(투계)은 찰스 1세의 재임기간 중에 대중들로부터 인기를 얻었다. 동물을 이용한 스포츠가 튜터 왕조 하에 인기를 끌었지만 야만적인 스포츠로 인식돼 1835년에 금지시켰다. 테니스는 헨리 8세가 특히 좋아하는 종목으로 그 누구도 테니스장을 소유하지 못하게 했다고 전해질만큼 15~16세기 동안에 인기를 유지했다. 골프는 네덜란드에서 유래된 것으로 추정한다. 이후 영국과 스코틀랜드에 도입되고 나서 스포츠가 됐다. 초기에는 궁술훈련을 강화하기 위해 폐지하려는 노력도 있었으나, 클럽이 설립될 만큼 성행했다. 또한 유럽의 궁전에서는 무용을 좋아했다. 원래 농민들로부터 시작된 무용이 귀족들의 사치스러운 축제, 무도회 등에 활용되면서 품위를 나타내는 문화가 된 것이다.

4절 종교개혁 시대의 스포츠

1. 세속적인 교회로부터의 탈피

유럽은 상업과 교역의 발달로 나날이 성장했다. 이에 중세부터 이어온 봉건제도와 교회조직에 대한 변화는 불가피하게 됐다. 결과적으로 봉건체제는 무너지고, 교회조직은 개신교(프로테스탄트)의 등장으로 기존의 가톨릭 교회와의 대립을 낳았다. 앞서 언급한 인문주의는 이탈리아를 중심으로 시작됐고, 종교개혁은 독일을 중심으로 이루어졌다.

개신교의 종교개혁은 근대에 있어 가장 복잡한 양상으로 변화가 일어나게 한 요인이다. 개신교의 종교개혁은 가톨릭 개혁과 청교도의 청교주의(Puritanism)라 불리는 도덕 개혁으로 이어졌다. 특히 칼뱅교도(Calvinist)는 엄격한 정신훈련을 필요로 하고 세속적인 교회를 파괴하고자 하였다. 종교개혁은 종교운동을 벗어나 사회전반에 걸친 개혁운동으로 확대됐다. 즉, 정치적이고 사회적인 요인도 포함됨으로써 교황의 세속화, 교회의 부패를 척결하고자 했고, 민족의식의 성장과 강력한 국가에 대한 갈망이 표출됐다.

16세기에 나타난 프로테스탄트의 중요한 종파로는 루터주의, 칼뱅주의, 영국의 국교주의가 있었다. 독일의 종교개혁가인 루터(Martin Luther, 1483~1546)는 교회의 불패를 척결하고 기독교 본래의 검소와 청결로 돌아갈 것을 주장했다. 그는 성인과 아이 모두를 위해 성서를 모국어로 번역하기도 했다. 그의 사상은 주로 북독일과 스칸디나비아 국가에서 영향력을 확장했다. 프랑스의 종교개혁가인 칼뱅(Jean Calvin, 1509~1564)의 영향력은 스위스에서부터 시작해 유럽 전역으로 퍼져 나갔다. 스위스에서는 칼뱅의 신학 선배인 츠빙글리(Ulrich Zwingli, 1484~1531)도 교회의 혁신과 종교 교육에 대한 사상을 전파했다.

2. 프로테스탄트와 스포츠

루터는 음악, 펜싱, 레슬링 등의 스포츠를 찬성하면서 이를 통해 근심과 우울에서 벗어나고 사지를 충분히 발달시켜준다고 강조했다. 또한 어린이들이 뛰고 노는 것은 본성이기 때문에 펜싱과 레슬링을 빠뜨리면 안 된다고도 했다. 루터는 많은 종교개혁자들과 달리 무용에 대해서도 호의적인 태도를 지녔다. 하지만 볼링 애호가이기도 한 그는 건전한 스포츠 활동을 배척하진 않았지만, 그 외의 것은 공공연히 비판하기도 했다.

마르틴 루터

스위스의 종교개혁가 츠빙글리는 '젊은이의 그리스도교 교육에 대한 소고(Brief treatise on the Christian Education of Youth)'란 저서를 통해 달리기, 던지기, 레슬링 등의 체육 종목의 중요성을 설파했다. 그가 제시한 달리기, 뛰기, 던지기, 레슬링으로 구성된 체육 프로그램은 고대 그리스의 팔레스트라(Palaestra) 과정과 유사했다.

울리히 츠빙글리

　또한 칼뱅은 당시 카드놀이와 주사위 놀이를 한 사람들을 대상으로 집행
된 형벌로서 목과 양손을 판자에 끼워 사람들 앞에 보이는 것에 대해 비판했
다. 그 자신도 산책과 고리 던지기와 같은 오락을 즐겼다. 하지만 영국과 스코
틀랜드의 그의 추종자들은 오락을 억압하기 위해 노력을 했다.

　종교개혁 기간 동안 개신교 종파들은 스포츠에 대한 가치를 끌어올리지
못했다. 유럽 외에도 아메리카로 이주해 온 청교도들은 개신교 학교에서 스포
츠를 가르치는 기능을 수행하지 못했다. 개신교 신자들은 주일 오락에 대해
배척했다. 심지어 주일 오락의 허용여부에 대해 갈등이 심화돼 잉글랜드와 스
코틀랜드 왕국의 왕인 제임스 1세(James I, 1566~1625)에게 청원하기도 했다.
이후 백성들에게 5월제, 무용, 활쏘기, 뛰기, 높이뛰기 등의 합법적인 오락을 주일
예배가 끝난 후 허용한다고 선언했다. 다수의 사람들이 유일하게 스포츠에 참
가할 수 있는 기회로 여겼다.

　그러나 유럽과 아메리카 청교도들은 제네바에서 200여 가지에 달하는 오
락을 규제하는 법을 통과시켰다. 이와 같이 오늘날 미국 버지니아에 해당하는
뉴잉글랜드에서는 스포츠, 게임, 무용을 금지하는 많은 법령을 제정하게 됐다.
다만 식량을 수급하는 차원의 조직적인 사냥을 레크레이션 활동으로 인정하기

도 했다. 미국의 독립전쟁 시기까지 크리켓과 그것과 유사한 공놀이인 스툴볼 (stool ball), 또 다른 공놀이인 트랩볼(trapball), 핸드볼과 비슷한 트레인밴딩 파이 브(trainbanding fives), 말타기 등이 인기 있었다. 또한 군사훈련 용도로 사격, 레슬링, 활쏘기 등에 대해 상품을 수여하기도 했다.

조선시대의 체육

조선시대의 민속놀이는 골프와 유사한 유희의 한 종류로써 궁정에서 실시됐던 봉희(捧戲), 각저로 오랜 시간 동안 전해져 내려 온 씨름, 돌팔매질을 통해 승부를 겨루면서 오늘날의 관람스포츠처럼 구경거리가 된 석전(石戰), 정초에 새해 길흉을 점치기 위한 놀이인 줄다리기, 긴 막대로 나무를 깎아 만든 공을 쳐서 상대편 문 안에 넣는 경기로서 격방(擊棒)이라고도 불린 장치기가 있었다. 또한 승정도, 종경도, 승경도라고도 불린 종정도(鐘鼎圖) 놀이는 관직명을 종이로 만든 발판에 기재하고 5각으로 만든 알을 던져서 넣는 경기였다. 고누(高矗)는 땅바닥이나 널판에 여러 가지 모양의 판을 그려 돌 등을 말로 삼아 승부를 결정짓는 놀이이고, 이 외에도 널뛰기, 그네뛰기, 윷놀이, 차전놀이, 바둑, 장기, 제기차기, 팽이 돌리기, 썰매, 줄넘기, 연날리기 등이 있었다.

조선시대의 무예체육은 대표적으로 활쏘기(궁술)가 있었다. 삼국시대 때부터 기마술과 함께 가장 중요시하게 되어 군사훈련 수단으로 활용됐다. 이는 심신훈련의 중요한 교육활동으로서 인식하여 무과 시험에서 인재를 선발하는 실기과목이기도 하였다. 5인 이상의 궁수가 참여하는 활쏘기 대회인 편사(便射)도 있었다. 무예체육으로 민속놀이인 장치기와 같은 격방으로 오늘날의 골프와 게이트볼과 유사한 형태를 띤다. 이는 격구의 일종으로 편을 갈라 골문을 만들고 나무 막대기로 공을 쳐 구멍에 넣는 경기이다. 이 외에도 매를 사냥하는 방응(放鷹), 옛날 궁중이나 양반집에서 항아리에 화살을 던져 넣던 투호(投壺), 조선 말기에 전국 민속경기로 보급됐던 수박희(手搏戲) 등이 전해진다.

이를 바탕으로 조선시대에는 대표적인 무예지가 보급됐다. 무예제보(1598)는 임진왜란 이후 명나라 척계광의 '기효신서'를 토대로 만든 우리나라에게 가장 오래된 무예서로 전해지고 있다. 무예신보(1759)는 영조 때 전쟁을 대비해서 12가지 기예를 더 넣어 편찬한 무예서로 알려지고 있으나 현재 발견되지 않고 있다. 또한 무예도보통지(1790)는 정조 때 이덕무(李德懋), 박제가(朴齊家), 백동수 등이 왕명에 따라 편찬한 것으로 한국, 중국, 일본의 서적 145종을 참고했고, 총 24가지 무예를 소개하고 있다.

무예도보통지

과제

01 초기 그리스도교 시대에 스포츠가 침체된 이유를 찾아보시오.

02 봉건시대 기사가 즐겼던 스포츠 종목을 찾아보시오.

03 중세시대의 스포츠 특징을 찾아보시오.

04 르네상스 시대의 스포츠와 종교개혁 시대의 스포츠 특징을 비교하시오.

스포츠의 현재와 미래

우리 인류는 생존을 위한 신체활동에서 부족국가를 성립한 후, 목적성을 띤 스포츠 활동으로 발전시켜왔다. 소수의 통치 집단은 스포츠가 정치와 엮기에 매력적인 콘텐츠라는 것을 알았다. 몸을 활용한 교육적 가치로서 체육은 오랜 기간 동안 교과과정을 거쳤다. 또한 시대적 상황에 따라 대중들에겐 보편화되지 않았던 적도 있었다. 경쟁을 뜻하는 아곤(Agôn)과 탁월성을 추구하는 노력을 뜻하는 아레테(arete)란 두 가지의 중요한 가치는 근대 올림픽을 통해서 구현됐고, 훌륭한 상품성을 가진 월드컵은 서로 언어가 통하지 않는 세계인들에게 공 하나로 열광할 수 있게 했다. 혁신적인 기술발달에 따라 미디어를 통해 관람스포츠 문화가 확장됐고, 손에 들고 다니면서도 지구 반대편에서 개최된 경기를 보는 스포츠 소비자가 될 수 있는 조건에 놓였다. 이러한 환경은 프로 스포츠 비즈니스를 확장시킴으로써 선수의 상품성을 나날이 높일 수 있게 했다. 4차 산업혁명에 따라 지식과 지식 간, 기술과 기술 간, 산업과 산업 간의 융·복합 현상이 가속화되고, 신체성·놀이성·경쟁성·규칙성이 공고한 스포츠가 어떻게 발전할지 주목하게 됐다.

CHAPTER 08 신기록을 위한 근대 스포츠의 등장

1절 아마추어리즘과 프로페셔널리즘

1. 영국의 스포츠 전파

12세기부터 영국에서 성행했던 투계(鬪鷄)는 1835년에 금지됐다. 하층계급이 선호했던 동물을 대상으로 한 '유혈 스포츠'는 18세기부터 비난의 대상이 되면서 불법 시합으로 변질됐다. 스페인의 투우장과 팜플로나(Pamplona) 거리에서 열렸던 투우는 지금도 동물보호단체로부터 비난을 받는다. 영국에서는 동물학대방지를 위한 왕립학회(Royal Society for the Prevention of Cruelty to Animals, RSPCA)가 창립한 해인 1825년에 황소 달리기 대회를 금지시켰다.

프랑스의 계몽주의 철학자인 루소(Jean-Jacques Rousseau, 1712~1778)의 유명한 작품인 '에밀(1762)'에서 체육에 관한 내용이 등장한다. 즉, 육체훈련과 경쟁 스포츠가 어린이의 교육 전반에 긍정적인 영향을 미칠 것이라고 했다. 그의 생각은 1850년대에 영국의 공립학교로 들어가게 되면서 팀 활동을 통한 경쟁 스포츠 프로그램을 중요한 수단으로 바라보게 됐다. 이는 경기장 내에서 훈련한 도덕적 행위를 다른 분야에까지 전이될 수 있음을 증명하고자 했던 것이다.

이러한 토대는 '강건한 기독교(muscular christianity)' 정신을 보다 중요시하게 되는 사회적 분위기에 스포츠란 콘텐츠가 매우 효과적으로 수행할 수 있었기 때문이다. 다시 말해 스포츠가 갖는 공정함, 정의, 건강, 사심 없는 행위 등 기독교 사회를 지탱하기 위한 덕목으로서 훌륭한 역할을 기대한 것으로 보았다

(Cashmore, 2000).

잉글랜드 지역에 분포돼 있었던 퍼블릭 스쿨(public school)은 고액 수업료로 운영됐던 오랜 전통의 독립적 사립 중등교육기관이었다. 주로 14세부터 19세의 상류층 자제를 위한 학교로 엄격한 신사교육을 통해 대학진학의 예비 교육과 공무원 양성을 목적으로 했다. 19세기 중반 퍼블릭 스쿨의 교과과정에 스포츠를 적극적으로 도입함으로써 사춘기의 왕성한 에너지를 조화롭게 분출할 수 있었던 창구역할을 했다. 이 환경에서 의도적으로 남성성을 강조하기도 했다. 퍼블릭 스쿨에서 번성한 축구는 육체적으로 강하고 격렬한 형태로서 각광을 받았다. 강자만이 살아남는 생존적 지위를 명분화할 수 있는 근거로서 활용됐다.

수십 년 동안 영국의 수출품 중의 하나로 자리 잡은 스포츠는 오늘날 프로페셔널 리그 발전의 시작이라 해도 과언이 아니다. 1880년대에 북미에서는 이미 대학생 사이에서 럭비경기가 인기를 끌었다. 1874년 하버드대와 맥길대 간의 경기를 치렀다는 기록이 있다. 영국에서 넘어온 럭비(Rugby)가 미국식 변형을 거쳐 발전한 미식축구(American Football)는 노동자가 있는 공장에서 출발했다. 선수들은 주당 약 50달러를 받고, 훈련 중에는 근무가 면제되기도 했다. 공장 소유주들은 노동력에 규율을 주입하는 강력한 도구로서 미식축구를 십분 활용했다. 이러한 노동계급이 주를 이루었던 스포츠 세계는 19세기 중후반까지는 산업화되지 않은 상태로 지속적으로 번성했다.

럭비

오늘날의 스포츠 형태는 19세기 영국에서 합리화된 조직 스포츠가 출현하면서 북미를 비롯해 당시 식민지에 전파되었다. 스포츠는 문화 권력의 수단으로서 군사력을 이용한 식민지 통치수단의 비효율적 측면을 최소화하기 위한 요인으로 작동했다. 즉, 영국의 통치를 보다 쉽게 할 가치와 이념을 주입시킬 수 있는 수단이 스포츠였던 것이다. 제국주의 문화를 뿌리내리게 하기 위한 스포츠 개념은 매우 강력하여 지배계급이 종속계급을 이끄는 주요한 통치수단으로 작용했다고 본 것이다.

이 시기의 아마추어리즘의 핵심적 가치는 공정성과 규율에 대한 복종을 들 수 있다(정준영, 2003). 경기에서 승리하지 못한다 할지라도 심판의 권위에 불복하거나 부당한 방법으로 승리한다는 것은 매우 수치스럽게 생각했다. 승리를 통해 수당을 취득하거나 수단과 방법을 가리지 않고 이기기 위한 하층계급의 프로 선수들과 구분 짓고자 했던 것이다. 아마추어리즘이란 19세기 중엽 영국에서 지배 계급(자본가)이 노동자 계급을 배제하기 위해 만들어진 것으로 알려져 있다. 즉, 아마추어 규정을 포함한 이데올로기적 의미가 내포되어 있는 것이다. 18~19세기의 스포츠는 오늘날과 다르게 아마추어의 위상이 훨씬 높았다. 스포츠에서의 모든 선(善)을 상징했기 때문이다. 당시에는 돈을 받고 경기를 한다는 것 자체가 속물로 경멸을 받았던 시기였다. 즉, 스포츠의 이상적 목표는 오로지 즐거움의 생산이었다. 또한 이겼다고 우쭐대거나 패배했다고 낙담하는 모습은 '신사답지 않은' 것으로 간주되었다(Cashmore, 2000). 오늘날 축구에서 골을 넣고, 미식축구에서 터치다운한 후의 선수들이 보여주는 세리머니와 비교하면 큰 차이를 보이는 것이다. 하지만 현대에 와서 '아마추어'란 단어는 다소 경멸적인 뉘앙스를 내포하게 됐다. 이는 스포츠 비즈니스 세계에서 통용되는 '프로'와 대립되어 세련미가 부족하고 서투르다는 뜻이 함축됐기 때문이다.

2. 스포츠가 번성한 이유

엘리아스(Norbert Elias, 1897~1990)가 제시한 '스포츠화(sportization)'란 개념은 19세기부터 자리를 잡았다고 주장했다. 이는 18세기 산업혁명과 무관하게 바라보지 않았다. 이 시기의 유럽사회는 규칙적이고 분화된 행위에 대한 인식이 자리 잡히게 되면서 스포츠 경기에 대한 규칙에 따른 결과물로서 승자와 패자를 명확하게 구분 짓는 계기가 됐다고 본 것이다.

　　Hargreaves(1982)에 따르면 현대사회에서 자본주의가 도래하면서 스포츠는 네 가지의 주요한 기능을 담당하게 됐다. 첫째, 조직 스포츠는 유순한 노동력을 길러내는 데 도움을 준다. 스포츠를 통해 노동계급이 준수해야 할 규율을 받아들이도록 돼 있다는 것이다. 둘째, 스포츠의 상업화로 인해 시장의 힘에 지배되면서 선수와 이벤트는 하나의 상품이 됐다. 궁극적으로 스포츠 조직은 이윤을 창출하기 위해 시장에서 이미지를 포장해서 팔아야 한다. 셋째, 스포츠가 자본주의 사회의 가장 중요한 이데올로기를 표현한다는 점에서 공격적 개인주의, 치열한 경쟁, 동등한 기회, 엘리트주의, 민족주의, 성차별주의 등의 속성을 드러냈다. 마지막으로 스포츠는 국가의 영역에서 다뤄진다는 점에 주목했다. 국가가 지닌 관료적 행정체계가 자국의 스포츠 발전을 위해 정책적 결정과 과정을 따르게 된 것이다(Cashmore, 2000, 재인용).

　　'하는 스포츠'에서 '보는 스포츠'로의 전환은 근대 스포츠에서 현대 스포츠로 가는 전환점에서 매우 중요한 특징 중 하나다. 이는 미디어가 발달하면서 관람 스포츠 문화의 전성기를 맞이할 수 있게 무한한 통로를 열어준 것이다.

여기서 잠깐

개화기 시대 및 일제 강점기의 체육

1. 개화기 시대의 체육

　　1895년 고종은 새로운 교육제도의 필요성을 인식하면서 '교육입국조서'를 발표했다. 이는 망해가는 국가를 중흥시키는 길이 교육밖에 없다는 생각을 하여 기존의 양반에게만 국한했던 교육을 모든 백성들에게도 교육의 기회를 확대하고자 한 것이다. 또한 유교중심교육을 탈피하고, 실용교육을 강화함으로써 지양, 덕양, 체양에 중점을 두고, 체육을 중요한 교육의 영역으로 인정하게 된 것이다. 이 시기에는 체육의 개념 및 가치에 대한 각성이 이루어지고, 근대적 체육문화가 창출된다. 1883년 설립된 원산학사에서는 전통적인 무예체육의 일부가 학교체육으로 편입시켰으며, 서구식 체육이 학교체육의 주된 교육과정 또는 과외활동으로 편성됐다. 당시 일본의 영향으로 체조중심의 체육이 교육과정에 편입됨으로써 배재학당, 이화학당 등의 신식학교에서는 체조를 교육과정에 포함시켰다. 우리나라 최초의 운동회는 1896년에 개최한 화류회(花柳會)로 영어학교나 기독교계 학교를 중심으로 운동회가 확산됐다.

근대 스포츠 도입연도와 종목

1884 정구(미국인 푸트에 의해 소개, 1883 김옥균이 일본에서 도입했다는 설도 있음, 1916 정구구락부 조직, 1919 전조선정구선수권 대회 개최, 1919 경식정구가 조선 철도국에 의해 소개), 1882 축구(군인들에 의해 최초 소개, 1886 외국어학교에서 운동종목 채택, 최초 축구팀은 대한척구구락부), 1895 체조(한성사범학교 정식 교과목 채택), 1896 육상(우리나라 최초 운동회인 화류회에서 경기), 1896 검도(경무청의 경찰훈련과 육군연무학교의 군사훈련 과목으로 채택), 1896 승마(친어기병대 창설) 1898 씨름(관립 및 사립학교 운동회에서 정식종목 채택), 1898 수영(무관학교칙령으로 도입), 1900 골프(영국인 원산세관 구내에서 골프코스 개설로 시작), 1904 사격(육군연성학교에서 정규 교과목 선정), 1904 야구(황성기독교청년회의 질레트에 의해 소개, 1905 도입논쟁이 있음), 1905 빙상(황성기독교청년회의 질레트에 의해 소개), 1906 사이클(첫 사이클 경기 개최), 1906 유도(일본인 우치다 료헤이 소개), 1907 농구(황성기독교청년회의 질레트에 의해 소개), 1908 테니스(탁지부체육종목 채택) 1909 경마(근위 기병대 군사들이 경마회 개최), 1912 권투(단성사 주인 박승필이 유각권구락부 조직), 1914 탁구(경성구락부 원유회 최초 실시, 1921 YMCA 소년부탁구대회 개최), 1914 배구(YMCA 체육부 소개, 1917 YMCA 최초 배구경기), 1921 골프(럭비 구락부), 1926 역도(일본 체조학교를 졸업한 서상천이 귀국하면서 소개)

2. 일제강점기의 체육

일제강점기에 설립된 대표적인 체육단체로서 조선 대 체육단체 관리를 위해 일본인 중심으로 설립 운영된 조선체육협회(1919)는 조선신궁대회를 개최하는 등 근대 스포츠 보급의 역할을 했다. 조선체육회(1920)는 일본체육단체에 대한 대응으로 조선인 중심으로 창립된 역사적인 단체로서 제1회 조선야구대회를 시작으로 2019년 100회 전국체육대회로 발전하게 됐다. 또한 관서체육회(1925)는 평양을 근거지로 조만식 선생이 주도로 결성됐고, 전조선축구대회로 큰 자취를 남겼다.

전조선야구대회

스포츠의 산업화를 시도했던 서구의 근대사회에 이은 오늘날 우리나라 정부가 미래성장 동력으로 추진하는 스포츠 산업을 이해해 봅시다.

굴뚝 필요 없고, 가상세계에서도 무한한 스포츠 산업의 비전

인간이 생계를 유지하기 위하여 일상적으로 종사하는 생산적(生産的) 활동을 산업(industry, 産業)이라고 한다. 정부는 '스포츠'와 '스포츠 산업'을 법령을 통해서 정의했다. 스포츠는 스포츠산업 진흥법' 제2조 제1항에 명시돼 있다. 스포츠는 "건강한 신체를 기르고 건전한 정신을 함양하며 질 높은 삶을 위하여 자발적으로 행하는 신체활동을 기반으로 하는 사회 문화적 행태를 말한다." 여기서 주목할 단어는 '사회 문화적 행태'이다. 신체성, 규칙성, 경쟁성에 근거해 다수가 공감하는 범위 내에서 치러지는 스포츠를 보며 유독 열광한다.

스포츠와 스포츠 산업

2019 AFC 아시안컵에서 베트남-일본전 시청률이 20%에 육박했다. 축구변방이었던 베트남에 박항서 매직과 함께 통쾌하게 이기길 바라는 감정이입이 작용했을 것이다. 멀리 갈 것도 없다. FIFA 월드컵 결승전엔 수십억 인구가 동시간대에 시청한다. 인류공통의 언어로서 스포츠는 이미 최상의 상품가치를 발휘하는 셈이다.
스포츠 산업은 동법 제2조 제2항에 "스포츠와 관련된 재화와 서비스를 통하여 부가가치를 창출하는 산업"이라고 정의하고 있다. 정부가 정책적으로 지원하겠다는 의지

는 바로 법령의 명확한 정의에서 시작된다고 해도 과언이 아니다. 이를 뒷받침하기 위해 정부는 스포츠 산업의 특성을 제시했다. 첫째, 공간·입지 중시형 산업이다. 아무리 멋진 경기장이라 할지라도 한라산 백록담에 설치할 수 없다. 접근성에 관한 문제다. 둘째, 복합적 산업이다. 가장 중요한 상품인 '선수'만 놓고 보더라도 기량과 대중성을 멋들어지게 뽐낼 수 있게 도와주는 매우 다양한 분야의 조력자 집단에 의해 만들어진다. 셋째, 시간 소비형 산업이다. 스포츠에 직접 참여하든 관람을 통해 간접적으로 소비를 하던 간에 시간을 투자해야 한다. 넷째, 오락형 산업이다. 앞서 언급했던 것처럼 유독 열광하는 이유는 단연코 재미를 유발하는 요인이 있기 때문이다. 마지막으로 감동·건강 지향적 산업이다. 영화, 연극처럼 각본에 의해 이루어지지 않는다. 우린 '각본 없는 드라마'라고 말한다. 또한 궁극적으로 건강한 삶을 가져다 줄 수 있는 산업으로서 가치를 발휘하고, 그 매력에 푹 빠질 준비가 돼 있는 것이다.

스포츠 산업 중장기 발전계획

국내에선 스포츠 산업에 대한 논의를 언제부터 시작됐을까. 2000년도에 '스포츠산업 특수분류 1.0'을 시작으로 개념조차 정립이 안됐던 우리 정부는 탁상공론이라도 시작했다. 2008년 '스포츠산업특수분류 2.0'으로 한차례 업데이트가 된 후, 현재 스포츠 산업을 스포츠 용품업, 스포츠 시설업, 스포츠 서비스업으로 분류하고 있다. 2012년 말에 제정된 '스포츠산업특수분류 3.0'에 근거한 것이다. 우린 서울아시아경기대회(1986), 서울 하계올림픽(1988), 한·일 월드컵(2002), 평창 동계올림픽(2018) 등 굵직한 국제대회만 기억한다. 하지만 유니버시아드(무주·전주 1997, 대구 2003, 광주 2015), 아시안경기대회(부산 2002, 인천 2014), 최근 FIFA U-20(전주 등 2017), 세계태권대회(무주 2017), 올해 세계수영선수권대회(광주 2019) 등으로 30여년 동안 약 20건에 이른다. 2년이 채 안 되는 시기에 1건씩 개최했다는 것은 스포츠 국제행사를 치를 행정력이 뒷받침된다는 것이다.

1990년 이전엔 체육용구 우수업체에 국민체육진흥기금을 융자할 수 있다는 '국민체육진흥법(1962년 제정)'과 민간 체육시설의 효율적 관리를 위한 기반을 마련하겠다는 '체육시설의 설치·이용에 관한 법률(1989년 제정)'이 전부다. 1993년에 제1차 국민체육진흥 5개년 계획을 시작으로 정부기간에 맞춰 5년 단위 계획이 유행이 됐다. 2001년 스포츠 산업 육성대책을 시작으로 스포츠 산업 비전 2010(2005년 발표), 스포츠산업 진흥법 제정(2007년), 2009~2013년 스포츠 산업 중장기계획(2008년 발표), 2014~2018년 스포츠 산업 중장기계획(2013년 발표)로 이어졌고, 2016년 스포츠산업 진흥법의 전면 개정이 이루어졌고, 대망의 새로운 시기의 5개년 계획이 수립됐다. 대망이란 표현을 쓴 이유는 4차 산업혁명 시기라는 새로운 과제에 맞물린 시기이기 때문이다.

2019년~2023년 5개년 계획 수립

전 세계 스포츠 산업 시장규모는 2017년 기준으로 1,430조 원을 추산한다. 동년도 미국은 571조 원 규모다. 세계 시장규모의 40%를 차지하고 있으니 미국시장은 크긴 큰가 보다. 우리나라도 만만치 않다. 몇 해 전에 60조 원 규모를 돌파했는데 2017년 엔 74.7조 원으로 연평균 3.6% 수준으로 안정적으로 성장하고 있다.

많은 사람들은 2018년 평창 동계올림픽을 평화 올림픽으로 기억한다. 더불어 정보통 신기술(ICT)을 세계만방에 알린 대회로 자부심을 갖고 있다. 이 흐름에 부흥해 정부 는 새로운 관점의 전략을 제시했다. 즉, 지난 1월 말에 새로운 5개년 계획을 완성하 고, 2월 발표를 통해 산·학 분야에 전달이 돼 이렇게 논의를 하고, 기대를 하게 됐다.

첫째, 첨단기술 기반의 시장을 활성화할 것이다. 4차 산업 기술(IoT, 빅데이터, VR, AR, MR 등)을 스포츠 분야에 접목하는 방식의 새로운 시장을 염두 한다. 둘째, 스포 츠 기업을 체계적으로 육성할 것이다. 약 10만 개로 추산되는 스포츠 산업 분야의 사업체에서 10인 미만이 약 96%, 100억 미만 기업체가 약 99%로서 영세한 기업이 대다수이다. 이를 극복하기 위한 성장단계별로 어떻게 체계적으로 지원할 것인가가 관건이 됐다. 셋째, 스포츠 산업의 균형 발전을 위해 전략을 짤 것이다. 앞서 언급한 스포츠 산업의 분류는 스포츠 용품업, 스포츠 시설업, 스포츠 서비스업이다. 또한 74.7조 원(2017년) 규모에서 스포츠 용품업이 34조 원으로 45.5% 이상을 차지한다. 스포츠 산업도 예외 없이 수도권에 집중된 문제도 극복해야 한다. 넷째, 스포츠 산 업 분야의 일자리를 창출할 것이다. 앞서 언급한 스포츠 기업의 체계적 육성과도 맥 을 같이 하는 문제다. 마지막으로 스포츠 산업 진흥기반을 마련할 것이다. 주관부처 인 문화체육관광부에서 스포츠산업과가 다시 신설(2013)이 됐고, 스포츠산업 진흥 법이 제정(2007)과 전부개정(2016)을 거쳤다. 지방자치단체에서도 '체육'에서 '스포 츠'로의 인식 전환을 통해 지역 스포츠 산업 육성이 화두가 되고 있는 것은 분명한 사 실이다.

기울어진 운동장을 바로잡아야 할 노력

위의 모든 노력이 큰 성과를 거두길 진심으로 바란다. 학술과 현장에서 묵묵히 자리 를 지키며 노력을 하는 전문가들과 충분히 호흡을 했으리라 믿고, 법을 토대로 한 다양한 정책과 제도를 지지한다. 문화체육관광부 정부부처인 국민체육진흥공단은 2019년 스포츠 산업 지원사업 통합 사업설명회(2.15)에 개최했다. 총 24가지 국가사 업 중 눈에 띄는 대목 중 '지역특화'와 '지역 융·복합'도 있다. 공정한 경쟁이 불가능한 상황을 극복하기 위해선 중앙도 노력해야 하지만, 지역도 노력해야 한다. 그러하기 위해선 충분한 동기부여도 필요하다. 지역특화와 융·복합 사업의 모델과 기대효과를 가장 잘 아는 주체는 그 지역 구성원이다. 공모지원 사업방식은 장점도 있지만 한계도 있음을 체감한 지역 산·관·학의 누군가는 꽤 쓸 만한 아이디어도 논의과정에서 사라지기도 한다. 관료체계의 현실로 순응할지, 혁신을 통한 지원방식에 대해 끊임없이 논의할지 여부도 우리의 몫이다.

출처: 서울특별시 체육회(2019.4월). 월간 서울스포츠 342호. 칼럼 스포노믹스(문개성), p.38-39.

2절 19세기 영국과 미국 스포츠

1. 스포츠 조직의 창설

　　최초의 스포츠 조직을 구성한 사람들은 오늘날 올림픽과 같은 이벤트들을 만들어낸 고대 그리스인들이다. 기원전 776년에 시작된 올림픽 게임을 치르기 위해 신체성, 경쟁성, 규칙성을 가미해 사람들이 열광하는 요인을 발굴한 것이다. 선수와 관객을 특정한 장소로 모아 정해진 시간대에 행해진 각종 스포츠 종목의 대회를 운영했다.

　　캐시모어(Ellis Cashmore, 2000)에 따르면 스포츠 연구의 관례적인 출발점은 통상 18세기 말에서 19세기 초의 산업혁명 시대를 꼽는다. 스포츠를 바라보는 시각이 단순한 유희로부터 구분 짓는 요인으로 인식돼 온 스포츠 조직구조가 산업시대의 산물이기 때문이다. 이 시기에는 스포츠 경기를 통해 종종 일어나는 폭동과 소요를 막기 위해 경찰이나 군대를 동원했다. 개별 스포츠의 규제 기구들이 생긴 것은 노동계급의 에너지를 공식구조 내부로 흡수하려는 시도로 본 것이다. 1863년에 축구협회(Football Association)가 설립된 이후, 축구를 하다가 비일비재하게 발생했던 폭력사태의 형태를 바꾸기 위해 공을 차는 형태의 세심한 부분까지 제도적 장치를 마련하게 된 것이다.

　　야구의 규제는 1858년에 설립된 전미야구협회(National Association of Baseball Players)가 형성되면서 시작됐다. 야구의 기원은 영국에서 라운더스(rounders)라 불리는 경기에서 발전된 것으로 추정하고 있다. 즉, 선수는 배트로 공을 치고 원형으로 배열된 베이스를 도는 형태로 야구가 유사하다. 1800년부터 1825년경 영국 서부에서 어린이들이 공, 배트, 베이스를 사용해 즐겼던 공놀이가 미국에서도 성행한 것이다. 기록에 따르면 1829년 영국에서 라운더스라는 이름으로 인쇄물이 간행됐고, 1835년에는 미국에서 베이스볼이라는 이름으로 출판됐던 것이다. 여러 해 전부터 미국에서 야구를 즐겼지만, 공식적인 협회가 창립되고 난 후 최초의 프로 스포츠로서 발전하게 된 것이다. 당시 노동자들이 대부분이었던 관중들에게 입장료를 받음으로써 스포츠 마케팅을 실행한 셈이다.

스포츠 조직의 탄생은 표준화에 대한 시장의 반응에서 나타났다. 산업혁명 시대에 도래했던 산출물의 성격이 스포츠 세계에서도 드러난 것이다. 산업사회에서 중요하게 인식했던 정확성과 통제에 따른 프로 스포츠의 산업화 현상과 결부된다. 일자리를 찾아 도시로 몰렸던 많은 사람들은 일의 전문화와 분업화의 특성을 인지했다. 이를 통해 프로 스포츠 종목에서 포지션별로 행해지는 전문적 행위와 정확한 시간대에 맞춰 치러지는 경기 프로그램을 익숙하게 받아들일 수 있었다.

1869년 세계 최초의 프로구단으로 기록된 신시내티 레드 스타킹스(Cincinnati Red Stockings)는 프로페셔널리즘의 스포츠로 발전하는 계기를 마련했다. 여기에 소속된 선수들은 체육과 스포츠 행위를 통해 돈을 받을 수 있는 유급노동계급으로서 전문가에 의해 체계적인 훈련 프로그램을 소화해야 했다. 이는 기원전 5세기로 거슬러 올라가 도시국가 스파르타에서 행해진 군사훈련용 프로그램이 재탄생한 것이다.

서로 다른 사람들이 스포츠를 즐기기 위해선 모두가 공감할 수 있는 규정과 그것을 촉진시키는 기구가 필요했던 것이다. 즉, 스포츠의 표준화는 현대 스포츠가 비약적으로 발전할 수 있었던 요인이 된 것이다. 정해진 공간 안에서 동일한 규칙의 적용으로 보편성을 확보하고 사람들의 일상생활과 무리 없이 조화를 이룰 수 있었던 것으로 스포츠 기구가 중요한 역할을 하였다(정준영, 2003).

THE AMERICAN NATIONAL GAME OF BASE BALL.

전미야구협회 초창기 야구

2. 근대 스포츠의 특징

스포츠 역사를 심도 있게 연구한 문학사가인 미국의 알렌 구트만(Allen Guttmann, 1978)에 따르면 스포츠의 의미를 다음과 같이 규정했다. 첫째, 스포츠는 놀이성을 지닌다. 이는 앞서 제시한 하위징아의 놀이의 개념을 결부시켰다. 즉, 목적이 없는 자유로운 활동 자체가 놀이이기 때문에 스포츠는 노동이 아니라 놀이의 영역에 속한다. 둘째, 스포츠는 규칙성을 지닌다. 아이들의 놀이를 살펴보면 즉흥적인 놀이와 규칙적인 놀이로 분류할 수 있다. 전자는 규칙이 없이 이뤄지지만, 후자는 개인 간의 역할 분담과 놀이방식 및 시간·공간적 제약에 이르기까지 사전에 규칙을 부여한 형태이다. 즉, 사전에 규칙이 부여된 놀이의 형태가 스포츠란 것이다. 다시 말해 규칙에 의해 통제되는 놀이 혹은 게임에 속한다. 마지막으로 스포츠는 경쟁성을 지닌다. 게임에는 경쟁적인 것과 그렇지 않은 것이 있다. 소꿉놀이와 같은 역할놀이는 비경쟁적이지만, 술래잡기는 경쟁적인 게임인 경기(Athlet)이다. 경기라는 말은 그리스어인 경쟁(athlos)과 상(athlon)에서 유래됐다. 즉, 스포츠는 규칙에 의해 통제된 경기로서 포상을 목적으로 하는 경쟁적인 활동을 뜻한다.

알렌 구트만

또한 구트만(1978)은 근대 스포츠가 고대와 중세 스포츠와의 차이를 다음과 같이 제시했다. 첫째, 세속화(secularization)이다. 이는 고대올림픽에서 추구했던 정신적이고 종교적인 색채에서 벗어나 근대 스포츠는 즐거움, 건강, 경제적이득, 명예 등 세속적인 욕구를 충족시키기 위한 목적을 가진다고 했다. 물론 고대에도 현대와 같이 스포츠를 통해 활동 그 자체에서 즐거움을 추구했지만, 대부분의 경우 질병을 치유하거나 풍작을 기원하고, 가뭄을 해갈하는 등의 주술적인 제례행위로서 역할을 한 것이다. 구트만은 근대에 들어서서는 성스러운 것과 세속적인 것 사이의 연결고리가 완전하게 단절된 것으로 보았다.

둘째, 평등화(equality)이다. 이는 귀족과 성인남자로 제한된 고대올림픽의 참가환경에서 벗어나 근대 스포츠는 일반대중을 포함하여 여성, 어린이, 노인, 장애인도 참가할 수 있는 변화로 이어졌다. 이에 게임규칙, 체급경기, 참가자 성취 지위, 경쟁조건 등의 평등의 원칙이 적용돼 많은 발전으로 이어져 왔다. 이를 통해 모든 사람들에게 기회가 균등하게 주어지고, 동일한 조건에서 공정하게 경쟁할 수 있는 두 가지 측면을 강조했다. 고대 그리스 세계에선 여성과 노예는 원천적으로 올림픽 경기에 참가를 하지 못하고 관람도 허용되지 않았다. 중세에는 기사계급만이 토너먼트(마상경기)에 참가할 수 있었지만, 근대에 들어와선 이러한 불평등을 해결하기 위한 노력을 했다는 것이다. 공정한 경기환경도 마찬가지이다. 고대에도 심판제도가 있었지만, 레슬링이나 판크라티온과 같은 경우는 체급별로 구분된 것이 아니라 당일 대진에 따라 어떤 상대를 만날지 예측할 수 없었다. 그러나 근대에는 공정한 심판제도를 통해 선수와 참관을 하는 관객 간의 보편적 공감대를 형성했고, 종목별 세부 규정을 두어 형평성을 강조하였다.

인공지능 심판제도

2018년 러시아 월드컵 때 첫 선을 보인 VAR(Video Assistant Referees)인 비디오 심판 보조제도가 있다. 2019년 FIFA U-20 월드컵 경기에서 한국은 세네갈과의 4강전에서 VAR 판정을 7차례나 주고받으며 승리했다. 경기 이후 많은 사람들은 공정한 판정을 보여준 VAR에 대한 타당과 신뢰를 인정했다. 이러한 변화는 미래사회로 갈수록 스포츠 장비가 개선되거나, 오심을 피하기 위해 심판이 기계에 의존하는 경향이 높아지고, 궁극적으로는 심판의 직무가 축소될 수도 있다. 즉, 양면의 효과가 나타나기 때문에 앞으로 경기의 공정성과 보편성을 확보하는 방안을 끊임없이 연구될 것이다.

2022년 카타르 월드컵에서는 VAR 기술이 진일보하여 많은 이슈를 남겼다. 일본과 스페인 경기에서 골라인 밖으로 벗어난 줄 알았던 공이 1mm가 안쪽에 걸쳐졌다고 판독되면서 일본의 극적인 골이 인정받았다. 이 외에도 반자동 오프사이드 판독 시스템 (Semi-automated Offside Technology)으로 인해 골대 앞에서 펼쳐지는 중요한 승부장면에서 여러 건을 잡아냈다. 앞으로도 심판 판정의 재량권이 축소된다는 의견과 보다 정확한 판독이 중요하다는 의견이 맞설 수밖에 없을 것이다. 고성능 카메라 판독에 따른 즉각적 반응이 가능한 인공지능 심판 시스템이 현장에서 가동된다면 어떻게 될까. 경기장 내에서 선수들과 누비며 많은 스토리를 양산해내고 있는 심판들의 역할이 갈수록 인간적으로 매력적이어야 하지 않을까.

VAR

셋째, 전문화(specialization)이다. 프로선수와 포지션별 전문선수가 등장함에 따라 포지션의 분화와 리그의 세분화가 촉진됐다. 구트만은 역할(position)의 전문화에 대해 민속경기, 근대화된 축구, 미식축구를 대비시켜 설명했다. 근대 축구의 전신이라고 할 수 있는 민속경기는 공격수, 수비수와 같은 명확한 포지션이 정해져 있지 않고, 상황에 따라 전원이 공격하거나 수비하는 방식이었다. 현대 축구는 각 포지션별로 특화된 훈련을 받고 최적의 수행력을 극대화하기 위한 체계화된 시스템 속에서 전문선수가 양성된다. 미식축구는 더 나아가 스물두 개의 역할로 세분화돼 매우 전문화된 경기방식을 띠고 있다. 경기장 밖에서도 구단주, 감독, 트레이너, 학자, 저널리스트 등 다양한 직종의 전문화를 통해 종목별 리그가 체계적으로 운영되고 관심을 높일 수 있게 됐다.

넷째, 합리화(rationalization)이다. 원시 스포츠는 전통과 관습에 의해 제한됐지만, 근대 스포츠의 규칙은 합리적인 과정을 통해 제정하게 됐다. 원시 스포츠나 고대 스포츠에서도 규칙에 의해 규정됐다. 연구결과에 따르면 근대인이 가지고 있는 규칙에 비해 오히려 원시시대나 고대시대의 스포츠 규칙이 더 많은 경우도 있다. 하지만 그 규칙을 인식하는 수준이 다르다고 말한다. 원시나

고대 스포츠에서는 규칙을 신성시했지만, 근대 스포츠는 규칙에 대해 즐거움을 주는 방식의 세속적인 목적이 강하다는 것이다. 다시 말해 근대 스포츠 경기규칙은 목적을 달성하기 위해 끊임없이 수정되어 왔음을 알 수 있다. 현대 스포츠 세계에서도 미디어의 발전에 따라 보다 많은 시청자를 확보하기 위한 경기 규정과 스케줄을 바꿀 수 있는 환경에 대해 합리적 대안에서 나온 결과란 견해를 내세운다.

다섯째, 관료화(bureaucratization)이다. 근대 스포츠가 발전하게 된 이유가 그 이전보다 더 조직화됐기 때문이다. 종목에 맞춰 규칙을 제정하고 경기를 조직적으로 운영하고 있다. 고대 스포츠를 총괄하는 지배계급과 근대 스포츠의 관료적 조직과의 차이를 다음과 같이 설명했다. "전통적인 지배계급과 근대적 관료는 공통적으로 서열질서에 따라 책임이 분할되는 구조에 속해 있다. 그러나 근대적 관료는 업적을 근거로 서열질서의 지위가 결정되며 그 역할은 기능적으로 필요한 일로만 제한된다는 점에서 전통적 지배계급과 차별화된다 (Guttmann, 1978, 송형석 역, 2008, p.86)."

여섯째, 수량화(quantification)이다. 근대 스포츠는 경쟁에 승리하면 선수가 인정을 받는 문화가 형성돼 있다. 이를 통해 선수기록의 수량화, 통계화 및 계량화가 매우 중요한 요인으로 점수, 시간, 거리 등 표준화된 측정 장비로 기록을 하고 있다. 물론 고대 중국과 인도의 공놀이, 고대 그리스인들도 복잡한 점수 제도를 통해 계량화에 관심이 있었다. 하지만 근대인만큼 모든 현상을 계량화하지는 않았다는 것이다.

마지막으로 기록지향(records)이다. 선수기량의 수량화와 최고 기록을 넘어서기 위한 노력을 통해 끊임없이 신기록을 추구한다. 고대인들도 최고 기록에 대한 관심이 있었겠지만, 근대 스포츠에서 형성된 기록에 관한 집착적 인식은 달랐다고 말한다. 이는 선수와 관람객의 의식 속에 내재된 사실이며 결코 극복할 수 없을 거라는 심리적 장벽과 무관치 않다. 또한 현대 스포츠에서도 보다 객관적인 데이터를 확보하고, 과학적 기술을 통해 선수 기량 외에도 용품과 장비의 발달을 통해 기록을 깨기 위한 지속적인 노력을 하고 있다. 이를 보더라도 근대 이후의 기록집착은 분명 다른 양상으로 접어든 것이라 할 수 있다.

▼ 표 8-1. 구트만의 근대 스포츠 특성

구분	내용
세속화 (secularization)	• 고대올림픽은 정신적, 종교적인 색채가 강함 • 근대 스포츠는 즐거움, 건강, 경제적 이득, 명예 등 세속적 욕구충족
평등화 (equality)	• 고대올림픽은 귀족, 성인남자로 제한 • 근대 스포츠는 일반대중 포함, 여성, 어린이, 노인, 장애인도 참가 • 게임규칙, 체급경기, 참가자 성취 지위, 경쟁조건 등의 평등의 원칙
전문화 (specialization)	• 프로선수와 포지션별 전문선수 등장 • 포지션의 분화, 리그의 세분화 촉진
합리화 (rationalization)	• 원시 스포츠는 전통과 관습에 의해 제한 • 근대 스포츠의 규칙은 합리적인 과정을 통해 제정
관료화 (bureaucratization)	• 근대 스포츠로 오면서 이전보다 더 조직화 • 규칙을 제정, 경기를 조직적으로 운영
수량화 (quantification)	• 근대 스포츠는 경쟁에 승리하면 인정(선수기록의 수량화, 통계화, 계량화) • 근대 스포츠는 점수, 시간, 거리 등 표준화된 측정 장비로 기록
기록지향 (records)	• 선수기량의 수량화를 통해 신기록을 수립하기 위한 노력(기록추구)

3절 미국 스포츠의 태동

1. 대학 스포츠

미국 스포츠는 19세기 영국으로부터 애슬레티시즘(athleticism)이란 교육 이데올로기와 강건한 기독교주의 사조가 유입되면서 토대를 이루게 됐다. 스포츠 활동을 통한 인격 함양이 매우 중요한 가치가 된 것이다. 또한 이러한 남성다운 특성(manly trait), 강건한 인격특성(muscular characteristics)이란 스포츠 교육 목적이 상업주의와도 급속히 결탁하게 됐다.

1843년 예일 대학에서 조정클럽(boating club)이 최초로 생긴 이래 대학 스포츠는 빠르게 확산됐다. 1852년 하버드와 예일대학의 조정경기가 개최되면서 여러 대학에서 조정클럽이 생겨나고, 1861년에 대학조정협회연합(College Union Regatta Association)이 결성됐다.

이에 발맞춰 미식축구도 1870년대에 대학 스포츠의 상업화로 발전하게 됐다. 대학 간의 경쟁이 가속화되면서 미국 내 거의 모든 대학이 운동부의 재정적 후원을 위해 운동경기협회(Athletic Association)를 설립했다. 영국 스포츠가 갖는 아마추어리즘이란 강력한 이데올로기와 달리 미국 스포츠는 애초에 상업주의의 길로 들어서게 된 것이다(하남길, 2006).

스포츠 스폰서십의 유래도 미국 대학 간 경쟁에서 비롯됐다. 1852년 뉴잉글랜드라는 철도회사가 하버드와 예일대 운동선수에게 교통편을 무료로 제공하면서 회사를 홍보하고자 했던 것이다.

2. 프로 스포츠

1858년 뉴욕의 롱아일랜드에서 개최된 야구경기 입장권이 당시 50센트에 판매됐다고 한다. 정해진 시간과 장소에서 스포츠 이벤트라고 하는 새로운 상품을 소비자에게 선보이며 판매를 한 최초 사례인 것이다. 미국의 프로 스포츠 산업은 1869년 최초의 프로야구 구단 신시내티 레드스타킹스(Cincinnati

Red Stockings)가 창단되면서 시작을 알렸다.

　　미국에 최초로 도입된 스포츠 종목은 야구와 크리켓이다. 영국적인 뉘앙스가 강한 크리켓 대신 야구가 대중화에 성공하면서 다른 프로 스포츠 종목에 비해서도 우위를 점하고 있다. 이는 야구 특유의 계량화를 추구하고 기록을 축적시키는 방식에서도 매력을 느끼고 있다. 특히 축구, 농구, 아이스하키, 미식축구 등 여타 종목과 달리 한정된 시간을 초월하는 특징이 있다. 또한 핫 미디어 스포츠(hot media sports)의 전형적인 특징인 고정밀성(high definition), 저참여성(low participation)으로 관객이 차분하게 관람할 수 있는 서정적이고 목가적인 환경이 조성된다. 다시 말해 경기 중에 격렬한 싸움으로 관객의 흥분을 극대화하는 장면보다는 고도로 절제된 수행을 통해 점수를 획득하는 특성이 미국인들에게 매력으로 다가갔을지도 모른다.

　　또한 영국에서 건너온 럭비를 변형해 그들만의 프로 리그를 형성한 미식축구를 빼놓을 수 없다. "미식축구는 일종의 축소된 전쟁(Holovak & McSweeney, 1967)이며, 즐거움을 얻기 위해 수행하는 놀이적 전투라는 점이 그것이다. 이와 같이 축소된 인위적 전쟁의 목적은 적을 죽이는 것이 아니라 그의 영토를 정복하는 것이다. 선수들은 상대편 선수들의 격렬한 저항을 극복해 나가면서 계속해서 공을 골라인 방향으로 옮겨놓으려 노력해야만 한다. 공은 치열한 전투 후에 다시금 2열로 웅크리고 늘어선 양 팀 사이에 놓이기 때문에 점령한 영토를 쉽게 분별할 수 있다. 개별전투 사이에 공의 위치를 표시하는 막대에서 전쟁과 유사성을 엿볼 수 있다. 깃발(flag)로 불리는 막대들은 군사작전지도 상의 핀과 작은 깃발에 해당된다고 할 수 있다. 여기 아군이 있고, 저기 적군이 있다(Guttmann, 1978, 송형석 역, 2008, p.183~184)."

　　오늘날 미국은 야구와 미식축구 외에 농구와 아이스하키와 함께 미국 내 4대 프로 스포츠 종목으로 자리 잡아 엄청난 흥행을 이어가고 있다.

오늘날의 미식축구 경기장

3. 스포츠 이벤트의 분류

북미 스포츠 마케팅을 연구하는 샘 플러턴(Sam Fullerton, 2009)에 따르면 스포츠 이벤트를 다섯 가지로 분류했다. 첫째, 지역 이벤트(local events)로서 지역적인 경기, 즉 고등학교 대항전, 마이너리그 대회 등을 일컫는다. 그 지역 외의 사람들 외에는 외부에 잘 알려지지 않고, 지역 공동체 안에서 이루어지는 이벤트의 성격을 지닌다. 둘째, 지방 이벤트(regional events)로서 1897년 처음 시작돼 매년 4월에 개최되고 있는 미국 보스턴 마라톤의 예를 들 수 있다. 워낙 오래되다보니 기록이 쌓이고, 전 세계인에게 알려져 결국 스포츠 마케팅을 할 수 있는 시장으로 성장할 가능성을 키운다. 보스턴 마라톤 대회는 1947년 서윤복 선수가 우승, 1950년엔 함기룡, 송길윤, 최윤칠 선수가 1, 2, 3위를 차지했고, 2001년엔 이봉주 선수가 우승했던 대회로 한국선수와도 인연이 깊다. 2013년 끔찍한 거리 테러로 몸살을 앓았지만, 바로 극복하고 다시 세계 최대 마라톤 대회의 역사를 이어가고 있다. 지방 이벤트로 출발할지라도 오랜 기간 동안 단일종목으로 흥행을 이어가고, 세계최고의 브랜드를 확보할 수 있다는 점에서 시사하는 바가 크다. 역사가 길수록 많은 선수들로부터 기록이 쏟아지고, 도전과 열정의 시·공간을 주도적으로 창출할 수 있기 때문이다.

서윤복 선수 우승 장면

셋째, 국가 이벤트(national events)로서 두 국가 간의 스포츠 대항전을 말한다. 호주, 뉴질랜드 간의 크리켓과 네트볼 경기가 있다. 국내에서도 한일 축구 경기라고 하면 대규모 관중 동원과 높은 TV 시청률을 기록할 수 있는 스포츠 마케팅의 현장이 된다. 넷째, 국제 이벤트(international events)로서 세계적인 스포츠 이벤트로서 명성을 날리는 경우다. 지방 이벤트로 출발한 보스턴 마라톤이 지금은 국제 이벤트 규모가 됐다고 할 수 있다. 테니스 경기에서 최고의 명성을 자랑하는 1877년 최초로 개최한 윔블던(Wimbledon) 대회, 국제도로 사이클 경기의 대표적 대회로서 1903년에 시작돼 100년 넘게 이어오는 투르드프랑스(Tour de France) 대회 등이 있다. 마지막으로 세계적 이벤트(global events)로 올림픽과 월드컵과 같은 '인류 공통의 언어'로서 스포츠를 매개로 한 가장 큰 규모의 대회다. 모든 스포츠 자산이 총 망라한 대회로서 4년에 한 번씩 돌아오지만, 치열한 지역 예선 경쟁제도를 통해 끊임없이 관심을 유도하기 위한 노력을 한다. 물론 인적, 물적 인프라가 갖춰졌기에 가능한 일일 것이다. 결론적으로 최대의 스포츠 마케팅 현장이라 할 수 있다.

미래성장 동력으로 추진하는 우리나라 스포츠 산업을 통한 지역 활성화 정책을 이해해 봅시다.

경계를 허무는 행복 이벤트, 스포츠를 통해 진짜 지역경제를 살릴 수 있을까

2019년 1월, 뜻깊은 정책이 발표됐다. 문화체육관광부의 「제3차 스포츠 산업 중장기 발전계획(2019~2023)」이다. 2007년에 제정된 이후, 2016년 전면 개정을 통해 새롭게 단장한 「스포츠산업 진흥법」에 근거해 미래 혁신성장 동력으로서의 5개년 스포츠 산업 정책을 담았다. 어느덧 2020년을 바라보게 됐다. 유독 지난(至難)하게 느껴졌을 법한 2019년.

서울대 심리학과 최인철 교수의 행복연구센터 데이터 분석에 따르면 2018년에 비해 올해 한국인의 행복지수가 크게 하락했다. 희로애락은 늘 존재하지만, 작년엔 평창 동계올림픽, 남북정상회담, 러시아월드컵 등 범국가적 행복 이벤트로 인해 경계를 허물며 우리의 의식을 확장시킬 수 있었다. 올해는 어떠한가. 벽을 세우고, 불신을 쌓고, 갈등이 증폭돼 다양성의 가치를 인식하지 못하고 인간에 대한 보편적 신뢰를 구축하는데 미흡했다(중앙일보 2019.10.23. 마음읽기, 2019년에 우리 마음이 아프다).

스포츠를 통한 지역경제 활성화

국내 스포츠 산업 시장 규모('17년 75조 원)를 2023년까지 95조 원으로 확대하기 위한 목표가 있다. 비전을 달성하기 위해 필요한 미션 중에 지역과 연관된 과제가 있다. 즉, '스포츠를 통한 지역경제 활성화'이다. 지역 입장에선 기회이다. 상식처럼 돼버린 SWOT 분석을 놓고 살펴보자. 지역에서 두드러진 강점을 보유하고 있다면 S−O(강점·기회) 전략을 구사하면 된다. 지역은 매우 공격적 전략을 갖고 임해야 한다.

현실은 어떠한가. 지자체는 국가정책 공모사업 선정에 열을 올린다. 지역주민을 위해 생활체육시설을 확충하고, 새로운 프로그램을 만들 수 있는 여건을 조성하는 것은 긍정적이다. 예를 들면 공공스포츠클럽을 통해 저비용으로 다양한 종목을 경험하게 함으로써 신규 종목을 배우고자 하는 소비여력을 유도할 수 있다. 참여스포츠 시장의 확대로 이어지는 선순환 구조를 기대하는 것이다.

하지만 지자체는 스포츠 산업 육성의 국가정책과 결부된 공모사업의 지원체계가 불분명한 경우가 많다. 기존의 자치단체가 주도한 공모사업과는 다른 민간, 대학교, 연구소 등의 상시적 컨소시엄으로 참여하는 시스템이 거의 없다. 통상 지방비 매칭이 필요한 산·관·학 협업체계로 지원해야 하기 때문이다. 지역 관료를 설득해볼까 하다가 기획 단계부터 지레 포기하기 십상이다. 물론 그 단계를 극복하는 것도 과제이지만 말이다.

어쨌든 지역 스포츠 콘텐츠의 재화와 서비스를 통해 부가가치 창출로 스포츠 시설업, 스포츠 용품업, 스포츠 서비스업이 육성돼야 할 주체는 민간이다. 야심찬 5개년 계획이 성공하려면 공모와 지원방식도 다양한 의견을 듣고 자꾸 손을 대야 한다. 공감을 거쳐 지역에 뿌리를 내릴 때까지 말이다.

지역스포츠 콘텐츠 개발을 통한 관광 활성화

위의 미션과 맥을 같이하여 지역스포츠 콘텐츠 개발 지원을 통해 관광산업으로 연결 지을 수 있는 방안도 발표했다. 기초 자치단체 2개 이상이 참여하는 스포츠 관광 컨소시엄을 추진하여 지원을 하는 방식이다. 기초지방정부는 이 역시 지방비를 매칭하기 위한 예산을 확보하고, 인접 지역과의 역할을 조율해야 한다. 단체장의 정치·사회적 입장, 지역 관료사회의 폐쇄성, 행사에 편중된 체육·스포츠의 한계성 등 넘어야 할 산이 많다.

그럼에도 불구하고 절실하다. 서울·수도권에선 피부에 와 닿지 않겠지만 필자가 재직 중인 학교 소재지 전북 익산시를 보더라도 인구 급감과 고령화 문제는 심각하다. 인구수가 29만4062명(2018년)으로 이미 30만 고지가 무너졌다. 한때 광주와 전주에 이어 호남의 제3의 도시로 불리며 자부심이 컸을 법도 한데, 익산으로 주소지를 옮기면 학생들에게 시 차원에서 장학금을 주는 고육지책이 생길만큼 높은 파고가 쉽게 가라앉지는 않을 것이다.

시사IN(2019.10.28. 빈집에 울려 퍼지는 지방도시의 신음) 말마따나 지방 중소도시에서는 '서울의 눈'으로 이해할 수 없는 일이 벌어지고 있다. 익산은 전체 가구 수 대비 빈집 비율이 10.04%로 높다. 빈집 위험 지역이 국토의 88%로 거의 비수도권에서 발생하고 있다. 강원 평창군(23.7%), 경북 청도군(20.51%), 강원 양양군(20.03%) 등은 매우 심각한 수준이다.

30만 고지가 무너지는 통계는 우리나라 전체 신생아수도 해당된다. 통계청에 따르면 2002년 한·일 월드컵으로 행복 이벤트가 진행됐던 해에 49만 명으로 급감한 후 2016년에 40만 6천 명이 됐다. 15년 동안 40만 명대로 유지하더니 2017년 35만 8천 명, 2018년 32만 7천 명으로 집계됐다. 내년에 30만 명대가 무너지는 것은 확실하다. 불과 3년 동안 30만 명대를 유지한 것이다. 5개년 사업 막바지 해의 95조 원 목표달성은 스포츠를 통한 지역경제 살리기와 매우 직결된 문제가 될 것이다.

프로 스포츠 2군 리그 활성화

익산 얘기를 좀 더 해보면 프로야구 2군 kt-wiz의 연고지이다. KBO는 총 12개(북부 6, 남부 6)의 2군 팀과 리그('퓨처스리그')를 관할하고 있다. 현재 총 10개 구단 간의 정규리그는 대도시에 편중돼 있는 프로 스포츠 비즈니스 모델이다. 이를 중소 도시로 확대해 스포츠 시설의 활용도를 높이고, 새로운 수익 모델을 찾는 시장이 발굴되길 기대하고 있다.

올해 연고지를 고양에서 마산으로 이전한 NC 2군(다이노스)과 화성에서 고양으로 이전한 넥센 2군(히어로즈)은 기존 연고지와의 파트너십을 통해 좋은 선례를 남겼다. 물론 소비시장이 상대적으로 큰 수도권이란 이점도 있었겠지만, 지자체와 구단 과의 노력으로 팬을 몰고 다닐 수 있는 환경을 조성했다. 2군 리그도 충분히 시끌벅적할 수 있다는 것이다.

프로구단이 지자체의 지원을 더 얻어내기 위해 연고지 변경 등을 내세우며 협상을 하는 프랜차이즈 게임은 언제든지 발생할 수 있다. 2015~2016년 농구시즌이 끝난 후, 전주 KCC 이지스팀이 수원시로의 연고지 이전 움직임이 언론에 노출되면서 꽤 이슈가 된 적이 있다. 전주실내체육관 홈구장의 안전문제를 최우선으로 해결한 후 전주에 남기로 일단락됐지만, 전주시장도 긴급히 참여한 TV 토론에 패널이었던 필자는 상생과 소통밖에 없다고 했다. 프로구단의 전략일 수도 있다는 내심은 둘째치고라도 말이다.

경계를 허무는 행복 이벤트, 스포츠 4.0으로 가자

앞서 언급한 기회는 분명히 있다. 또한 구조적 위기도 만만치 않다. 지역 공무원 사회가 경직된 것만은 아니다. 광역자치단체가 주도해 2022년 아태마스터스대회를 전북에 유치했다. 생활스포츠동호인의 올림픽이라 불리는 IOC 주최대회이다. 지지부진한 새만금 사업구역에 2023년 세계스카우트 잼버리 대회도 유치했다. 지역특유의 결집과 추진력, 국가의 맞춤형 정책은 곧 지역특화와 융·복합이 살아날 수 있다. 국가와 국민이 공동창조(co-creation)하는 스포츠 4.0 정책이 필요한 시기다.

출처: 서울특별시 체육회(2019.12월). 월간 서울스포츠 350호. 칼럼 스포노믹스(문개성), p.38-39.

과제

01 아마추어리즘과 프로페셔널리즘을 비교하여 내용을 찾아보시오.

02 구트만이 제시한 근대 스포츠의 특징과 사례를 찾아보시오.

03 영국 스포츠가 근대 스포츠에 미친 영향과 그 의미를 찾아보시오.

04 19세기 영국 스포츠와 미국 스포츠가 추구하는 가치의 차이점을 설명하시오.

CHAPTER 09 올림픽의 부활, 월드컵의 비약

1절 올림픽, 걸어온 과정과 미래

1. 1896년, 새로운 생명력

프랑스의 피에르 쿠베르탱(Pierre de Coubertin, 1863~1937)에 의해 부활된 근대 올림픽은 1896년에 시작됐다. 첫 올림픽은 고대 올림픽의 발상지인 그리스 아테네에서 14개국이 참여하면서 시작을 알렸다. 100여 년 지난 2004년에 다시 아테네에서 개최할 때는 이미 200개국이 넘을 만큼 지구촌 축제가 됐다.

올림픽을 주관하는 국제올림픽위원회(IOC, International Olympic Committee)는 쿠베르탱과 초대 위원장을 지낸 그리스의 디미트리오스 비켈라스(Demetrius Vilelas, 1835~1908)에 의해 1894년에 설립됐다. 스위스 로잔에 위치한 이 거대 조직은 Citius, Altius, Fortius(보다 빠르게, 보다 높게, 보다 강하게)라는 표어를 통해 올림픽 정신을 구현하고자 했다.

스포츠에서 구트만(Allen Guttmann, 1978)이 제시한 전통사회와 현대사회를 구분 짓는 특징 중의 하나가 기록 추구이다. 올림픽은 경쟁 자체도 중요하지만 승리를 목적으로 하는 환경을 만듦에 따라 오랜 기간 동안 선수의 값진 노력과 규율에 따른 훈련의 효율성을 요구하게 된 것이다. 정확한 시간을 측정해야 하는 시설과 장비를 갖추고, 그 객관성을 담보로 한 기록 깨기에 대한 추구가 지금도 이어지고 있는 것이다. 한 세기가 넘게 숱한 기록과 역사를 간직한 채 지금도 인류의 공통 언어로서 역할을 하고 있다.

피에르 쿠베르탱

2. 스포츠와 정치

스포츠와 사회 통제는 매우 밀접한 연관성을 지닌다. 르네상스 시기에 갈라 칼치오(Gala Calcio)라 불린 행사는 귀족의 목적달성을 위한 이벤트였다. 도시 자체의 스타디움을 표방해 광장을 둘러싼 집들 발코니는 귀족의 특별석이 되고, 지붕은 구경꾼들의 후미 입석이 됐다. 13세기에서 17세기까지 피렌체에서 강력한 영향력을 행사했던 메디치(Medici) 가문은 대단히 큰 규모의 화려한 행사를 후원했다. 이는 민중을 자기편으로 끌어들이는 목적이 분명한 행사였던 것이다. 일이나 유희 등의 활동을 통해 환자를 치료하는 작업치료처럼 귀족을 다른 욕망들에게서 멀어지게 하고, 민중을 스펙터클의 수동적 소비자로 만들 수 있게 한 유효한 수단이었다(Bausenwein, 2006).

현대 스포츠의 성립기에는 영국에선 축구와 럭비와 같은 팀 스포츠가 권장되고 성행한 반면, 같은 유럽 내의 독일은 개인 스포츠가 장려됐다. 또한 영국에서도 퍼블릭 스쿨(public school)에 다니는 지배층 자녀들에겐 팀 스포츠의 교과과정을 수행하게 했지만, 비지배층의 자녀들이 다니는 일반 초등학교에서는 1906까지 군사 훈련과 유사한 체조 수업을 강요했다고 한다. 이는 마치 구한말부터 일제 강점시대까지 학교체육에 널리 보급됐던 독일식 병식(兵式) 체조의 예를 통해 스포츠들이 지배집단의 요구와 밀접한 관련이 있음을 알 수 있다(정준영, 2003).

1956년 국제올림픽위원회 회장이었던 에이버리 브런디지(Avery Brundage, 1887~1975)는 "스포츠는 정치와 전적으로 무관하다."라고 발표했다. 하지만 이 말을 믿는 사람은 거의 없다. 정치가 스포츠를 이용하는 방법에는 사회통합, 사회통제, 위광효과(威光效果)를 명분과 수단으로 삼는다. 사회구성원들을 사회집단 속으로 조화롭게 흡수하게 하는 사회통합의 명분을 제시한다. 또한 사회구성원들을 보호하고 통제하기 위한 수단으로 이용한다. 이는 국가와 정치권력에 대한 충성심을 강요하여 지배층의 권위를 강화하는 수단으로 삼기 위함이다.

정부가 스포츠에 개입하는 이유는 무엇인가. 우선 국민들의 체력과 신체적 능력을 유지시켜주는 역할을 기대한다. 또한 공공질서를 보호하기 위한 것이다. 앞서 설명한 사회통합과 사회통제에 관한 내용이다. 더불어 스포츠의 정부개입을 통해 공동체, 집단, 국가의 위신과 힘을 증진시키고, 이를 토대로 동일성, 소속감, 통일성의 의미를 증진시키기 위함이다. 궁극적으로 국가의 경제성장을 촉진시켜 주는 것으로 인식하므로 정책에 반영하게 된다(Allison, 1993).

스포츠의 정치적 기능과 속성을 살펴보면 국민화합 수단과 정치적 갈등을 해소할 수 있는 순기능적 측면이 강하다. 이는 계층, 인종, 남녀 간 사회에 존재하는 각종 갈등의 요인을 불식시킬 수 있는 에너지를 갖고 있기 때문이다. 또한 2018년 평창 동계올림픽 때 경색됐던 남·북·미 간 대화의 물꼬를 트는 매개 역할을 했다. 더불어 남북 여자 아이스하키의 단일팀을 성사시키는 노력을 통해 스포츠는 외교적 수단으로서의 기능을 한다. 이러한 국민화합과 정치적 가치와 기능을 수행하는 큰 범주 외에도 사람들의 인성과 사회의 기본적 가치 및 규범을 가르칠 수 있는 순기능을 한다.

남북 여자 아이스하키 단일팀

　반면, 스포츠를 통해 국제적 갈등의 원인이 되기도 한다. 1969년 남미의 엘살바도르와 온두라스 사이에 벌어진 5일간의 전쟁 원인은 축구경기였다. 평소 두 나라간 이민자 문제, 경제문제, 영토문제 등이 얽혀있던 와중에 1970년 FIFA 월드컵 북아메리카 지역 예선전에서의 시비로 인해 촉발됐다.

　스포츠 경기에서 행하는 의식은 후원기관에 대한 충성심을 상징적으로 재확인시키는 기능을 띤다. 예를 들어 올림픽과 세계선수권대회와 같은 국제경기 성적으로 정치적, 경제적, 문화적, 군사적인 우월성을 나타내는 수단이 될 수 있다. 또한 선수와 구단주 간, 경쟁리그 간, 행정기구 등의 스포츠 조직은 불평등하게 배분되는 권력으로 인해 권력투쟁이 존재할 수밖에 없다(Eitzen & Sage, 1982).

축구전쟁의 단초가 된 경기

　이렇듯 소수의 통치 집단은 스포츠를 통해 권력의 형성과 유지를 정당화하기 위해 퍼지배자의 감정에 호소하여 지배의 정당성을 구하고자 한다. 정치가 스포츠를 이용하는 과정을 보면 '상징'을 통해 정치화 과정에 놓이게 한다. 선수 유니폼에 국가와 지역이름을 부착하고, 경기 전에 국가 연주를 통해 상징성을 내포한다. 올림픽 헌장에도 국가 간의 경쟁이 아니라고 명시했음에도 불구하고, 경기가 시작되기도 전에 이미 양 국가를 상징하는 퍼포먼스를 하는 셈이다. 또한 스포츠는 '동일화' 과정을 통해 정치가 개입되기도 한다. 스포츠 선수와 국가 대표팀 등은 다른 대상에게 자신의 감정을 이입하거나 일체화시킬 수 있는 강력한 힘을 갖고 있다. 그들을 통해 승리를 바라고 패배했을 경우 서슴없이 비난을 한다. 스포츠의 정치화 과정에는 '조작'을 통해 국가가 인위적으로 개입하는 경우가 발생한다. 상징과 동일화의 효과를 극대화하기 위한 행위이다.

　1936년 독일의 베를린 올림픽에선 정권을 장악한 히틀러가 정치적 수단으로 이용했다. 올림픽 주경기장에 정치적 선전물이 가득했고, 젊은이들을 향해 인종적 편견을 조장했다. 이후 2차 세계대전을 일으킨 주범이 됐다. 이와 유사한 정치적 악용의 사례는 2020년 일본의 도쿄 올림픽에서도 재현됐다. 2011년 동일본 대지진으로 충격을 받은 일본은 불안해소를 위한 위기타파로 정치사회적 이슈를 찾던 중, 2020 하계올림픽 유치전에 모든 힘을 쏟아 개최를 확정지었다. 후쿠시마 방사능 문제와 욱일기 사용 문제 등 보편적 공감대를 얻기 위한 노력 대신 자국의 정치적 이익을 위해 올림픽을 이용했다는 비판을 받았다.

1936년 베를린 올림픽

일본에서 20여년 전, 1998년에 치러진 나가노 동계올림픽을 놓고는 20년 동안 빚을 갚아야 했던 대회란 오명을 오롯이 안고 있다. 2018 평창 동계올림픽이란 이벤트를 놓고도 보는 관점에 따라 다른 해석을 할 수 있다. 다른 올림픽처럼 예외 없이 세금만 축내는 적자 올림픽이란 시선과 한반도 긴장을 해소한 평화 올림픽이란 시선이 있다. 100여 년 동안 인류 공통의 언어로서 자리매김해 온 올림픽에 대해서 두 가지 시선이 상존하고 있다는 것이다.

줄곧 정치적 퇴행성에 대해 국제적으로 특히, 동북아로부터 비난을 받는 일본정부는 2020년 올림픽을 정치로 끌어들인 부정적 시선과 오랜 기간 동안 무기력해진 시민사회에 활력을 찾기 위한 긍정적 시선이 있다. 그럼에도 불구하고 방사능 문제는 온 인류가 직면한 절체절명의 환경파괴란 측면에서 다함께 공감·공유해야 할 사안을 덮는 것에 대한 비판은 피하지 못했다.

하계 올림픽의 주요 내용과 이슈

고대 올림픽은 기원전 776년에 시작해 서기 349년까지 무려 1170년 동안 개최됐다. 1896년 쿠베르탱에 의해 부활된 근대 올림픽은 언제까지 이어질 것인가.

1회 대회: 그리스 아테네

근대 올림픽의 첫 대회는 남자 100m 달리기였다. 기원전 490년 전쟁의 승전보를 전하기 위해 마라톤 평원에서 아테네까지 페이디피데스(Pheidippides)가 달렸던 거리를 재현하는 종목인 마라톤은 올림픽의 하이라이트이다. 1896년 1회 대회는 그리스 목동인 스피로스 루이스(Spyros Louis)가 2시간 58분 50초로 우승했다. 지금 아테네 올림픽 스타디움을 스피로스 루이스 스타디움으로도 불린다.

2회 대회: 프랑스 파리

2회 프랑스 파리대회 때 육상경기는 트랙 표면이 고르지 못하거나 중간에 나무가 서 있을 만큼 정리가 돼 있지 않았다. 프랑스 빵집 배달원인 데아토가 마라톤에서 2시간 59분 45초로 1위 했다. 1900년 프랑스 파리에서 개최된 2회 대회는 같은 해 파리에서 열렸던 세계박람회의 흥행으로 대중의 관심이 묻히고 말았다.

3회 대회: 미국 세인트루이스

1904년 미국 세인트루이스에 개최된 3회 대회에선 아메리카 원주민이 참여하여 진흙탕에서 싸우는 인류학적 전시차원의 대회도 있었다. 마라톤 우승자로 알려졌던 미국선수 프레드 로츠는 나중에 18킬로미터를 차로 이동했다는 사실이 발각됐다. 미국 선수 토머스 힉스가 금메달을 받게 됐는데 그는 스트리치닌과 브랜디라는 약물을 사용했다고 인정하기도 했다.

4회 대회: 영국 런던

1908년 영국 런던의 4회 대회는 원래 로마 개최였다가 화산 폭발이 있어 급히 장소를 옮기기도 하였다. 이탈리아 웨이터 출신인 도란도 피에트리라는 선수가 마라톤에서 우승을 했다. 그는 결승전 직전에 정신을 거의 잃어 트랙을 거꾸로 돌려고 하며 연거푸 쓰러지려고 하니 관계자 도움으로 결승선을 넘은 것이다. 이에 미국선수 자니 헤이예스가 항의해 그에게 금메달이 돌아갔다.

5회 대회: 스웨덴 스톡홀름

1912년 스웨덴 스톡홀름의 5회 대회는 '스웨덴의 걸작'이란 찬사를 받을 만큼 조직적으로 운영됐다. 도입기에 해당하는 올림픽 운영은 오늘날처럼 세련되고 체계적이지 못했다. 짐 소프는 5종 경기와 10종 경기를 재패했다.

6회 대회: 독일 베를린(취소)

1916년 6회 대회는 독일 베를린에서 개최하기로 했으나 제1차 세계대전으로 취소됐다.

7회 대회: 벨기에 앤트워프

1920년 벨기에의 앤트워프에서 개최된 7회 대회는 전쟁으로 폐허가 된 벨기에의 재건을 기치로 세웠다. 독일 등 전쟁주역이자 패전 국가는 초대받지 못했다. 이 대회에서 올림픽의 상징이 된 오륜기가 처음으로 소개됐다. 파보 누르미는 1만 미터, 개인 및 단체 크로스컨트리 등 9개 금메달을 따며 날으는 핀란드인이란 명성을 얻었다.

8회 대회: 프랑스 파리

1924년 프랑스 파리의 8회 대회는 파보 누르미 선수가 5개의 금메달을 목에 걸었고, 윌리엄 디하트 허바드 멀리뛰기 선수는 흑인 최초로 금메달을 획득했다. 또한 수영선수 조니 웨이스뮬러(Johnny Weissmuller, 1904~1984)가 스타로서 큰 조명을 받았다. 이후 헐리웃에서 타잔 영화의 주연으로 명성을 이어갔다. 테니스 종목은 프로테니스 선수의 참가로 문제가 불거져 올림픽 종목에서 제외됐다가 1988년 서울대회 때 다시 부활됐다. 최근 2024년 파리 대회를 IOC가 긴급히 발표했는데 그 명분이 파리 대회 개최 100주년을 기념한다는 것이었다.

9회 대회: 네덜란드 암스테르담

1928년 네덜란드 암스테르담에서 개최된 9회 대회는 육상과 체조종목에서 여자경기가 추가된 대회다. 또한 일본선수 오다 미키오가 아시아인 최초로 금메달을 땄다. 올림픽 창시자 쿠베르탱은 은퇴한 상태였지만 여자 경기를 추가한 것에 대해 비난했다. 그도 성차별주의자라는 오명을 안고 있다. 이 대회부터 코카콜라는 오늘에 이르기까지 올림픽 공식 협찬사 지위를 갖고 있다.

10회 대회: 미국 로스앤젤레스

1932년 미국 LA에서 개최한 10회 대회는 세계경제 불황으로 예상보다 참가율이 저조했다. 참가선수가 3천 명을 육박하다가 1,331명으로 절반 이하로 떨어졌다. 전자 스톱워치와 사진판정 카메라도 처음으로 등장한 대회다.

11회 대회: 독일 베를린

1936년 독일의 베를린에서 개최한 11회 대회는 히틀러가 정치적 수단으로 악용한 것으로 오명을 남겼다. 주경기장을 비롯해 4개의 다른 경기장들에서 노골적으로 나치 깃발과 상징물이 뒤덮였고, 선동에 가까운 연설이 난무했다. 독일 내에서 최초로 TV로 방영돼 기술적으로도 진일보했다. 다시 언급하지만 정치적 수단에 활용했던 2020년 도쿄 올림픽(2021년 개최)이 이 대회와 비교되곤 했다. 결코 영예로운 일은 아닐 것이다.

12회 대회: 일본 도쿄(취소)/ 13회 대회: 핀란드 헬싱키(취소)

1940년에 개최하기로 한 12회 일본 도쿄 대회와 1944년 13회 핀란드 헬싱키 대회는 2차 세계대전으로 취소됐다.

14회 대회: 영국 런던

1948년 영국 런던에서 개최한 14회 대회는 전쟁 후 국가들의 재건으로 올림픽 참가준비에 역량을 쏟지 못했고, 패전주체인 독일과 일본은 참가자격이 주어지지 않았다. 이 대회는 우리나라가 'KOREA'란 국호를 갖고 최초로 순위(김성집 역도 동메달, 한수안 복싱 동메달)에 오른 대회로 역사에 남았다. KOREA 국호로 참가한 최초의 대회는 같은 해 2월 스위스 생모리츠 동계올림픽이다. 미국의 앨리스 코치먼 높이뛰기 선수가 흑인 여성 최초로 금메달을 목에 걸었다.

15회 대회: 핀란드 헬싱키

1952년 핀란드 헬싱키의 15회 대회 분위기는 냉전으로 인한 국제적 긴장이 팽배했다. 우리나라는 6·25 전쟁 중임에도 불구하고 참여한 대회다. 체코 선수 에밀 자토펙은 5천 미터, 1만미터, 더군다나 한 번도 시도하지 않았던 마라톤까지 우승했다.

16회 대회: 호주 멜버른

1956년 호주 멜버른에서 개최된 16회 대회는 처음으로 지구 남반구에서 열렸다. 호주 선수 베티 커스버트가 여자 100m, 200m, 400m 계주 우승했다.

17회 대회: 이탈리아 로마

1960년 이탈리아 로마의 17회 대회는 최초로 TV 방송중계권을 판매하면서 IOC는 속칭 돈 맛을 알게 됐다. 에티오피아의 아베베(Abebe Bikila, 1932~1973) 선수는 맨발로 뛰어 다음 일본 도쿄 대회까지 마라톤 2연패를 했다.

18회 대회: 일본 도쿄

1964년 일본 도쿄의 18회 대회는 인공위성을 통한 컬러 TV 중계방송과 컴퓨터 통계처리를 도입해 채점 기술의 발전을 선보였다. 이 대회는 이슈가 꽤 있었다. 1963년 인도네시아 자카르타에서 GANEFO(Games of the New Emerging Forces)라는 행사를 개최했다. 이 행사는 올림픽에 대항하기 위해 정치적으로 조직된 제3세력의 체육대회를 표방했다. IOC는 GANEFO 회원국의 올림픽 대회 출전권을 박탈한 것이다. 이 회원국인 인도네시아와 북한은 도쿄 올림픽에서 선수를 철수시켰다. 또한 남아프리카공화국에서도 인종차별정책의 문제가 부각되면서 참가자격을 박탈당했다.

19회 대회: 멕시코 멕시코시티

1968년 멕시코의 멕시코시티에서 개최된 19회 올림픽에서는 약물과 성별 검사가 최초로 시작된 대회로 의미를 남겼지만, 올림픽을 통해 점차 불거진 정치적 문제가 고조됐다. 대회 개최 전 학생들은 멕시코 정부가 올림픽 대회를 치르기 위해 사용한 예산에 대해 항의 시위를 벌였다. 이 시위에서 250여 명의 사상자가 발생해 국제적 이슈가 됐다.
또한 미국 흑인 육상선수인 토미 스미스(Tommie Smith)와 존 카를로스(John Carlos)는 맨발로 검은 장갑을 낀 한 손을 치켜 세우며 각각 1위, 3위 시상대에 올랐다. 미국 내 소수 민족의 열악한 생활여건과 차별에 대한 무언의 항의로 지금도 인구에 회자되는 장면이다. 은메달을 목에 건 호주출신의 백인선수 피터 노먼(Peter George Norman, 1942~2006)은 두 흑인선수와의 연대의 의미로 '인권배지'를 달고 시상대에 올랐다.
2012년 호주정부는 노먼 선수가 1972년 뮌헨올림픽에 선발됐음에도 불구하고 국가대표에서 제외시켰음을 인정했다. 정부는 2018년 공로훈장을 수여했다. 2006년 노먼이 세상을 떴을 때 스미스와 카를로스는 그의 관을 들기도 했다. 일반시민과 선수는 '보이콧'이란 메시지를 남겼다. 다만, IOC는 방송위원회를 최초로 설치한 대회로 본격적인 스포츠 중계의 비즈니스 메리트를 구축하고자 했다.

20회 대회: 독일 뮌헨

1972년 독일 뮌헨의 20회 대회는 가장 비극적인 대회가 됐다. 올림픽을 통한 정치적 이슈를 극대화하게 되면서 테러에 대한 경계의식이 생긴 계기가 됐다. 팔레스타인 테러조직인 '검은 9월단' 8명이 선수촌을 급습해 2명의 이스라엘 선수를 살해하고, 9명의 선수들을 납치해 인질극을 벌였다. 이스라엘에 감금된 200명의 팔레스타인 죄수들의 석방을 요구한 것이다. 인질 9명, 테러범 5명과 서독 경찰 1명이 사망하면서 비극은 끝나고 주경기장에서 추모제가 열렸다. 2005년에 개봉한 스티븐 스필버그의 헐리웃 영화 '뮌헨'을 통해 다시 상기하게 됐다.

21회 대회: 캐나다 몬트리올

1976년 캐나다 몬트리올에서 개최한 21회 대회에서 최초로 레슬링 양정모 선수가 금메달을 획득한 역사적 기록을 갖게 됐다. 또한 루마니아 체조선수 나디아 코마네치(Nadia Elena Comaneci)가 일곱 번이나 10점을 받으며 스타로 등극했다. 스포츠 마케팅에서 가장 중요한 선수상품 가치를 높였다.

하지만 이 대회는 전반적으로 '보이콧'이란 상징적 메시지를 남겼다. 뉴질랜드 럭비팀이 남아프리카공화국에서 경기를 치른 전력이 거론됐다. 남아공은 1964년 도쿄 올림픽에서 이미 인종차별문제로 얼룩져 참가자격을 잃은 오명을 안고 있었다. 이 이유를 들어 아프리카 국가들을 비롯해 26개 국가가 뉴질랜드의 참가를 반대했다. 하지만 이 반대요구를 IOC로부터 거절당하자 대회에 대거 불참했다.

또한 대만이 요구한 자유중국이란 국호사용과 국기, 국가 사용이 불허되자 올림픽 개막식을 사흘 앞두고 불참을 선언했다. '보이콧 올림픽'을 한 것이다. IOC 입장에선 정신이 번쩍 든 사건이다. 지금도 '하나의 중국' 정책을 고수하는 중국의 압력으로 IOC는 대만이 국제경기에서 자국 국기 대신 올림픽위원회기를 들고 입장하게 한다.

22회 대회: 소련 모스크바

1980년 소련 모스크바의 22회 대회도 정치적 이슈에 자유롭지 못했다. 1979년 소련이 아프가니스탄 침공에 항의하는 뜻으로 미국이 주도하여 60여 개국이 불참했다. 물론 우리나라도 참여하지 않았다. 개막식뿐 아니라 메달수여식에도 참석하지 않는 국가들이 등장하는 바람에 올림픽 찬가로 대체하는 일도 있었다. 그 외에도 관중 폭력, 낮은 경기수준, 조직위원회의 속임수 사건 등도 불거져 이래저래 올림픽 위상이 흔들리게 됐다.

23회 대회: 미국 로스앤젤레스

1984년 미국 LA가 23회 대회를 개최했다. 4년 전 서방의 불참에 항거해 구소련과 동독을 중심으로 공산국가들이 보이콧 했다. 결과적으로 소폭 적자를 기록한 대회이지만 미국 특유의 지나친 상업주의가 팽배해 비판을 받기도 했다. 물론 적자의 주체는 LA이지 IOC가 아니다. 여자 마라톤이 정식 종목으로 승인됐다.

24회 대회: 대한민국 서울

1988년 서울에서 개최한 24회 대회는 최초로 올림픽 스폰서십 프로그램인 TOP가 가동됐다. 우리나라도 1980년대 들어 컬러 TV가 보급되고, 전 세계를 연결하는 위성방송의 기술이 나날이 발전해 본격적으로 돈 되는 사업이 됐다. 물론 IOC가 벌어들이는 수익구조이다. 10여개에 불과한 글로벌 기업도 공식 스폰서십 지위를 누리며 궁극적으로 자사의 판매증진에 큰 도움을 얻는다. 또한 지난 8년 간 정치 이념으로 개최된 반쪽짜리 대회가 통합된 대회로서 가치를 얻었다. 캐나다 선수 벤 존슨은 약물 심사에 통과하지 못해 육상 100m 금메달이 박탈됐다.

25회 대회: 스페인 바르셀로나

1992년 스페인 바르셀로나의 25회 대회는 30년 만에 처음으로 불참한 나라 없이 치러졌다. 1989년 베를린 장벽 붕괴로 단일 독일팀과 구소련 붕괴로 독립국가연합이라는 이름의 마지막 단일팀으로 출전했다. 인종차별로 말도 많았던 남아프리카공화국도 최초로 인종이 통합된 팀을 구성해 참여할 수 있었다.

나이키의 스포츠 스타를 활용한 스폰서십의 가장 큰 성공작인 마이클 조던 선수를 비롯한 매직 존슨 등의 미국 드림팀은 농구에서 압도적 기량차로 1위를 차지했다. 프로선수의 참가가 두드러진 대회로 IOC는 흥행을 이어가기 위한 노력을 더했다. 앞으로도 아마추어를 표방한 올림픽이지만 프로페셔널 선수와 기술의 영역이 점점 확장하면서 수명을 연장하고자 할 것이다. 상업주의란 비판을 받았던 1984년 LA 올림픽 때 분위기와 비교하면 이미 격세지감을 느끼게 된 것이다.

26회 대회: 미국 애틀랜타

1996년 미국의 애틀랜타 26회 대회는 사상 최초로 IOC의 모든 회원국(197개)이 참여한 대회로 명성을 얻었다. 하지만 애틀랜타 올림픽 공원에서 폭파사건이 있어 2명이 사망하는 사건도 일어났다. 현재는 코카콜라 본사, CNN 본사, 최대의 아쿠아리움이 있어 지금도 많은 관광객이 찾는 명소가 됐다. 12년 만에 미국에서 개최된 올림픽으로 이 대회 역시 미국 특유의 상업주의란 비판을 받았지만, 올림픽 상품을 유통자가 알아서 상업적으로 프로모션 해준다면 IOC는 오히려 반갑지 않을까.

27회 대회: 호주 시드니

2000년 호주 시드니에서 개최된 27회 대회는 1956년 멜버른 대회 이후 두 번째로 남반구에서 개최됐다. 새로운 세기를 맞이하는 분위기에 더해 지구촌 축제가 됐다. 단, 선수들의 약물복용, 심판 판정 시비 등 잡음이 있었다. 이 대회에서 2018년 평창 동계올림픽 때와 같이 남과 북이 동시에 개막식에 입장했다.

28회 대회: 그리스 아테네

2004년 28회 대회는 그리스 아테네에서 개최됐다. 슬로건이 'Welcome Home'이었던 만큼 1896년 고대 그리스를 부활하는 상징적 이벤트였다. 올림픽을 통해 경제 부흥을 기대했으나 한낱 부질없는 꿈에 불과했다. 처음 책정한 예산 16억 달러(약 1조 8,000억 원)가 10배로 많아져 160억 달러(약 18조 원)가 되면서 말 그대로 악몽으로 변했다. 결국 그리스 재정이 파탄직전에 이르러 물가상승, 빈부격차, 실업문제가 불거졌고, 2008년 글로벌 금융위기까지 덮치면서 대규모 시위로 이어졌다.

29회 대회: 중국 베이징

2008년 중국 베이징에서 개최된 29회 대회는 세계적인 영화감독 장이머우(張藝謀)의 개·폐막식 연출로 호평을 받았다. 2022년 베이징 동계올림픽에서도 총감독을 맡아 특유의 연출을 했다. 하지만 하계올림픽을 개최한 2008년 8월 8일에 반(反)중국 시위와 성명이 잇달아 발표됐다.

중국인이 좋아하는 8이란 숫자를 세 번이나 등장시켜 분위기를 극대화시켰지만, 같은 해 3월 티베트에서 일어났던 시위를 가혹하게 진압하면서 인권문제가 부각됐기 때문이다. 중국은 1951년 티베트를 무력으로 강제 병합하면서 지금도 정신적 지도자인 달라이 라마를 중심으로 독립요구를 하고 있다. 중국 공산당의 여론 외교라고 표현되는 '평화로운 판다'와 '지배적인 용' 이미지를 여전히 병행하고 있는 것이다. 전자는 국제적인 동정과 지지를 얻기 위함이고, 후자는 중국 내외의 적을 위협하기 위함이다. 2019년에도 홍콩인들을 통해 반(反)중국 시위가 진행됐다.

30회 대회: 영국 런던

2012년 제30회 런던 하계올림픽은 1908년, 1948년 이어 같은 도시에서 세 번째 열리는 최초의 대회가 됐다. 친환경적 올림픽을 표방하며 런던에서 낙후된 지역이자 쓰레기장이었던 구역을 재개발하고, 경기장 건설에 사용하기 위해 오염된 토양을 정화하여 다시 자재로 쓰는 과정을 공개하기도 했다.

개·폐막식을 통해 20세기 대중문화의 총본산지로서의 자부심을 여실히 드러냈다. 비틀즈의 폴 매카트니(James Paul McCartney), 타계한 존 레논(John Winston Ono Lennon)을 등장시키는가 하면 뮤즈, 스파이스 걸스를 비롯해 미스터 빈으로 유명한 코미디어 로완 앳킨슨(Rowan Sebastian Atkinson) 등이 출연하여 화려함과 재미를 부여했다. 연출을 맡은 대니 보일(Danny Boyle) 영화감독은 가상인물인 007과 실제인물인 엘리자베스 여왕까지 등장시키며 특유의 재기발랄함을 전 세계에 알렸다. 하지만 오심이 빈번해 우리 선수도 예외 없이 피해를 보게 된 대회가 됐다.

31회 대회: 브라질 리우데자네이루

2016년 브라질의 리우데자네이루에서 개최한 제31회 약칭 리우 올림픽에는 최초로 두 가지 수식어가 있었다. 하나는 올림픽 역사상 최초로 남아메리카에서 열렸다. 그리고 지우아 호세프(Dilma Vana Rousseff) 여성 대통령이 국영 석유기업의 비리 스캔들로 연루돼 탄핵 소추당하면서 국가원수 없이 치러진 최초의 올림픽이 됐다. 2014년 브라질 월드컵에 이어 대형 이벤트를 통해 경제 상황이 나은 방향으로 가길 기대했으나 뜻대로 되지는 않았다.

32회 대회: 일본 도쿄

일본은 도쿄 올림픽을 유치하기 위해 활짝 핀 벚꽃의 원을 차용한 임시 엠블럼을 사용하다가 개최지가 확정된 후, 도쿄의 티(T)자와 일장기를 차용한 강렬한 이미지의 엠블럼을 공식 사용했다. 하지만 벨기에의 한 극장에서 표절 의혹을 제기함에 따라 새로운 엠블럼으로 교체했다. 삐걱거렸던 시작을 잘 추스르는가 싶더니 올림픽 주경기장의 명분 없는 설계변경, 욱일기 사용, 방사능 피폭지역인 후쿠시마산 나무사용과 선수촌 음식사용 문제 등 끊임없이 논란의 중심에 있게 됐다. 2019년 하반기부터 발현한 바이러스 COVID-19 감염이 전 세계에 확산되면서 연장 혹은 취소의 목소리가 높아졌다. 결국 이듬해 개최하기로 결정됐고, 감염병의 확산 우려에도 개최를 강행했다.

출처: 문개성(2019). 보이콧 올림픽: 지독히 나쁜 사례를 통한 스포츠 마케팅 이해하기. 부크크, p.8~9, 103~113(일부 수정); Goldblantt, D., & Action, J. (2011). How to Watch the Olympics. 문은실 옮김(2012). 올 어바웃 올림픽. 오브제.

3. 자본과 탐욕, 앞으로 가야할 미래

2019년 말에 중국 우한으로부터 발발한 코로나 19 바이러스는 온 세계를 뒤덮었다. 팬데믹 현상이 가시화 되면서 수면 아래로 잠잠해 있던 이슈가 터졌다. 바로 2020년 도쿄 하계올림픽 개최에 관한 것이었다. 그 이슈는 후쿠시마 방사능 오염에 따른 보이콧 올림픽 이슈였다. 주변 국가의 우려와 많은 시민단체들의 목소리에서 국한됐던 올림픽 취소 문제가 팬데믹에 의해 전 세계 여론을 형성하게 됐다.

하지만 1년을 미루면서 추이를 지켜봤던 IOC와 일본 정부는 결국 개최를 강행했다. 지지율이 날로 하락하는 일본 정부는 대형스포츠이벤트로 국면을 전환하고자 하면서 비판을 받았다. 특히 개최 결정과 취소권한을 갖고 있던

IOC는 개인과 사회가 위험에 노출됐다는 사실을 누구보다 잘 알고 있으면서 일본 정부를 옹호하며 개최를 강행하며 비판을 감수했다. 그들은 오로지 복잡하게 얽히고 얽힌 자본주체와의 계약을 이어가고 싶었던 것이다. 주관 미디어, 기업 스폰서 등 눈앞에 보이는 이득을 놓치고 싶지 않았던 것이다. 그들 입장에서 올림픽이라고 하는 20세기 최대의 스포츠 상품을 판매하는 유통지역만 4년 후에 갈아타면 문제가 없다고 생각했을지도 모른다. 그들에게 주어진 권위가 그들 스스로 얻어진 것이 아니라 100여 년 동안 숱한 경험치를 토대로 형성된 세계시민으로부터 부여받았다는 사실을 망각한 것은 아닐까.

도쿄 올림픽이 1년 미뤄져 2021년 7~8월에 개최되다보니 6개월 후면 2022년 베이징 동계올림픽이 예정돼 있었다. 팬데믹 현상이 줄어들 기미가 보이지 않자 중국 정부는 강력한 방역 대책을 내놓으며 바이러스 이슈를 사전에 차단하고자 했다.

이 대회의 가장 큰 문제점은 무엇이었을까. 중국과 관련돼 있는 경기마다 편파 판정의 시비가 일었다. 대형스포츠이벤트 개최국에 대한 일종의 혜택은 늘 존재했지만, 유달리 우승에 대한 중국의 집착이 노골적으로 드러난 것이다. 주변국의 따가운 시선과 세계 여론의 질타에도 불구하고 우승만 하면 된다는 식이었다. 그들의 민낯을 보게 되면서 큰 나라가 갖는 권위와 위엄은 희미해져갔다. 올림픽 정신까지 훼손하면서까지 이기적 행태를 보면서 진정한 승자란 무엇인가라는 근본적 질문을 던지게 됐다.

여기서도 IOC의 미온적 태도가 도마에 올랐다. 세계 스포츠 영역에서 투자를 많이 하는 중국의 눈치를 살폈던 것이다. 갈수록 최첨단화해 가는 개막 경기장과 주변시설에 대해 막대한 예산이 투입이 되면서 개최국의 적자는 어제 오늘 얘기가 아니다. 갈수록 개최 기피현상이 증대되고 있어 IOC도 새로운 그림을 구상해야 할 때다.

1세기 동안 어려움과 좌절을 발판으로 지구 최대촌 축제가 된 올림픽이란 상품을 앞으로 100년 이상 지속해 나가야 할 소박하지만 세련된 이벤트와 같은 새로운 아젠다가 필요하다. 물론 오랫동안 권위를 부여해 준 세계 시민이 공감해야 하는 지점을 명확하게 찾아야 할 것이다.

2022년 베이징 동계올림픽

한국의 국제대회 참가사

1936년에는 손기정 선수가 일제강점기 때 베를린 올림픽에서 마라톤 우승을 했다. 이 대회에선 남승룡 선수도 3위를 차지했다. 이 대회 이후 일장기 말소사건이 발생했다. 우승한 손기정 선수의 사진에 일장기를 지우고 발행한 동아일보는 일제에 의해 무기 정간을 당하고, 이길용 기자 등이 징역형을 받을 만큼 큰 이슈를 남겼다. 체육을 통해 일제에 항거하는 민족주의적 투쟁정신을 표출한 사건으로 평가받고 있으며, 이 일로 1938년 조선체육회는 일제에 의해 강제 해산되고 조선체육협회로 통합 흡수됐다.

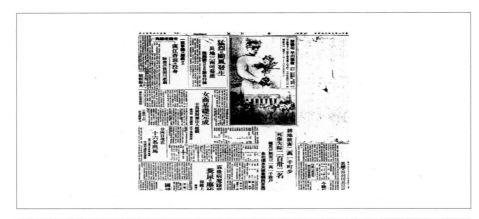

일장기 말소사건

1947년에는 서윤복 선수가 보스턴 마라톤 대회에서 우승했다. 1948년에는 스위스 생모리츠에서 최초로 태극기(KOREA 정식 국호)를 들고 참가한 대회가 됐다. 같은 해 7월 영국의 런던 하계올림픽에서는 최초로 태극기를 들고 참가해서 김성집 역도 선수가 동메달을 취득했다. 1950년에는 함기용, 송길윤, 최윤칠 선수가 보스톤마라톤 대회에서 1~3위를 차지하는 쾌거를 달성했다. 1952년에는 핀란드의 헬싱키 올림픽에 한국전쟁 중임에도 불구하고 참가한 대회로 기록된다. 1951년에는 뉴델리하계아시안게임이 열렸는데, 우리나라를 비롯해 6개국이 합의해 아시안게임의 첫 대회를 개최했으나 우리나라는 전쟁으로 불참하게 됐다. 1954년에는 필리핀의 마닐라에서 2회 아시안게임이 개최되고, 우리나라는 첫 출전한 해였다. 1976년에는 몬트리올 올림픽에서 레슬링 양정모 선수가 올림픽 대회에서 첫 우승자로 기록됐다. 1983년에는 FIFA 세계청소년축구 대회 4위를 차지했다. 이 대회는 2006년부터 FIFA U-20 월드컵 대회로 불리게 됐다. 1986년에는 삿포로에서 동계아시안게임을 최초로 개최하여 우리나라도 참가했다. 1988년에는 우리나라 서울올림픽을 개최하여 4위를 차지했고, 스포츠외교를 통해 동서국가가 참여한 대회로 평가받았다. 1992년에는 스페인 바르셀로나 하계올림픽에서 마라톤 황영조 선수가 우승했고, 2001년에는 이봉주 선수가 보스톤마라톤 대회에서 우승했다. 2002년에는 한·일 월드컵 대회를 개최했고, 4위를 차지하는 놀라운 기록을 보였다. 2018년에는 평창 동계올림픽을 개최하게 되면서 여자아이스하키의 단일팀 성사로 남북체육 교류사에 한 획을 그었다. 2019년에는 FIFA U-20 월드컵 대회에서 준우승을 차지했다.

국제무대에서 활약한 우리나라 여자 선수들을 살펴보면 다음과 같다. 1948년 런던 하계올림픽에 참가한 박봉식 원반던지기 선수는 올림픽에서 한국최초로 참가한 여성선수가 됐다. 1967년 박신자 선수는 세계여자농구선권 대회에서 MVP를 차지했다. 이 대회는 한국이 2위를 거두었다. 1984년 서향순 선수는 LA 하계올림픽에서 양궁에서 우승하며 올림픽에서 한국 최초로 금메달을 획득한 여성선수로서 이름을 날렸다. 2010년 김연아 선수는 벤쿠버동계올림픽에서 피겨스케이팅에서 우승했다.

2절 월드컵, 단일종목 최상의 상품

1. 1930년, 우여곡절 끝에 출발한 상품

    1883년은 축구의 대중화 과정에서 매우 중요한 해로 기억된다. FA컵 결승에서 노동 계급 선수로 구성된 프로 팀 '블랙 번 올림픽'이 사립중등학교 출신의 아마추어로 구성된 '올드 이토니언'을 꺾고 승리함으로써 축구의 주인이 지배계층이 아닌 노동 계급임을 선언한 것이기 때문이다(정준영, 2003). 1863년은 FA가 발표한 축구 규칙을 오늘날 현대 축구의 창립 문서라고 표현하지만, 지금 상식처럼 돼 버린 축구 규칙과는 많이 달랐다. 당시 제정된 규칙에 따르면 선수 수, 경기 시간, 사용할 공, 골대 높이 등에 관한 언급도 없었고, 골키퍼와 심판에 대한 규정이 없었다. 또한 오늘날 럭비와 같이 전진 패스가 불가능한 토털 오프사이드 규칙이 적용됐다. 심지어 모든 선수는 손으로 공을 멈출 수 있었다. 즉, 럭비와 축구 간의 구분이 매우 불분명했다(Bausenwein, 2006).

    공 하나만으로 흥행을 주도하는 월드컵(World Cup)은 1904년에 설립된 국제축구연맹(FIFA, Fédération Internationale de Football Association)에서 주관하고 있다. 당시 FIFA 회장이었던 쥘 리메(Jules Rimet, 1873~1956)는 축구경기를 1932년 미국 LA에서 개최될 하계올림픽에서 정식 종목으로 채택하기 위한 노력을 했으나 무산됐다. 우선 미국에서 미식축구에 밀려 인기가 없었고, FIFA와 IOC 간에 아마추어 선수의 지위에 관한 의견이 일치하지 않았다. 이에 1930년에 남미의 우루과이에서 첫 월드컵이 개최됐지만, 유럽팀들에게는 대서양 횡단이라는 악조건으로 난색을 표하기도 했다. 모든 체류비와 이동비용을 주최국에서 제공한다는 조건으로 총 13개 팀(유럽 4, 북중미 2, 남미 7)이 어렵게 참여하면서 월드컵의 역사가 시작됐다. 우승팀에게 부여되는 황금 트로피인 현재의 FIFA컵(FIFA Cup)은 1974년부터 사용됐고, 첫 대회부터 1970년까지는 쥘 리메 컵으로 불렀다.

올림픽처럼 4년에 한 번 개최되지만, 올림픽 시기를 피하도록 설계했다. 또한 지역 토너먼트를 거치며 끊임없는 흥행을 이어갈 수 있는 비즈니스 환경을 만들었다. 1942년과 1946년 대회는 제2차 세계대전으로 취소됐기도 했고, 대륙별로 이동해야 하는 장거리 여행의 어려움을 이유로 초창기에는 많은 팀들이 불참했다. 이러한 시련을 딛고 오늘날 단일 종목으로서는 가장 인기가 있는 대회로 자리 잡았다.

질 리메

2. 축구의 제국

영국 축구가 전 세계에 알려진 시기는 축구협회를 통해 규칙이 전달됐던 19세기 말이다. 현재 최고의 프로 축구 시장은 1992년에 설립된 잉글리시 프리미어 리그(EPL, English Premier League)이다. 당시 리그 소속 구단에 소속된 외국인 선수는 열세 명에 불과했지만, 축구라는 상품을 통해 혁신적 부가상품들이 쏟아지는 분기점에 해당된다.

1990년대 중반에 들어 외국인 선수들이 점차 늘어가며 다국화해 가는 모습을 선보였다. 1999년, 주식회사 프리미어 리그의 CEO를 리처드 스쿠다모어를 세 번째 연임시키며 본격적인 성과로 이어졌다. 2004년에 리그 중계권이 전 해에 비해 85%가 오른 3억 2,500만 파운드에 팔렸다. 2007년 6억 2,500만 파운드, 2010년 14억 파운드의 해외 중계료를 달성하며 9년 만에 687% 증가라는 경이적인 기록을 보여주었다. 이는 리그가 해외 중계권에 대해 맺었던 단일 거래가 211개 국가와 지역을 포괄하여 80개의 계약으로 확장된 것이다(Robinson & Clegg, 2021).

단일 종목의 스포츠 이벤트가 이렇게 성공한 사례가 있을까. 2022년부터 2025년까지 EPL은 해외 중계권료로 63억 2,000만 유로(약 8조 5,800억 원)의 수익을 얻을 예정이다. 영국 내 중계권료인 59억 6,000만 유로(약 8조 940억 원)보다 큰 규모인 것이다. 이러한 배경에는 2021－21시즌에서 23골로 득점왕까지 차지한 우리나라 손흥민 선수와 같이 해외 선수들의 역할이 매우 큰 것으로 보고되고 있다. 손흥민, 황희찬 등 우리나라 선수들이 EPL에서 계속 뛰고 있는 한 국내 미디어와의 중계권 협상은 계속될 것이기 때문이다.

손흥민 선수

2021년 축구계에서 매우 뜨거운 이슈가 있었다. 바로 새로운 유럽 슈퍼리그(ESL, European Super League)를 출범시키기 위한 노력이다. 세계 최고의 축구 구단들이 새로운 리그를 만들고자 하는 것이다. 이름만 들어도 알만한 구단인 EPL 내의 아스널, 첼시, 리버풀, 맨체스터 시티, 맨체스터 유나이티드, 토트넘과 더불어 AC 밀란, 아틀레티코 마드리드, 바르셀로나, 인터 밀란, 유벤투스, 레알 마드리드 등 유럽 내 최고수준의 다른 리그 소속 구단도 합류를 희망했다.

총 20개 구단으로 매년 8월에 시작하는 계획을 내세웠다. 이는 현재 가장 큰 클럽 대회 중 하나인 챔피언스 리그에 필적할 대회가 될 전망이다. 자본에 의해 치러질 리그로서 팬데믹에 의해 재정적으로 큰 타격을 입은 구단, 활동할수록 수익에 직결되는 선수, 에이전트 등은 환영하는 입장이지만, 반대도 만만치 않았다. 대부분의 축구 단체들은 자유 경쟁과 경기 실적의 원칙을 공격하는 행위라고 비판했다. 이면엔 ESL이 영국 내 프리미어리그와 이탈리아 세리에A와 같은 기존 리그의 TV 중계권료 수익을 빼갈 것이란 우려도 존재하는 것이다.

유럽축구연맹(UEFA, Union of European Football Association)은 36개 구단이 참가하는 새로운 챔피언리그가 유럽 슈퍼리그(ESL)의 야망을 꺾을 것으로 기대하며, 더군다나 ESL 참여한 구단은 ESL 외의 다른 대회 참여를 금지하겠

다는 경고도 있는 상태라 향후 추이가 주목된다. 국제축구연맹(FIFA) 또한 ESL
을 인정하지 않을 것이라고 선언한 바도 있다. 하지만 거절하기 힘든 미국 투
자은행 JP 모건의 막대한 재정 지원 등과 맞물려 ESL의 구성에 있어 UEFA와
FIFA의 제재를 어떻게 뚫고 나갈지 지켜볼 일이다.

축구 슈퍼리그

3. 변화의 움직임

　　2015년 중반 미국 경제전문지 포브스(Fobes)가 흥미로운 결과를 발표했다. 소셜 미디어에서 영향을 미치는 프로 스포츠 구단을 팔로어 규모로 순위를 정한 것이다. 가장 큰 영향력은 리오넬 메시가 소속돼 있는 FC바르셀로나(스페인 프리메라리가)로 팔로어 수가 1억 90만 명이다. 그 뒤를 이어 2018년 중반까지 크리스티아누 호날두가 소속돼 있었던 레알마드리드(스페인 프리메라리가)는 9980만 명으로 스포츠 스타의 위력을 실감할 수 있다. 다음으로 맨체스터 유나이티드(영국 프리미어리그) 7090만, 첼시(영국 프리미어리그) 4870만, 아스널(영국 프리미어리그) 3900만, 바이에른 뮌헨(독일 분데스리가) 3290만, 리버풀(영국 프리미어리그) 2570만 명으로 집계됐다. 1~7위까지 모두 프로축구리그에 속한 구단이란 점도 흥미롭다. 다른 종목으로 10위 권 이내에 유일하게 진입한 구단은 LA 레이커스(미국 프로농구)이다. 전 세계 모든 프로리그 내에서 최고의 가치를 인정받은 구단도 32억 6000만 달러(약 3조 7400억 원)로 레알 마드리드가 3년 연속 선정됐다. 단일 종목으로서 매우 큰 성공을 거두고 있는 축구시장의 위력은 앞으로도 계속 될 것으로 보인다.

　　최근 양상이 달라지고 있지만 유독 유럽에서 인기가 있는 축구가 북미에선 그러지 않은 이유를 설명하곤 한다. '축구 평론가 브라이언 글랜빌(Glanville, B.)에 따르면 미국적 이데올로기에 맞지 않았다는 것이다. 즉, 축구경기를 통한 승리의 이유가 관심을 얻지 못하는 이유를 들었다. 실제로 축구에선 아무리 기를 써도 골을 넣지 못하는 경우도 있고, 운이 따르지 않아 경기를 잘 리드했는데도 패배하기도 한다. 이러한 원리를 가진 축구는 공정하지 않다고 인식했기 때문이다(Bausenwein, 2006).'

　　전 세계 스포츠 산업 시장규모는 1,430조원(2017년)으로 추산하고 있다. 미국은 같은 해 571조원 규모로 세계 시장의 40% 정도를 차지하고 있다. 이러한 시장규모를 감안하더라도 유럽에서 주도하는 월드컵을 비롯한 프로 축구리그를 미국시장에 진입하기 위한 노력을 하지 않을 수 없게 됐다. 2017년 초반 국제축구연맹(FIFA)은 미국 프로농구와 배구의 제도처럼 쿼터제를 적극 검토하겠다고 했다. 마르코 판 바스턴 FIFA 기술개발위원장은 쿼터제 도입, 교체선수 확대, 10분간 퇴장 제도, 오프사이드제 폐지 등 변혁적인 안을 발표했다. 특히 축구만의 전술에 필요하다고 그간 주장돼온 전·후반 각각 45분의 제도를 바꾼다는 사실이 이슈가 됐다. 이는 방송중계권과 스폰서십과 관련한 방송사, 기업의 요구사항이 관철된 측면도 있다. 미디어를 통해 노출이 많이 되고, 방송사 입장에선 많은 광고가 유치돼야 수익이 나는 구조이기 때문이다. FIFA도 전통적인 룰을 수정하면서라도 수익구조를 확장하고 싶을 것이다. 새로운 차원의 촉진과 커뮤니케이션의 논의를 위해 스포츠 단체의 규정과 기업의 요구사항이 과감히 섞일 수 있다는 얘기이다.

SPOMANITAS 넘나들기!

올림픽이란 세계적 빅 이벤트를 보다 냉철하게 바라보고, 토론해 봅시다.

직시하고, 승화하자. 평창 동계올림픽 이후!

"쎄울~!" 이렇게 울려 퍼졌다. 1981년 9월 30일, 사마란치 국제올림픽위원회(IOC) 위원장은 발표문 봉투를 꺼내 읽었다. 그날 IOC 총회가 있던 밤 11시 45분, 아마 모든 국민이 TV를 통해 지켜봤을 것이다. 저학년 초등생이었던 필자도 기억하고 있으니 말이다.

30년이 지난 2011년 한국시각으로 7월 7일 오전 0시 18분에 드라마는 또 있었다. "피엥창~!" 이렇게 울려 퍼졌다. 자크 로케 위원장이 그들에겐 발음하기 어려운 우리나라 지명을 호명한 것이다. 독일 뮌헨, 프랑스 안시를 제치고, 평창올림픽 개최를 위해 삼수 끝에 거둔 성과라 기쁨이 남달랐을 법한데 30년 전과 달리 각계각층에서 다양한 의견이 쏟아졌다. 다시 말해 모든 국민의 지지를 얻기엔 분명 문제의식이 생긴 것이다.

올림픽 유통혁명과 올림픽 저주

상식처럼 돼 버린 인물. 피에르 쿠베르탱(Pierre Coubertin, 1863~1937). 그는 고대 올림픽을 부활시켜 오늘날 근대 올림픽을 1896년부터 생명을 불어넣었다. 이로써 아곤(agōn, 경쟁)과 아레테(arete, 탁월함을 향한 노력의 과정)라는 멋지게 구현할 만한 가치도 창출됐다.

개최지를 독점하지 않고 대륙별로 옮겨 다녔다. 마케팅 관점에서 영민한 생산자(IOC)는 전 세계 소비자를 대상으로 매력적인 상품(올림픽)을 판매하기 위해 유통자(개최지)를 매번 바꿨다. 소비자는 세계시민과 글로벌 기업이 된다. 올림픽이란 상품은 전 세계 어디서든 판매해도 관세를 물거나 무역협정을 통해 완화하지 않는다. 마치 유럽연합(EU) 내 국가들 간에 단일 시장, 단일 통화의 이점을 내세우듯이 말이다. 올림픽은 흥행하면 그만이다.

문제의식은 여기서부터 생겨났다. '흥행하면 그만인 상품'인 올림픽을 판매하기 위해 뛰어드는 유통자가 현격하게 줄어들었다. 2000년 이후의 일이다. 2004년 올림픽 개최를 희망했던 도시는 11개였다. 일본 도쿄로 확정된 2020년 하계올림픽 선정기간에는 개최 희망도시가 5개로 줄어들었다. 급기야 2024년에는 유력지였던 독일 함부르크를 비롯해 미국 보스턴, 이탈리아 로마, 헝가리 부다페스트가 연이어 유치경쟁에서 빠졌다. 이유는 유치 후 경제적 어려움을 우려한 주민의 반대의사가 반영됐기 때문이다.

다급해진 IOC와 전략을 재편하는 IOC

기억하시는가? IOC는 우리에게 매력적인 권고를 했었다. 물론 흥행 상품의 생명력을 유지하기 위한 첫 권고이다. 엄청난 규모의 자금 확보와 투자를 우려한 우리나라 여론을 의식했을 것이다. 동일 대륙 내의 권역별 개최를 해보면 어떻겠냐고 했다. 마치 2002년 한·일 월드컵처럼. 2018년 동계올림픽을 일본과 동반으로 치르면 2020년 하계올림픽도 공동개최의 권한을 부여하겠다는 것이다. 물론 반대했다. 이유는 잘 모른다. 심지어 국내 서울, 무주 등의 기존시설 공동 활용에 관한 의견도 반대했다. 이 또한 이유는 잘 모르겠다. 무조건 평창에서만 개최해야 한다는 것이었다. 결과적으로 우린 총 13조 8천억 원을 투입했다.

이러한 우리의 배짱(?)이 통했을까? IOC가 다급해졌다. 100년 동안 '흥행하면 그만이던 상품'을 잘 판매했다면, 어떤 상품으로 탈바꿈해야 앞으로 100년 간 지속할 잠재적인 유통자를 확보할 수 있을까? IOC는 하계올림픽 개최지 선정을 개최 7년 전에 확정지어야 할 규정(IOC 헌장 33조 2항)까지 어기며 2024년 프랑스 파리, 2028년 미국 LA로 개최지 확정을 동시 발표했다. 또한 우리한테 권고했던 것처럼 앞으로 권역별 개최의 가능성을 보다 크게 열어두게 됐다.

평창 동계올림픽 유산과 희한한 수입 구조

올림픽이 끝나면 유산을 남긴다. IOC 헌장 제2조 14항에 "올림픽 대회가 개최도시와 개최국에 긍정적인 유산(legacy)을 남기도록 장려한다."라고 쓰여 있다. 긍정적인 유산이란 올림픽을 치른 후에 개최 지역에 몇 가지 분야에 활성화 시킬 수 있는 가치를 키워내야 비로소 누구나 수긍을 할 만한 사안이 된다. 헌장엔 올림픽 유산을 스포츠, 사회, 도시, 환경, 경제 등 다섯 가지로 분류해 놓았다.

평창 동계올림픽 개최지역에 어떻게 다섯 가지 유산을 남겼을까? 지면에 한계가 있어 요약해 보자면, 스포츠 분야에서는 쇼트트랙, 스피드스케이팅, 봅슬레이, 스켈레톤, 컬링, 스키 종목 등으로 경쟁력을 확대했다. 사회 분야는 평화를 바라는 국민들의 염원이 반영됐다. 도시 분야는 고속철도가 놓이고 도로가 확충됐다. 여기까지는 풀어야 할 과제도 있지만, 꽤 인정할 만한 하다. 문제는 환경과 경제 분야이다. 알파인경기장으로 활용한 가리왕산 국유림 훼손과 복원문제의 갈등이 상존하고 있다. 또한 경제 유산은 과연 우리에게 어떻게 다가오는가.

앞서 언급한대로 평창 동계올림픽 총 투자예산은 13조 8천억 원이다. 대회 운영비 2조 8천억 원, 경기장 건설비 2조 원, 고속철도 건설비 9조 원을 포함한 금액이다. 조직위는 수입을 13조 9,496억 원 이상으로 발표하면서 유례없는 흑자 올림픽이라고 자평했다. 하지만 12조 원이 포함된 수입내역을 보면 국비와 지방비이다. 즉, 국민 세금이 수입으로 잡힌다는 것에 대해 많은 사람들을 의아하게 만들었다.

직시하고 승화시켜야 할 올림픽

시설투자와 사후활용에 따른 기대 반, 우려 반으로 치렀던 2018년 평창 동계올림픽은 평화 올림픽이란 이슈로 표면적으로는 엄청난 성공을 거두었다. 무엇보다 2032년에 남북한이 힘을 합쳐 공동으로 하계올림픽 유치의사(2018.9.19. 평양 공동선언)를 밝힌 문재인 정부의 의지는 한반도 평화 이슈를 극대화하기 위한 연속조치로 평가받고 있다. IOC에 평양과 공동 유치신청서를 제출할 도시로는 서울로 확정(2019.2.12.)되면서 인도 뭄바이, 중국 상하이, 오스트레일리아 멜버른, 이집트 카이로-알렉산드리아, 러시아 블라디보스토크 등과 본격적으로 경쟁하게 될 것이다.

박원순 시장은 "2018년 평창 동계올림픽은 평화의 출발점이었다면 2032년 서울-평양 하계올림픽을 평화의 종착점"으로 만들자고 했다. 직시하자. 올림픽은 돈을 벌 수 있는 이벤트가 아니다. 돈을 남기는 주체는 IOC와 스폰서 기업이다. 수입의 가장 큰 부분은 방송 중계권과 기업 스폰서 금액으로 IOC가 가져간다. 기업은 소비자이면서도 올림픽을 적극 홍보하는 유통자 역할을 한다. 궁극적으로 자사 상품을 홍보하고 엄청난 판매량으로 직결된다. 개최지는 입장권 판매와 부대시설 운영 등에서만 수입을 기대할 수 있다. 아무리 기를 써도 한 나라와 도시가 투자한 비용 대비 수익을 창출할 수 없는 구조이다.

승화하자. 평화의 종착점으로 가는 길목을 잘 만들자. 올림픽을 통해서 돈을 남기지 말자. 평화에 투자해서 평화에 저해되는 분야에 쏟았던 에너지와 돈을 아끼자. IOC도 새로운 100년 상품 기획을 하듯이 우리도 이슈를 최대로 키워 놀랄만한 효과를 거두자. 100년 그 이상의 평화를 이루어야 하기에.

출처: 서울특별시 체육회(2019.3월). 월간 서울스포츠 341호. 칼럼 스포노믹스(문개성), p.38-39.

과제

01 올림픽이 앞으로 계속 흥행하기 위해서 어떤 방향으로 변화를 할지 토론해보시오.

02 월드컵이 앞으로 계속 흥행하기 위해서 어떤 방향으로 변화를 할지 토론해보시오.

03 4차 산업혁명 시대에 올림픽과 월드컵이 변화하고자 하는 사례를 찾아보시오.

CHAPTER 10 미디어의 등장, 변혁적 스포츠 환경

1절 프로 스포츠 산업

1. 핫 미디어 스포츠와 쿨 미디어 스포츠

최초로 신문에 스포츠 기사가 실린 사례로는 1733년 미국의 '보스턴 가제트(Boston Gazette)'이다. 신문에 스포츠 기사를 삽입하고 효과가 나타난다고 인식했던 시기는 1822년 설립된 '벨즈 라이프 인 런던(Bell's Life in London)'의 사례로 거슬러 올라간다. 당시 스포츠 자체가 기사화되는 경우는 거의 없었고, 사람들도 뉴스라고 생각하지 않았던 소재였다. 하지만 판매에 지속적으로 도움이 되면서 스포츠 기사화는 가속화됐다. "스포츠와 미디어는 공생(symbiotic) 관계다. 현대 스포츠의 가장 큰 특징은 '하는 스포츠'에서 '보는 스포츠'가 됐다는 점이다. 미디어가 구현하게 된 '스포츠 보기'는 스포츠의 대중화에 크게 기여했다. 대중이 선망하는 스포츠 스타는 치열한 경쟁을 통해 승자가 된 선수다. 미디어는 패자보다 승자에 보다 더 집중할 수밖에 없게 됐다. 세계적인 스포츠 제전은 '미디어 이벤트'의 속성이 강해지면서 자본의 논리, 소수의 우상화, 지나친 경쟁 등을 유도하는 구조로 변했다(문개성, 2018, p.239~240)."

'미디어는 메시지(message)다'란 명제로 유명한 커뮤니케이션 학자 마셜 매클루언(Marshall McLuhan, 1917~1980)은 미디어를 '핫 미디어(hot media)'와 '쿨 미디어(cool media)'로 분류했다. 핫 미디어는 한 가지 감각에만 의존하는 매체를 뜻한다. 대표적으로 신문, 잡지와 라디오가 있다. 미디어 자체가 정밀하므로 수용자가 신경을 덜 쓰더라도 정보의 뜻이 전달된다. 쿨 미디어는 TV와 영화와 같이 여러 감각의 활용을 이끌어내는 매체이다. 이는 미디어 자체가 정밀하지 못하므로 수용자의 더 큰 참여를 유도한다.

스포츠 종목에 적용시키면 핫 미디어 스포츠는 고정밀성(high definition), 저참여성(low participation)의 특성이 있는 종목이라 할 수 있다. 대표적으로 야구, 테니스와 같은 정적 스포츠, 개인 스포츠, 기록 스포츠라 할 수 있다. 쿨 미디어 스포츠는 반대로 저정밀성(low definition), 고참여성(high participation)의 특성을 갖는다. 대표적으로 축구, 농구와 같은 동적 스포츠, 팀 스포츠, 득점 스포츠이다. 낮은 정밀성과 높은 감각에 몰입하는 쿨 미디어 스포츠에서 폭력사태가 빈번하게 발생한다. 유독 축구 경기에서 폭력적인 훌리건(hooligan)이 발생할 가능성이 야구보다 높다고 할 수 있다. 야구는 복잡한 룰로 인해 경기의 흐름에 깊게 개입하기가 상대적으로 어려워 자신이 응원하는 팀이 지더라도 불만이 폭발하거나 난동으로 이어지기가 어렵다.

마셜 매클루언

세계적인 스타 우사인 볼트(Usain Bolt)와 마이클 펠프스(Michael Phelps)는 2016년 리우 올림픽 결승전을 현지 시간으로 밤 10시 이후에 치렀다. 상식적으로 최상의 컨디션으로 경기에 임할 시간대가 아니었지만, 광고주(기업) 입장에서는 중요한 사안이 되지 않았다. 이러한 경기 스케줄 조정은 2000년 시드니 올림픽부터 2032년 올림픽까지 76억5000만 달러(약 8조5000억 원)를 투자해 독점 중계권을 확보한 미국 방송사인 NBC의 영향력으로 북미 시청자들이 황금 시간대에 TV 앞에 있게 한 것이다. 물론 시청자를 위한 조치이기도 하고, 더 나아가 가장 강력한 힘인 자본을 쥔 광고주를 위한 길이었다.

미국에서 가장 인기가 높은 미식축구는 쿼터제로 각 쿼터당 15분으로 4쿼터를 진행하고, 전반은 1·2쿼터, 후반은 3·4쿼터에 해당된다. 전반이 끝나면 12분간의 하프타임이 주어지고, 2쿼터와 4쿼터에는 마지막 2분간 '2분 경고시간(2minute warning)'을 부여한다. 박빙의 시합을 하던 중에 각 팀에 작전타임을 하라고 2분간 중지하는 것이다. 이유가 뭘까. 바로 광고주 입장에서 살펴보자. 광고주(기업)가 미디어의 실질적 주권자이기 때문이다. 순수 경기시간이 1시간이지만, 이런 저런 사유로 실제 경기는 2시간을 훌쩍 넘긴다. 이런 맥락에서 살펴보면 축구가 미국에서 유럽보다 인기가 덜한 이유는 경기가 재미없거나 스타의 부재 때문이 아니다. 바로 주권자(광고주)가 선호하는 경기 방식이 아니기 때문이다. 경기 전문가는 축구 특유의 전략·전술이 효과를 발휘하기 위해선 전·후반 각각 45분이 필요하다고 항변하지만, 광고주는 아마 총90분을 4등분해 시간을 할애하길 원할 것이다.

여기서 잠깐

올림픽 방송과 미디어 확장

1. 올림픽 방송의 변천

1936년 베를린 올림픽이라고 하면 우리나라 손기정 선수가 일장기를 달고 우승했던 기억을 떠올린다. 히틀러가 나치즘과 게르만 민족의 우월성을 알리고자 했던 바로 그 대회다. 스포츠를 정치에 이용한 전형적인 사례가 됐다. 이 대회 때 TV의 야외 실험방송을 최초로 했다.

1960년 로마 올림픽 때부터 방송사에 유료로 판매하기 시작했다. 이를 뒷받침했던 것은 올림픽 헌장에 '방송권(Broadcasting Rights)'을 명문화했기 때문이다. 1964년 도쿄 올림픽 땐 인공위성을 이용한 TV 중계가 이루어지면서 진일보한 기술발전이 있었다. 1968년 멕시코 올림픽 때 IOC 방송위원회가 설립·운영되면서 1984년 LA 올림픽 때 156개의 많은 나라에 스포츠 경기를 중계할 수 있는 여건이 마련됐다.

1988년 서울 올림픽은 이데올로기 큰 축으로 나눠졌던 미국과 구소련의 정치역학적 관계를 상징적으로 화합했던 대회로 평가받고 있다. 이 외에도 미디어 기술발달에 힘입어 기업 스폰서십 환경을 체계적으로 구축한 대회이기도 하다. 즉, TOP(The Olympic Programs) 프로그램이 첫 시행이 되면서 스포츠 중계권을 포함한 스폰서십 환경이 마련됐고, 160개국에 경기가 중계됐다.

1992년 바르셀로나 올림픽에선 193개국으로 확대 중계됐고, 주관방송사 중계시간이 2,700시간을 돌파하는 기록을 세웠다. 1996년 애틀랜타 올림픽은 스포츠 경기가 214개국에 중계되면서 최초로 200개국을 넘어섰다. 또한 중계시간도 3천 시간을 기록했다. 2004년 아테네 올림픽에선 일부 지역의 국가에 최초로 인터넷으로 중계하는 시도를 했고, 2008년 북경 올림픽에선 TV방송과 인터넷, 모바일이 분리 중계하게 됐다.

2018년 평창 동계올림픽은 주관방송사인 NBC가 15개의 모든 종목경기 및 선수 인터뷰, 특집 등을 포함해서 총 2,400시간의 중계를 했다. 동계올림픽임에도 불구하고, 인터넷 생방송이 늘어나 2014년 소치동계올림픽(1,600시간)과 2010년 밴쿠버 올림픽(835시간) 중계 시간을 합한 것과 비슷한 규모다. 평창에 설치된 올림픽 국제방송센터(IBC)는 서울월드컵경기장 축구장 면적의 5배를 넘는 5만1,024㎡로 NBC는 2,400명을 동원했다. IBC 상주인력 7,000명의 29%에 해당되는 규모로 주관방송사의 위상을 보여준다. 웬만한 국가의 국영방송사 수준으로 운영될 만큼 올림픽 중계의 규모는 나날이 커지고 있다. 이는 중계권료의 상승과도 무관하지 않다. NBC는 2018년 평창 동계올림픽 기간에 IOC에 9억 6,300만 달러(약 1조 1,300억 원)의 중계료를 지급했다. 이를 바탕으로 기업광고 유치, 지역 방송사의 중계권 재판매 등 NBC의 수입은 11억 달러 이상으로 추산되고 있다.

출처: 문개성(2022). 스포츠 마케팅 4.0: 4차 산업혁명 미래비전(개정2판). 박영사. p.351~353(요약).

2. 프로 스포츠 경기장의 상징성과 미디어 확장

2018년 헐리웃 영화, 보헤미안 랩소디를 통해 다시 알려지게 된 웸블리 경기장은 1985

년 에티오피아 난민의 기아 문제를 해결하기 위한 자선마련 공연인 라이브 에이드(Live Aid)로 잘 알려진 곳이다. 또한 세계적인 팝스타 마이클 잭슨의 월드투어 때 몇 차례 공연이 펼쳐진 상징적인 곳이기도 하다. 1923년 개장되어 2003년 철거될 때까지 유구한 역사를 알린 경기장이다. 무엇보다 잉글랜드 축구 국가대표팀의 경기장으로 사용하며 '축구의 고향(The Home of Football)'이란 별칭을 얻었던 상징적인 장소였다.

2019년 한류를 주도하는 BTS의 영국 웸블리 스타다움의 공연을 보자. 이 곳은 구 웸블리 경기장을 철거하고 2000년부터 짓기 시작해 2007년에 개장한 신 웸블리 구장이다. 축구의 본고장인 영국의 위상처럼 9만 명을 수용할 수 있고, 영국 특유의 궂은 날씨에는 지붕이 닫혀 모든 관중이 비를 피할 수 있게 설계됐다. 몇 해 전 타계한 팝스타 조지 마이클을 시작으로 세계적 록 그룹 뮤즈, 메탈리카 등이 공연을 했다. 전 세계 팬들 분만 아니라 모든 매체를 열광시켰던 요인으로 BTS의 실력에 덧입혀진 공학적 가치를 극대화시키는 전략이 있다. 현장에 있는 6만 명의 팬과 유료 실황공연 중계를 즐긴 14만 명을 합쳐 20만 명이 동시간대에 공연을 관람했다. 미디어를 통해 어떻게 소통하고, 세련된 무대연출을 어떻게 보이게 하느냐의 문제는 웸블리 현장이 아닌 안방까지 전달하게 하는 공학의 세계인 것이다.

웸블리 스타디움

2. 디지털 마케팅 시장의 확장

Nielsen Sport(2018)에 따르면 이미 미국시장 내에서 스포츠 콘텐츠를 소비하는 패턴의 변화를 읽을 수 있다. 2002년부터 2017년까지 라디오를 통해 청취하는 비율이 15% 수준에서 10% 아래로 낮아지고, TV 또한 30% 수준에서 점차 축소되고 있다. 반면, 2002년경에는 존재하지 않았던 스마트폰이 2007년에 시장에 처음 등장해 매년 급성장하면서 2017년에는 15~20% 수준으로 확대되고 있다. 이미 방송매체 중 라디오를 넘어섰고, TV 시청시장도 위협을 할 만큼 성장하고 있다.

지상파 방송, 케이블 TV, 위성방송, 인터넷 포털, IPTV, 온라인 미디어 채널, 모바일 애플리케이션 등을 비롯해 다양한 미디어 플랫폼의 확장은 시장에 안착하기도 전에 새로운 혁신기술에 의해 도전받고 있다. 또한 Nielsen Sport(2018)에 따르면 SNS를 통해 접하는 스포츠 콘텐츠 소비자는 3분 이상을 넘기면 지루하다고 생각하게 된다고 한다. 예를 들어 관련 영상이 폭발적으로 증가하는 유튜브(YouTube)의 경우에도 어떻게 하면 소비자 관심을 유도하고, 집중시간을 단축하느냐에 따라 경쟁력을 좌우하게 됐다.

아이콘이란 이미지를 뜻하는 그리스어 Eikon에서 유래된 용어이다. 디지털 마케팅 시장이 확대되면서 어떤 속성을 강화하는 상징적 모티브를 확보한다는 것은 매우 큰 의미가 있다. 축적된 콘텐츠 자산을 통해 다양한 사업으로 연결 지을 수 있기 때문이다. 예를 들면 김연아 前선수, 많은 국민들은 그녀가 영원한 아이콘이 되길 바랄 것이다. 지금 그대로의 모습, 성숙하고 당당한 모습 등 사람마다 느끼는 아이콘은 다양할 것이다. 박세리 前선수도 있다. 외환위기를 맞았을 때 맨발의 투혼으로 온 국민에게 희망을 주었다. 뚝심 있는 모습, 희망을 주는 모습 등 매우 다양한 아이콘이길 바랄 것이다.

미국 메이저리그에는 헨리 루이스 게릭(Henry Louis Gehrig)이라는 뉴욕 양키스의 내야수 선수가 있었다. 전설적인 타자 베이브 루스와 함께 살인 타선(Murderers' Row)이라고 불릴 정도로 팀의 중심 타선으로 맹활약했다. 그는 1925년부터 출장한 경기에서 14년 동안 2,130 경기를 연속 출장해 '철마'(The Iron Horse)란 별명도 얻었다. 거칠 것 없던 강타자인 그가 선수 시절 후반기인

1939년에 근위축성측색경화증(amyotrophic lateral sclerosis)이란 병명으로 1941
년 서른일곱의 젊은 나이로 사망했다. 그를 통해 루게릭 병이라는 별칭으로
불리게 됐다. 대뇌와 척수의 운동신경 세포가 파괴되어 근육이 점점 힘을 잃
어가는 병으로 2015년 아이스버킷 챌린지로 더욱 알려지게 됐다. 그가 병을
얻고 은퇴를 선언한 해에 메이저리그 야구 최초의 영구 결번인 4번을 양키스
구단은 지정했다.

　　대중들에게 많은 영감을 주었던 현존하는 스포츠 스타를 비롯해 오래 전
에 타계한 유명한 선수를 눈앞에서 볼 수 있다고 상상해보자. 인공지능이 가
미된 홀로그램 기술과 김연아, 박세리, 루게릭 콘텐츠를 합쳐볼 수 있다. 바로
눈앞에서 피겨 스케이팅 기술을 일반 대중들에게 가르칠 수 있다면 어떨까?
유소년, 청소년, 성인들 대상으로 스케이트를 타는 방법뿐만 아니라, 선수들에
게도 고급 기술을 선보일 수 있다. 골프 자세, 야구 기술, 그들의 노하우를 배
울 수 있다. 물론 진짜 김연아, 박세리, 루게릭이 아니다. 그동안 선보였던 동
작, 기술, 기량, 노하우, 심지어 실수했던 모든 데이터를 분석해 최첨단 기술을
매개로 눈앞에 펼쳐지는 진짜 같은 혹은 진짜보다 더 진짜 같은 가상(virtual)
의 그들이다. 영원불멸한 아이콘인 셈이다.

여기서 잠깐

시장의 진화

1. 1.0, 2.0, 3.0, 4.0 시장

세계적인 마케팅 분야의 학자인 필립 코틀러(Philip Kotler)가 제시한 시장(market)
1.0, 2.0, 3.0, 4.0에 대해 몇 가지 사례와 덧붙여 살펴보면 다음과 같다. 더불어 4차
산업혁명이란 개념과 스포츠 분야와 결부시켜 이해해보자. 첫째, 시장 1.0에선 제품 위주
의 마케팅을 한다. 20세기 초 대량생산체제가 정착된 시기로 기억될 수 있는 포드 자동차
공장의 테일러리즘 적용은 잘 알려져 있다. 즉, 앞서 언급한 미국의 경영학자 프레더릭
테일러의 이론에 충실한 것으로 잘 알려져 있다. 더불어 예술적으론 그 시대상을 비판한
채플린의 무성영화도 아직까지 사랑받고 있다. 과학적 관리를 통한 '포드 시스템'으로 한
사람이 했던 모터 조립 분량을 컨베이어 설치를 통해 10분의 1로 조립시간을 줄였다. 당

시 1000달러에 근접한 자동차 가격을 일거에 300달러로 낮추었다. 포드가 얘기한 표준화(standardization), 전문화(specialization), 단순화(simplification)는 자본주의의 생산양식으로 현재도 조직 경영에 매우 중요한 근간이 되고 있다. 우리나라의 가전제품도 시장에서 최초로 출시될 무렵, 공장에서 찍어내는 대로 소비자는 품질을 따지기 이전에 구매할 수밖에 없었다. 일방적 마케팅의 방식이 통했던 시기였다. 프로야구장에 가게 되면 오늘날의 세련된 좌석과 서비스를 기대하기 이전에 야구경기란 제품을 직접 눈으로 보는 것에 만족했다. 소비자의 생각과 요구사항은 상대적으로 중요하게 생각하지 않았던 제품 중심의 마케팅이 있을 뿐이었다.

둘째, 시장 2.0에선 소비자 중심의 마케팅을 한다. 경쟁사의 제품이 쏟아지다 보니 소비자를 의식하지 않을 수 없게 됐다. 소비자는 품질을 고려하고 애프터서비스(A/S)는 당연한 거라고 인식하게 됐다. 소비자 민원도 강력해지면서 기업의 대응도 예전보다 신속해졌다. '소비자가 왕'이란 프레임이 생겨나면서 간혹 무례한 고객으로 말썽이 나곤 했다. 일방적인 마케팅보다는 기업과 고객 간의 의견을 주고받을 수 있는 쌍방향 마케팅이 중요해졌다. 프로 스포츠 구단은 고객을 유치하기 위해 별도의 노력을 했다. 서포터스를 지원하고 마케팅에 활용했다. 팬과의 소통을 중시하면서 소비자를 중시하는 마케팅 현장으로 발전했다.

셋째, 시장 3.0에선 인간 중심의 마케팅을 한다. 가치 중심의 시장을 주도하는 전략이 필요하게 됐다. 제품 중심의 일방향 마케팅이나 소비자 중심의 쌍방향 마케팅만으로는 고객을 감동시킬 수 없게 된 것이다. 풍부한 '스토리텔링(Story Telling)'이 중요해지면서 상상력을 발휘하는 마케팅이 필요해졌다. 아마추어리즘을 표방한 올림픽은 상업주의의 폐해로 몸살을 겪기도 하지만 성, 인종, 국적, 장애인 등 불평등을 해소하기 위한 메시지가 강렬하다. 여전히 인류의 보편적인 가치를 중시하며 이 시기에 갈등 해소, 평화 정착을 위한 징검다리로서 역할을 다하고자 한다. 프로페셔널을 표방하는 프로 스포츠 리그에선 엄청난 몸값과 스폰서비용으로 양극화가 심한 치열한 경쟁의 장소이지만, 훈훈한 스토리와 동료애를 나타내며 감성을 자극한다. 지금 우린 여전히 3.0 시장에 있고, 4.0 시장을 선도하기 위한 기업 마케팅 현장의 한가운데에 있다. 우리가 바로 잠재적인 스포츠 소비자이기 때문이다.

마지막으로 시장 4.0에선 기업과 고객 사이의 온·오프라인의 상호작용을 통합한 마케팅을 한다. 디지털 경제라고 해서 오프라인을 배제하면 안 된다. 오히려 오프라인 접촉을 강화해야 할 시기가 됐다. 인간과 미디어의 상호 작용은 스크린을 통해 확장됐다. 우리 삶에서 스크린을 통해 보는 행위가 매우 중요한 판단 기준으로 작용한다. 스포츠 용품을 사러 오프라인 매장에 가더라도 온라인을 통해 가격을 비교하고, 다른 사람이 남긴 리뷰를 확인한다. 이에 기업은 옴니채널(Omni Channel) 마케팅을 도입하고 있다. 온라인과 오프라인에서 가격과 서비스의 동일함을 추구한다. 기업의 일방적인 마케팅을 위해 부정적인 콘텐츠를 검열하거나 고객을 속일 수 없게 됐다. 스마트해진 고객들은 '스토리두잉(Story Doing)'을 통해 자기표현을 거침없이 한다. 소셜 미디어를 통해 자신의 의견을 적극 개진하고, 반응에도 관심을 갖는다. 스포츠맨십과 페어플레이에 어긋난 승리는 선수가 주도하든, 심판의 텃새로 작용하든 간에 상관없이 엄청난 비난이 뒤따른다. 단기간에 그치지 않고, 미디어의 확장성으로 오랫동안 온라인에 존재한다. 반면 공정성, 진정성, 투명성을 보이는 선수, 팀, 구단은 지속적으로 호감을 받는 대상이 된다. 아무리 현대 스포츠를 유통하는 미디어가 승자에 초점을 둔다 하더라도 전 세계의 스포츠 소비자들은 자기 스스로 내용을 이해하고, 판단하고, 결정을 내릴 만큼 4.0 시장에 익숙하게 된 것이다. 반대급부로 모든 분야에 '가짜 뉴스(fake news)'가 바이러스처럼 전파된다. 이를 극복하는 주체도 소비자가 됐다.

출처: 문개성(2022). 스포츠 마케팅 4.0: 4차 산업혁명 미래비전(개정2판). 박영사, p.16~18.

2. 5.0 시장의 도래

Kotler et al. (2021)에 따르면 전 세계에 바이러스 공포를 안겨주었던 코로나 19 팬데믹(2020~2022년)으로 인해 5.0 시장이 가속화된 것으로 진단했다. 앞서 언급한 인간 중심의 3.0 시장과 4.0시장부터 발전돼 온 휴머니티 기술 중심의 시장이 통합된 형태이다. 다시 말해 고객을 지적으로(1.0 시장), 정서적으로(2.0 시장), 정신적으로(3.0 시장) 자극하며 온라인과 오프라인의 통합시장(4.0 시장)을 거쳐 다음 단계인 5.0 시장으로 가는 과정이 뜻하지 않은 외부요인으로 빨리 찾아온 것이다.

속수무책으로 바이러스에 당했던 인간들은 모든 구성 요건을 기술(기계)에 의해 해결하고자 했다. 꾸준히 연구돼 온 소비자의 행동패턴을 인공지능(AI, Artificial Intelligence), 빅데이터와 같은 최첨단 기술과 기계에 의해 발견하는 수준까지 이르게 됐다. 이를 통해 디지털 시장에서의 경험을 실제 세계(오프라인 공간)에서 자연스럽게 접목할 수 있는 고객별 맞춤형 서비스가 보다 중요하게 됐다.

고객은 오픈소스 플랫폼을 통해 자신들의 의사가 적극 차용되는 공동 창조(co-creation)에 기대를 걸고, 기업은 더 많은 정보를 통해 의사결정을 해야 하는 상황에 놓이게 된 것이다. 앞으로 스포츠계의 넷플릭스(Netflix)가 시장에 나올 수도 있다. 전 세계가 365일 24시간 동안 스포츠 상품을 쏟아내고 있기 때문이다. 클릭 몇 번이면 밤낮이 바뀐 지구 반대편의 스포츠를 국가별, 지역별, 리그별, 구단별 등의 선택을 거쳐 언제든지 즐길 수 있는 것이다. 미디어의 주도권을 어떻게 갖고 분배하느냐의 따라 비즈니스 모델은 달라지겠지만, 실시간으로 접속해 서비스를 즐기는 고객은 기호에 맞게 소비할 수 있는 환경이라 할 수 있다. 5.0 시장의 발전을 기대하게 된다.

SPOMANITAS 넘나들기!

지상파의 전유물이었던 올림픽 중계권 환경의 변화를 이해해 봅시다.

지상파 방송사가 아닌 JTBC의 올림픽 중계권 확보, 올림픽 이슈가 재점화되고 있는 시점에서

2000년 이후 올림픽 개최를 희망하는 중간상 역할이 경제적 부담으로 눈에 띄게 급감했다. 2004년 대회유치를 원했던 국가(도시)가 11개, 2008년 10개, 2012년 9개, 2016년 7개, 2020년 5개, 급기야 2024년은 2개로 줄어들어 IOC(국제올림픽위원회)는 2024년 파리, 2028년 LA를 동시에 발표했다. 2018년 평창 동계올림픽은 평화의 출발점이었다면 2032년 서울평양 하계올림픽을 평화의 종착점으로 만들자고 다짐을 했었다. 평화이슈라는 인류의 보편적 가치를 강조해야 한다고 했다. 패망 이후 부흥과 재건을 기치로 1964년 도쿄 올림픽 성공을 그대로 답습하고자 일본은 2020년 올림픽을 유치했지만, 세계인들로부터 공감을 얻을지는 미지수다. 최근 시장경제질서 훼손과 국가차원에서 덮고자 하는 방사능 이슈가 만만치 않다. 이 지점에서 두 가지 이슈가 더 있다. JTBC의 올림픽 중계권 확보와 IOC의 7년 전 개최지를 정해야 한다는 조항 폐지가 그것이다.

뉴스의 공정성에서 스포츠의 페어플레이

2019년 6월 초, 올림픽 스포츠 중계권과 관련하여 뜻밖의 소식이 전해졌다. 뉴스보도, 예능 등 짧은 시간 내에 승승장구하던 JTBC의 성장 가능성을 많은 사람들이 인식하고는 있었지만, 올림픽 중계권까지 거머쥔 것이다. 국제올림픽위원회(IOC)와 JTBC는 스위스 로잔에서 공식적인 중계권 조인식을 가졌다. 계약의 주요 내용은 2026년, 2030년의 동계올림픽과 2028년, 2032년의 하계올림픽의 한반도 내 중계권을 확보하여 올림픽의 모든 미디어 플랫폼 권리를 갖는 것이다. 더군다나 2032년 서울·평양 하계올림픽이 성사된다면 그야말로 역사적이고 상징적인 이벤트를 독점적으로 찍고, 배포하고 재판매할 수 있는 큰 사건이다. TV와 디지털에 대한 모든 권한

을 갖는다. 여느 때와 다른 상징성을 갖는다.

지상파가 독점해 온 스포츠중계권리를 어떻게 종합편성채널에서 획득했을까. 국내 지상파 3사(KBS, MBC, SBS)가 주요 국제경기 중계권한을 획득하기 위해 '코리아 풀(Korea Pool)'을 형성해서 참여해 왔다. 단일창구로 공동 협상한 다음 3사가 비용을 분배하여 지불하는 방식이다. 이번 협상에선 JTBC에 코리안풀 참여를 요청했지만, 단독으로 참여하겠다고 거부했다. 결론적으로 JTBC의 단독 참여로 중계권까지 거머쥐면서 지상파 방송사들은 대변단체인 한국방송협회를 통해 비판의 목소리를 높였다. 국부유출, 보편적 시청권 침해 등 온갖 부정적인 결과를 초래할 수 있는 프레임을 강조했다.

신의(信義)와 신의(信疑) 사이

코리아 풀은 2006년 5월, 지상파 3사의 각 경영진들이 협의해서 만들어졌다. 스포츠 중계시장이 커지면서 방송사 간의 무리한 경쟁을 방지하고, 믿음과 의리(信義)를 토대로 각종 분쟁을 사전에 방지하자는 취지이다. 매우 합리적으로 보이는 이 제도가 만들어지기까지 어떤 일이 벌어졌을까. 1996년으로 거슬러 올라간다. 이 해에 AFC 아시안컵 대회를 KBS가 단독으로 방송하면서 믿음과 의심(信疑)이란 상반된 감정을 교차하게 됐다. 이듬해인 1997년에는 MBC가 1998년 프랑스월드컵의 아시아 지역 최종예선을 단독으로 중계했다. 1999년에는 2019년 FIFA U-20으로 열광했던 바로 그 대회, 나이지리아 세계청소년 축구대회를 SBS가 단독으로 중계했다. 이후에도 한정된 지면에 모두 열거하지 못할 만큼 꽤 많은 선례를 돌아가면서 신의(信疑)를 교환했다.

IOC 입장이라면

입장을 바꿔 생각해보면 어떨까. IOC 입장에서 말이다. 공동입찰을 하든 단독입찰을 하든 상관이 없다. 당연히 입찰 시장에서 단독 협상 자체를 비판할 수는 없다. 몰래 단독으로 참여하여 중계권을 확보한 사례가 부지기수라는 사실을 모른다고 해도 말이다. 사업자의 자율협상 제도를 통해 종합편성채널을 선택한 IOC도 입찰기준에 따라 철저하게 분석했을 것이다. 최근 지상파의 위상은 날로 추락하고 있다. 관료화된 의사결정 시스템, 동기부여가 풍요롭지 않은 조직문화 등 여러 문제점이 있을 거라고 추측해본다. 반면 새롭게 시장에 도입된 종합편성채널은 온·오프라인 통합시장을 위시한 마켓 4.0을 이해하는 것에 그치지 않고, 소셜 미디어를 통한 소통방식, 디지털 플랫폼으로 젊은 층에게 어필하는 방식 등 즉각적으로 시대의 흐름을 감지·적용하고 있다. 이러한 조직은 형성기를 거쳐 성장하는 과정에 속도를 내지만, 이미 성숙해서 중년기 혹은 장년기로 가는 조직은 변화의 속도에 스텝을 못 맞추고 있다. 노련한 IOC도 그 사실을 모를 리가 없지 않을까. 토마스 바흐 IOC 위원장의 인터뷰에서 엿볼 수 있다. "JTBC가 치열한 입찰 경쟁 속에서 혁신적인 방송 계획을 제시했다. 올림픽 중계에 대한 열정과 의지까지 보였다." 평화이슈의 감동과 페어플레이 스포츠를 녹여 공정하게 보도되길 기대한다. 물론 유머와 촌철살인(寸鐵殺人)도 잊지 않고 말이다.

어느 정도 예측된 IOC 조항 폐지

2019년 6월 말, IOC는 올림픽 개최지 선정을 개최 7년 전에 확정지어야 한다는 규정(IOC 헌장 33조 2항)을 폐지했다. 또한 유치 도시를 한 곳으로 명시했던 규정을 여러 곳(도시, 지역, 나라 등)을 적시할 수 있게 하면서 광의의 개념으로 확대했다. 2024년 파리, 2028년 LA를 동시에 발표하면서 先시행 後조치를 한 셈이다. 몇 년 전 영국 BBC의 논평이 말해준다. "올림픽의 하이라이트는 육상 100m나 마라톤이 아니라 손익계산서다." 빚잔치로 끝날 수밖에 없는 현실이 개최 희망도시가 줄어든 직접적인 이유다. 포브스(Forbes)를 인용해서 BBC와 파이낸셜타임즈에서 발표한 하계올림픽 손익계산서를 살펴보자. 1976년 몬트리올올림픽 때 이미 1조 4,736억 원의 적자를 기록, 1984년 LA올림픽은 2,400억 원 소폭 흑자, 1988년 서울올림픽은 9,000억 원의 적자, 1992년 바르셀로나올림픽은 7조 3,200억 원 적자, 1996년 애틀랜타올림픽은 소폭 흑자와 2000년 시드니올림픽은 소폭 적자로만 기록, 2004년 아테네올림픽은 10조 8,000억 원 적자, 2008년 베이징올림픽은 4,800억 원 적자, 2012년 런던올림픽은 14조 1,600억 원의 적자, 2016년 리우올림픽은 무려 18조 원이란 적자를 떠안게 됐다. 하계올림픽만 언급한 수치이다.

올림픽을 통해 돈을 벌 수 있다는 인식은 그 누구도 하지 않는다. 2020년 도쿄올림픽은 재건과 부흥 이슈로 모든 것을 가리고 있다. 인류의 보편적 가치와는 괴리가 있어 우려를 낳는다. 앞으로 2024년 파리올림픽과 2028년 LA올림픽은 어떤 이슈로 공감을 얻고자 할까? 우린 이미 2032년 서울평양 공동하계올림픽 개최 희망을 평화이슈로 세상에 내놓았다. IOC의 7년 전 개최지 선정 조항도 폐지가 되면서 희소식이 예상보다 빨리 올 수도 있다. 2032년까지 마냥 기다려야 하는 것이 아니라, 남북 체육교류는 지속해야 한다. 군불을 때야 취사 목적 이외에도 방이 따뜻해지게 된다. 세련된 스포츠 중계와 보도, 세상을 따뜻하게 하는 평화적 이슈를 확장시켜 온 인류가 공감하게 하자. 새로운 문명의 출발로 삼자.

출처: 서울특별시 체육회(2019.9월). 월간 서울스포츠 347호. 칼럼 스포노믹스(문개성), p.38-39.

스포츠의 마케팅과 스포츠를 통한 마케팅

1. 스포츠의 마케팅 비즈니스

1869년 최초로 미국 프로야구 구단 신시내티 레드 스타킹스(Cincinnati Red Stockings)가 창단되면서 본격적으로 프로 스포츠 산업이 시작됐다. 본격적인 프로 스포츠의 역사는 1871년 최초의 미국 직업야구선수 연맹(The National Association of Professional Baseball Players)이 조직되면서 시작됐다. 이후 1902년, 현재의 내셔널리그(National League)와 아메리카리그(American League)가 시작되면서 프로야구 산업이 본격화됐다. 미국에서 유독 열광적인 미식축구(American Football)는 1892년에 프로경기가 최초로 열렸고, 1898년에 프로농구리그(National Basketball League)가 결성됐다. 일본은 1920년에 일본운동협회가 결성됐고, 1926년에 6개 구단이 창단됐다. 본격적인 프로구단 시대는 1934년에 요미우리 자이언트가 창단되면서 시작됐다. 이 팀은 2006년 이승엽 선수가 일본 최고의 명문팀에서 4번 타자로 맹활약을 펼치며 폭발적 인기를 얻었던 팀으로 기억하고 있다.

신시내티 레드 스타킹스

　오늘날 스포츠 비즈니스 영역에서 가장 중요한 주체는 '선수'이다. 제품의 가치를 지닌 평범한 선수는 프로구단에 입단하는 순간 상품화가 진행되는 것이다. 유니폼을 입는 순간 상품가치를 높이기 위한 작업에 돌입하게 된다. 신인선수가 구단에 입단하기 전에 감독 혹은 구단주와 인터뷰를 하고, 유니폼을 입는 세리머니를 한다. 플래시가 터지고 이곳저곳 보도가 송출된다. 이 신인선수는 '저는 이제부터 상품이 됐습니다. 지금은 싸지만 비싼 상품으로 성장하는 것을 기대하세요.'라고 무언의 브이자(V)를 그리는 것과 같다. 선수들 간의 상품가치가 높아져야 매력적인 경기 접근권을 판매하고, 구매하는 시장이 형성된다.

　마이클 조던은 2003년 은퇴한 이후에도 전설로 남아있다. 그는 약 120년 미국 농구 역사 상 가장 위대한 선수로 평가받는다. 조던은 노스캐롤라이나 대학 2, 3학년 때 연속으로 전미 최고 대학선수로 선발되면서 전미농구협회(NBA, National Basketball Association) 리그로 직행할 수 있을 만큼 상품가치가 높았다. 경기기록 뿐만 아니라 세계적인 스포츠 용품기업인 나이키(Nike)의 스폰서 대상으로 '에어조던'같은 상품명칭에 스포츠 스타의 이름이 포함될 만큼 조던 자체가 상품이었다. 최고의 자리에 오른 이후, 현재까지 전설로 남아있는 상품이지만, 그 역시 제품의 시절이 있었던 셈이다. 즉, 어떤 서비스가 가미되어 최고의 매력적 가치를 높이느냐에 따라 선수자체의 상품, 스포츠 용품과 같은 파생상품에 이르기까지 무궁무진한 상품으로서 존재하는 것이다.

마이클 조던

평범한 제품(product)에서 흥행하는 상품(goods)으로 가치를 키우는 주체는 프로구단이다. 스포츠 구단은 최고 경영자층에 의해 최종 의사결정이 이루어지는 경영 조직이다. 프로 리그 전체를 관장하는 스포츠 단체도 구단처럼 '스포츠의 마케팅(marketing of sports)'주체이다. 국내 4대 프로 스포츠리그를 주관하는 야구위원회(KBO), 한국프로축구연맹(KPFL), 한국농구연맹(KBL), 한국배구연맹(KOVO)은 한 해 동안 시즌을 운영하며 관람스포츠 소비자를 유인하기 위한 전략을 구사한다.

올림픽을 주관하는 IOC, 월드컵을 주관하는 FIFA, 경기 연맹 및 협회, 프로 구단은 경기개최 권한을 갖고 있다. 이를 통해 스포츠 스폰서십, 방송중계권, 라이선싱(licensing), 머천다이징(merchandising) 등을 통해 기업으로부터 협찬을 받고 이윤을 창출하기 위한 노력을 한다. 이를 위해선 기업과 잠재적인 소비자로부터 매력적인 상품이라 느낄만한 요인들을 끊임없이 개발해야 하는 것이다. 다시 말해 '경기 접근권'을 판매할 수 있는 수준으로 끌어올려야 한다

(Fullerton, S., 2009). 이는 미디어의 재편성을 통해 아마추어 종목과 프로 종목에 국한되지 않고 보다 확장해야 할 연구영역이 됐다.

2. 스포츠를 통한 마케팅 비즈니스

스포츠 마케팅 개념을 처음 도입한 스포츠 스폰서십 사례는 1852년 뉴잉글랜드라는 철도회사로부터 시작됐다. 미국 하버드와 예일대학교 운동선수에게 교통편을 무료로 제공하면서 회사를 홍보했던 것이다. 10여개에 불과한 올림픽 협찬 기업으로 코카콜라(Coca-Cola)가 있다. 1928년 암스테르담 올림픽부터 지금까지 참여하고 있는 공식 용품업체로서 오륜기 로고와 기업 로고 간의 묘하게 어우러진 이미지를 전달한다. 즉, 기업은 '스포츠를 통한 마케팅(marketing through sports)'을 하는 주체이다.

"코카-식민화(Coca-colonization)라 불리기도 하는 협찬방식에서 스포츠는 종교와 텔레비전, 영화에 못지않은 중요한 역할을 수행한다. 코카-식민화라는 말의 의미는 서구의 옛 식민강국들이 구식민지에 대한 통제권을 포기한 후 다국적 기업들이 들어와 상이한 형태의 통제를 도입했으며, 이 통제가 그들 제품이 함께 들어가는 문화에 근거하고 있다는 것이다. 코카콜라가 훌륭한 예이다. 미국 제품이면서 논쟁의 여지는 있지만 세계에서 가장 유명한 브랜드가 된 제품 말이다. 코카콜라사는 전 세계에서 원료를 얻고 공장을 세우며, 노동을 고용하고, 제품을 수출하였다. 이 회사는 또한 스포츠의 가장 거대한 후원자이며, 스포츠가 지닌 전 세계적 호소력의 가장 큰 수혜자 중 하나이다 (Cashmore, 2000, 정준영 역, 2001, p.405~406)."

코카콜라

　올림픽과 월드컵과 같이 공식적인 스폰서보다는 팀과 선수를 협찬하며 세계적으로 성장한 스포츠 용품업체는 나이키(Nike)가 있다. 1964년 빌 바우어만(Bill Bowerman)과 필 나이트(Phil Knight)가 설립한 블루 리본 스포츠(Blue Ribbon Sports)에서 시작됐다. 1972년 그리스 승리여신의 니케의 미국식 발음을 따 나이키(Nike) 브랜드로 시작했다. 1988년에는 지금도 사용하는 유명한 슬로건인 'Just Do it'이 시작됐다. 이 회사를 상징하는 나이키 스우시(Nike Swoosh)의 단순한 로고는 회사의 브랜드 마크(brand mark)가 이 시대의 트레이드마크(trademark)처럼 됐다. 1970년대까지 미국 프로 농구는 흑인 스포츠란 인식이 강했지만, 나이키 사와 NBC 방송국의 적극적인 후원에 힘입어 1980년부터는 백인 중산층에게 널리 알려진 스포츠가 됐다.

　미래학자 제러미 리프킨(Jeremy Rifkin)이 언급한 나이키와 맥도날드는 물적 자본보다 지적 자본이 더 중요한 사회를 의미하는 대표적 사례로 제시됐다. 20세기의 부를 창출한 기업사례로 소유(possess)에서 접속(access)으로 되는 과정을 담은 것이다. 리프킨이 얘기한 지적 자본이란 인간의 상상력과 창조력을 의미한다. 20세기의 부(富)는 소유를 통해서 이루어졌지만, 21세기의 부는 체험을 통해서 축적될 수 있다. 체험을 유도하는 제품과 서비스, 체험을 축적하는 기술, 축적된 체험을 통해 새로운 상품을 창출하는 유연함과 혁신성, 시·공간을 뛰어넘어 소비자와 체험 상품을 연결시켜주는 접속성 등을 주도하는 주체가 부를 축적할 수 있게 된다는 것이다. 이 여정을 4차 산업혁명 시대를 대표하는 혁신적 기술과 융·복합한 제품과 서비스를 지속적으로 선보임으로써 시장의 흐름을 주도할 것이다.

나이키

　　미디어의 강력한 영향력은 전 세계의 잠재적인 스포츠 소비자를 유인하는 요인이 됐다. 기업이 내세운 마케팅은 시시각각 바뀌는 시대적 트렌드를 주도하고, 치열한 시장으로 발전하고 있다. 세계적인 스포츠 용품업체의 가치는 자신만의 캐치프레이즈에 내포돼 있다. 세계 최강의 나이키는 'Just do it', 막강한 아디다스는 'Impossible is nothing', 후발주자인 언더아머는 'I will what I want'이다.

　　"언더아머(Under Armour)는 1996년에 설립된 스포츠 용품시장의 후발주자이다. 하지만 몇 해 전 아디다스(Adidas)를 제치고 미국 2위로 성장한 성공 비결은 굳건한 1위 주자인 나이키를 활용한 전략이다. 바로 '안티 나이키' 마케팅이다. 나이키의 우수한 점을 벤치마킹한 것이 아니라 반대방향으로 갔다.

즉, 나이키의 스포츠 스타(마이클 조던 등)를 활용하는 마케팅이 아니라 1등이 아닌 도전자의 열정을 내세우는 비주류 광고 전략으로 젊은 소비자들의 마음에 강한 이미지를 각인시켰다. 나이키와는 전혀 다른 전략인 언더독(underdog) 전략을 추진한 것이다. 스포츠 스타와 거액의 계약을 체결해서 이미지를 높였던 나이키와는 출발점이 달랐다. 대중에게 잘 알려지지 않았지만 성장 가능성이 높은 선수를 발굴하고 지원했다. 대중은 기득권과 주류층에 저항하는 비주류를 '쿨(cool)'하고 우월한 것으로 수용하게 됐다. 매년 1월 미국 네바다주의 라스베이거스에서 개최되는 세계 최대 소비자 가전 전시회인 CES(Consumer Electronics Show)에는 어느새 스포츠 섹터가 별도로 마련돼 있다. TV, 냉장고 등 말 그대로 가전을 위주로 전시했던 양상과는 분명히 달라졌다. 2017년에 CES 사상 처음으로 스포츠 브랜드 회사인 언더아머의 설립자 캐빈 플랭크(Kevin Plank)가 기조연설을 했다. 그는 세계가 새로운 혁신을 거듭하고 있는데 스포츠 용품회사는 100년 전과 같은 방식으로 옷과 신발을 만들고 있다고 했다. 더불어 자신들의 경쟁자를 나이키, 아디다스 등 스포츠 용품회사가 아니라 애플과 삼성전자 등 IT 회사라고 했다. 다른 산업과 융합하지 않으면 살아남을 수 없는 시대를 선도하며 디지털 회사로의 전환을 선언한 셈이다. 앞으로 스포츠 스타를 앞세운 현란한 광고보다 소비자 자신에게 맞는 혁신 기술에 따라 구매를 하게 되는 시대가 멀지 않았다(문개성, 2018, p.126)." 이렇듯 스타에 의존하지 않고, 언더독 이미지를 부각시킨 것이다. 스타가 역경을 딛고 일어서는 모습에 대리만족하기 보다는 나와 비슷한 평범한 사람, 선수들이 어려움을 극복하는 과정이 더 소중한 것이라는 진리를 부각한 것이다. 더불어 브랜드 홍수 속에 나만의 슬로건을 어떻게 가져가느냐는 매우 중요한 화두가 된 것이다.

미즈노(MIZNO) 브랜드를 아시는가? 1906년에 설립한 일본의 유명한 스포츠 브랜드이다. 1924년 독일의 아디다스, 1972년의 미국의 나이키, 1996년의 미국의 언더아머와 비교해도 가장 앞선 역사를 갖고 있다. 일본 프로야구가 도래할 즈음 글러브를 비롯해 종목을 다양화시켜 골프, 배구, 축구 등으로 넓혀갔다. 심지어 무동력 글라이더를 만드는 등 도전을 이어나갔다. 하지만 올림픽, 월드컵, 국제스포츠이벤트, 선수, 팀 협찬 등의 모든 용품업체가 앞 다투며

선점하려했던 적극적인 스폰서십 환경에 도전하지 않고, 오랜 기간 동안 익숙한 방식인 용품을 제작 판매하는 과정에 치중했다. 즉, '혁신'이란 이슈를 선점하지 않아 사람들 기억에는 오랜 역사를 갖고 있는 스포츠 브랜드가 됐다. 그누구도 미즈노가 세계를 평정할 것이라는 생각을 하지 않는 이유다.

'내가 원하는 것을 하고 말 거야(I will what I want)'의 슬로건처럼 '나'를 강조하며, 한 때 아디다스를 추월해 북미 시장 2위의 고지에 올랐던 언더 아머는 최근 하락이 심상치 않다. 미국에선 사회적으로 잘 알려진 유명한 사람들이 정치적 성향을 표현하는 문화가 상대적으로 널리 통용된다. 그럼에도 불구하고 트럼프에 대해 열정적인 비즈니스 성향의 대통령을 둔 것은 나라의 진정한 자산이라고 표현한 캐빈 플랭크의 논평 때부터 우려의 목소리가 있었다. 협찬을 받는 스테판 커리를 비롯한 선수들도 이 견해에 반박했다. 비주류를 표방한 언더아머의 기조와는 다른 뉘앙스로 들렸기 때문이다. 또한 CES에서 보여주었던 혁신 아이템의 적극적 도입에 대한 의지와는 달리 커넥티드 하드웨어 제조를 중단하겠다고 발표했다. 혁신이란 키워드가 다소 무뎌지면서 앞으로 어떤 행보를 할지 지켜볼 일이다.

SPOMANITAS 넘나들기!

스포츠 광고시장이 확장될 수 있는 무한한 영역을 상상해 봅시다.

우주는 최대의 광고판. 익스트림의 가치, 스포츠가 놓칠 리 없다.

최근 몇 년 간 우주를 배경으로 한 헐리웃 SF 영화가 눈길을 끈다. 예전 SF 장르는 괴생명체 등장과 공포심 유발이 주된 주제였다면 요즘은 좀 달라졌다. 영화공장에서 소비자의 입맛에 따랐으리라. 전 세계 도심을 둘러싼 CCTV, 개인 미디어 시대를 열게 한 스마트폰 등 온갖 촬영장치가 곳곳에 분포돼 있음에도 불구하고 UFO 같은 초현실적 이슈가 생생하게 중계되지 않는다는 사실이 개인적으로는 아쉽다. 우석대 맹성렬 교수의 'UFO 신드롬(1995)'을 다시 보며 문득 드는 생각이다. 어쨌든 우주와 지구에 대한 경외감, 인간이 궁극적으로 생각해야 할 인류적 가치 등 재미에 덧붙여 '생각할 거리'를 갖게 한다.

상상력을 자극하는 꿈의 영화공장

영화얘기를 조금 더 이어가보자. 평론가는 아니니 흘려들어도 된다. 크리스토퍼 놀란 감독의 '인터스텔라'를 보며 제2의 지구를 찾기 위해 멀어지는 지구를 보면 위아래가 없다. 북극과 남극도 인간이 정한 기준에 불과하구나. 마케팅이란 저런 거다. 즉, 정해진 틀을 깨는 것이란 생각도 했었다. 산드라 블록이 주연한 '그래비티'를 보며 '결국은 지구다.'란 생각을 했다. 마치 우리 생애에 화성에 가서 살 것 같지만, 절대 그렇게 되지 않는다. 인종·종교·환경·시스템 문제는 지구 안에서 해결해야 한다. 도피처란 없는 것이다. 외계 생명체(에일리언) 붐의 원조, 리들리 스콧 감독의 '마션'에선 그토록 돌아가고 싶은 곳은 '또 결국 지구다.'이다. 바로 이듬해 타계한 데이빗 보위의 영화 삽입곡 '스타맨'이란 명곡이 내내 귓전을 때렸다.

2019년 여름, 달 착륙 50주년을 맞이해 데미언 셔젤 감독이 영화 '퍼스트맨'을 만들었고, 그 내면을 더 파고자 닐 암스트롱의 유일한 전기인 '퍼스트맨'도 읽게 됐다. 국가 차원에서 펼쳤던 맹렬한 속도의 빅 프로젝트. 꽤 예전부터 궁금했던 것은 왕래발착의 진실여부가 아닌 '어떻게 가겠다는 생각을 했을까'였다. 지독히 개인적인 문제였을 텐데 아무리 입장을 바꾸고 생각해봤지만, 결국 상상에 맡기게 됐다. 평소 말수가 없었다던 사령관 암스트롱의 내면이니 말이다. 최근 브래드 피트가 주연한 '애드 아스트라'는 명왕성까지 아버지를 찾아 간다. 코폴라 감독의 베트남전을 배경으로 한 '지옥의 묵시록'의 우주버전이다. 아무래도 영화공장은 말 그대로 드림 시어터인 것 같다. 태양계 구경을 다 했으니 말이다.

우주광고를 기억하시는가

2019년 초, 러시아 스타트업 기업인 '스타트로켓(StartRocket)'이 놀라운 영상을 공개했다. 1928년 암스테르담 올림픽부터 오늘날까지 올림픽 공식협찬사로 명성을 날리는 코카콜라 로고가 밤하늘에 버젓이 네온사인처럼 떠 있는 이미지 영상이다. 초소형 인공위성에 광고판을 부착하고 450km 상공에 쏘아 올린 후, 태양빛이 반사하면서 보이는 것이다. 경쟁사인 펩시는 실제로 관심을 표명했으나, 하늘을 훼손한다는 격렬한 반대를 예상해 철회했다.

실제 두 경쟁사는 25년여 전, 이미 우주에서 격돌한 적이 있다. 러시아 미르우주정거장을 무대로 펩시콜라의 신제품을 광고하자, 코카콜라는 미국 우주왕복선 엔데버호 내에 설치된 청량음료자판기 실험에 신제품을 이용하며 우주 광고전을 이어갔다. 실제 자금난을 해소하기 위해 러시아는 우주 광고대행사를 선정하기 위한 노력도 했다. 우주탐사도 중요하지만, 기업 광고를 위한 플랫폼이 기꺼이 되겠다는 것이다.

우주광고

우주에 대한 도전과 도발

1969년 군사적 목적으로 캘리포니아 대학과 스탠퍼드 대학 간 컴퓨터가 연결됐다. 640km 거리를 뚫고 두 컴퓨터를 통해 소통이 시작된 것이다. 2대에서 시작해 지금은 120억 대 기기가 인터넷에 연결된 초연결 지구가 됐다.

2012년 10월 4일, 유튜브를 통해 한 우주인이 생중계를 했다. 외계인 출연과 정부 은폐장소의 상징적 장소를 일부러 고른 것 같다. 미국 뉴멕시코주 로즈웰에서 헬륨가스 기구에 달린 작은 캡슐이 우주를 향해 비행했다. 라이브를 보기위해 동시에 접속한 사람이 800만 명을 넘었다. 지상 39,000미터 상공에서 오스트리아 출신 스카이다이버 펠릭스 바움가르트너는 우주복을 입고 지구를 향해 몸을 던졌다. 마하 1.25 속도로 낙하하며 지면에 닿기까지의 시간은 4분 19초. 총 3시간짜리 세계인을 향한 이벤트를 위해 5년간 690억 원을 투자하고, 47조 원의 광고효과를 거뒀다.

익스트림 마케팅 철학을 실천한 기업은 레드불(Red Bull)이다. 일명 레드불 스트라토스(Stratos) 프로젝트로 불린다. 이로써 지구 반대편에서도 극한의 대리만족 체험이 가능해졌다. 초(超)공유 미디어를 통해 공학적 가치가 더해진 결과물이다. 영화 공장에서처럼 얼마든지 스튜디오 안에서 상상력을 자극할만한 광고를 찍을 수 있었을 것이다. 하지만 스포츠 가치란 미지의 세계를 향한 도전정신과 맞닿아 있기 때문에 진짜 우주를 광고현장으로 선택했다.

유튜브 최다 동시 조회수를 기록한 레드불에 이어 두 번째 기록한 프로젝트는 우주 발사선 '팰컨 헤비(Falcon Heavy)'를 2018년 초에 쏘아올린 장면이다. 관료조직(NASA)이 아닌 민간우주기업 스페이스 엑스의 작품이다. 테슬라 최고 경영자 일론 머스크가 몰던 빨간 전기 자동차를 실어 보내는 장면이 생중계되면서 전 세계의 시선을 단숨에 붙잡았다. 누구나 한 번쯤은 상상했던 낭만적인 꿈을 실현했고, 우주광고 마케팅도 성공했다.

트랜스 미디어 스토리

헨리 젠킨슨(Jenkins, H., 2006)의 저서 '융합문화(convergence culture)'에서 처음 소개된 개념이다. 우선 하나의 이야기를 잘 만들어야 한다. 성공하게 되면 독점권을 가진 생산자는 시장을 움직이는 힘이 생긴다. 수직적 힘이 아닌 수평적 힘이 강한 4.0 시장에서는 새로운 아이디어를 시장(소비자)으로부터 얻을 수 있다. 다양한 소비자로부터 얻은 경험을 첫 번째 이야기와 다시 엮어 새로운 이야기를 만들 수 있다. 이 과정을 통해 하나로 시작해서 다양한 형태로 재생산하게 된다. 통합적인 하나의 이야기가 여러 매체와 포맷을 통해 독립적인 이야기가 생겨나고, 각각의 이야기가 합쳐져서 새로운 이야기를 창출하게 된다. 새로운 이야기는 소비자의 입김도 들어가게 되면서 이야기를 끌어가는 힘이 더욱 강해진다. 다시 영화 얘기로 돌아가 여름만 되면 난리법석을 떠는 마블 시네마틱 유니버스(MCU)의 엄청난 성공이 그 예이다. 용광로처럼 소비자를 끌어 모으는 곳. 바로 새로운 광고시장이 된다. 상상은 자유니까 마음껏 그림을 그려보자. 레드불 스토리가 새로운 스토리와 엮어 하나의 거대한 스토리가 된다. 지구, 성층권을 벗어난 우주, 화성으로 가는 여정, 화성의 도전 스토리를 상상만 해도 즐겁지 아니한가? 혹은 SF 영화에서 보여준 진짜 같은 화성 이미지와 엮어 새로운 이야기의 탄생도 머지않아 보인다. 미지(未知)의 세계란 알려지지 않는 세계(unknown world)의 표면적 의미뿐만 아니라 남들이 한 번도 시도하지 않았던 길이다. 스포츠의 가치는 도전과 도발. 최대 광고판 우주를 놓칠 리 없다.

출처: 서울특별시 체육회(2019.11월). 월간 서울스포츠 349호. 칼럼 스포노믹스(문개성), p.38-39.

앞으로 주도할 Z세대를 주목해 봅시다.

Z세대의 스포츠 소비

지난 2년 여 동안 코로나 팬데믹을 겪으며 스포츠 현장에서도 독특한 광경을 연출했다. 무관중 경기를 하거나 인형들이 대신했다. 최근 사회적 거리 두기가 없어지면서 일상으로 가고 있다. 아직 단정하기엔 이르지만 국내 최대의 프로 스포츠 시장인 야구 관람객 규모가 예전만 못하다. 특히 젊은 관객들이 많이 보이지 않는다. 마케팅 현장에선 세대별 구분을 통해 시장 세분화(segmentation)의 기초를 마련한다. 나라마다 다르겠지만, 기술습득이 빠르고 소비력이 강한 한국사회에 적용해도 무리가 없다.

첫째, 베이비부머는 1946년부터 1964년에 태어난 세대로 세계전쟁 종료 후 많은 지역에서 높은 출산율을 기록한다. 젊은 세대들로부터 새로운 기술을 받아들이는 것보다 기존의 사업방식을 고수한다. 둘째, X세대는 1965년부터 1980년 사이에 태어난 세대로 현재 다양한 영역에서 리더의 위치에 있으며 다른 세대와 비교했을 시 구매력이 가장 크다. 아날로그와 디지털 환경의 경계에 있으면서 새로운 기술과 표현방식을 지속적으로 습득했다. 셋째, Y세대는 1981년부터 1996년 사이에 태어난 디지털에 정통한 세대가 된다. 오늘날 소셜 미디어 활용에 능숙하고 기성 브랜드의 홍보 마케팅보다 소셜 미디어 내 동료를 더 신뢰한다. 소유보다 경험을 중시하면서 기존 세대만큼 제품과 서비스를 다량으로 구매하지 않는다. 마지막으로 지금 대학생 여러분이 해당되는 Z세대이다. 1997년부터 2009년 사이에 태어난 세대로 디지털 환경에서 성장해 디지털 기기를 원어민처럼 구사할 수 있어 최초의 디지털 네이티브가 된다. 학습, 쇼핑, 소셜 네트워킹 등 온라인과 오프라인을 구분하지 않고 콘텐츠를 무한하게 소비할 줄 안다. 세련되고 여과된 이미지를 공유하고 싶어 하는 Y세대와 달리 실용주의적 태도를 중시한다. 진실하고 솔직하게 자신을 표현하는 것이다.

시장(market)의 진화도 간략하게 볼까? 시장 1.0(제품 중심), 시장 2.0(고객 중심), 시장 3.0(인간 중심)에서 지금은 온·오프라인이 통합된 시장 4.0이다. 5.0 시장은 어떨까? 이 시장은 몇 년 후에 도래할 것으로 예측했으나, 코로나 팬데믹으로 일찍 찾아왔다. 바로 휴머니티 기술 중심의 시장으로 가고 있다. 복잡한 기술(AI, 빅데이터 등)로 인해 사람들이 어떻게 행동하느냐를 판단하기 위해 패턴을 읽고 해석하기가 훨씬 쉬워졌다. 하지만 왜 그렇게 행동하는지에 대한 동기를 읽는 능력은 오로지 인간만이 가능하다. 왜 야구에 흥미를 잃었는지, 그들을 이해하지 못하면 다른 스포츠 소비시장에 있다. 더 나아가 Z세대의 동기를 읽을 줄 아는 개인, 단체, 기업 심지어 국가는 경쟁력을 갖게 될 것이다. 이 시대, 여러분이 주인공이다.

출처: 문개성(2022.5.2.). Z세대의 스포츠 소비. 원대신문(제1410호), 사설.

과제

01 프로 스포츠 산업이 앞으로 미디어를 통해 어떤 방향으로 발전할지 토론해보시오.

02 성공적인 스포츠의 마케팅 사례를 찾아보시오.

03 성공적인 스포츠를 통한 마케팅 사례를 찾아보시오.

CHAPTER 11 스포츠, 미래에도 무한한 인류 공통의 언어

1절 호모 스포르티부스

1. 스포츠를 하는 인간

프랑스의 경제학자 필립 시모노(Philippe Simonnot, 1988)는 현대의 인간을 가리켜 '호모 스포르티부스(Homo sportivus)'란 표현을 썼다. 즉, 스포츠를 하는 사람이란 의미다. 스포츠에 직접 참가하거나 관람하는 행위는 우리 삶에 일어나는 일상이 됐다. 오늘날 스포츠는 문화로서 자리 잡았고, 국가 경쟁력을 높이기 위한 산업으로 성장했다. 심지어 종교처럼 숭배에 가까운 커뮤니티를 형성한다. 인간의 여가생활과 건강을 유지하기 위한 필수적인 활동이면서 비즈니스 세계에선 매우 치열한 각축장이 됐다. 하위징아가 명명한 호모 루덴스(놀이하는 인간)는 인간이 만들어온 역사 속의 존재라면, 호모 스포르티부스(스포츠를하는 인간)는 20세기 자본주의 사회에서 탄생한 인간의 모습이다.

스포츠에 대한 관심은 인간의 욕망과 결부돼 노동환경과 일상생활 속에서 여가를 즐기기 위한 수요로 인해 급증할 수밖에 없다. 우선 '스포츠를 하는 인간'은 즐거움과 고통이 혼재된 사회문화적 환경에서 재미있는 콘텐츠를 찾고자 했다. 그것이 바로 궁극적으로 행복을 추구하기 위한 수단인 스포츠이다. 또한 체험이란 키워드를 중요하게 여긴다. 이 또한 상품화를 통해 무궁무진하게 발달할 수밖에 없는 영역일 것이다. 4차 산업혁명 시대 초입에서 도래한 가상현실(VR), 증강현실(AR), 사물인터넷(IoT), 로봇공학 등에 이르기까지 각종 기술은 생활의 편리함과 더불어 새로운 체험을 선사할 판타지로서 다가올 것이다. 사람들의 호기심을 자극할 체험을 바탕으로 한 신체활동은 곧 경제활동으로 연결됨에 따라 스포츠 비즈니스의 주체들은 이를 포기할 수 없다. '스포츠의 마케팅' 주체인 스포츠 단체들은 보다 매력적인 스포츠 상품을 창출하여 소비자를 유인할 것이다. 또한 '스포츠를 통한 마케팅' 주체인 기업은 사람들의 관심을 극대화할 수 있는 스포츠 상품을 찾아 투자할 것이다.

호모 스포르티부스

2. 미래에도 인류 공통의 언어가 되기 위한 조건

스포츠는 '인류 공통의 언어'로서 인식돼 있다. 세계 각국의 언어가 달라도 스포츠가 지닌 제도적 범주 안에서 보편적으로 공감할 수 있는 규칙을 이해하기 때문이다. 또한 스포츠를 통해 인간의 즐거움과 행복을 찾을 수 있는 지극히 개인적이면서도 사회문화적인 영역으로 인식한다.

이러한 순기능을 추구하는 것 외에도 20세기 자본주의 사회에서 더욱 팽배하게 된 스포츠의 상업주의는 프로페셔널 스포츠 세계를 통해 보다 공고해졌다. 아마추어 정신으로 강조하는 올림픽도 기업 스폰서십 환경을 구축하게 되면서 상업주의를 피해갈 수 없게 됐다. 특히 미디어 발달에 따라 승자에게만 집중할 수밖에 없는 구조는 엘리트 스포츠의 권력 지상주의라는 폐해를 낳았다. 개인의 행복을 안겨다 주어야 하는 스포츠 행위가 혹독한 훈련을 해야 하는 선수이든, 이기는 장면에 환호해야 하는 관객에게 본질을 훼손하고 있는 것은 아닐까 하는 의문을 갖게 했다.

빅토리아 매드벡(Victoria Medvec) 교수와 스콧 매디(Scott Madey) 교수가 동메달리스트보다 은메달리스트의 표정이 좋지 않은 현상을 놓고 '사후 가정 사고(counterfactual thinking)'라는 심리학적 개념을 제시했다. 이를 심리학자인 아모스 티버스키(Amos Tversky)와 대니얼 카너먼(Daniel Kahneman)에 따르면 '간발 효과(nearness effect)'란 개념을 통해 말 그대로 간발의 차이로 더 아쉽고 분하게 생각하게 되면서 인생 전반에 영향을 미칠 수 있다는 현상까지 내다봤다. 매슬로우(Maslow, A., 1908~1970)가 욕구단계이론 중에서 가장 최상위인 '자아실현'을 위한 과정을 높게 평가했듯이, 스포츠 자체에서 얻는 진정한 행복은 자신과의 싸움을 통해 경기에 출전하기까지의 과정을 보다 높게 평가하는 인식의 전환도 필요하다. 곰곰이 생각해보면 자발적으로 행하는 놀이의 차원에서 스포츠 본질을 이해함으로써 스포츠의 지나친 상품화에 대한 객관적 비평문화는 유지돼야 할 것이다.

에이브러햄 매슬로우

21세기에서 우리가 경계해야 할 일은 무엇일까요?

1. 스포츠의 정치화 과정

1896년 제1회 근대올림픽은 고대올림픽을 통해 차용됐다. 고대 올림픽 경기에서 그리스인들은 강력한 세계관과 종교관을 대중에게 전달했다. 이미 시작부터 정치적 냄새가 강하다. 통치수단으로 스포츠 제전을 유용했던 것이다.

범그리스 4대 제례경기라 하면 올림피아(Olympia), 피티아(Pythia), 이스토미아(Isthomia), 네미아(Nemea)가 있다. 기원전 776년에 시작돼 4년마다 개최된 올림피아는 제우스를 위한 축제였다. 피티아는 델포이 평원에서 올림피아 제전 이후 3년째 되는 해에 개최됐다. 아폴론을 위한 음악경연대회로 우승자에게 월계수잎 관을 수여하는 전통이 있다. 이스토미아는 바다의 신 포세이돈을 위한 축제로서 올림피아 이후 2년과 4년째 되는 해에 코리트에서 열렸다. 육상, 승마 외에 보트경기가 있었고, 어김없이 음악이 어우러졌다. 네미아 축제는 제우스를 위해 아르골리스에서 2년마다 개최되었는데 우승자에게 파슬리(샐러리)잎 관이 수여됐다.

오늘날 올림픽과 월드컵 개최 시기를 겹치지 않게 하거나 화려한 뮤지션들의 공연을 연상하면 고대올림픽도 흥행을 위한 기획을 잘했다. IOC와 기업에 엄청난 이윤으로 돌아가는 사업구조가 아닌 소수의 통치 집단을 위한 기획이긴 했지만, 고대 올림픽 기간 중에는 도시 국가 간 전쟁도 멈추었다고 하니 인류 공통의 유산으로서 보편적 가치를 태생적으로 지녔던 것 같다. 올림픽 헌장 제6조(올림픽 대회)에는 올림픽 경기는 국가 간의 경쟁이 아니라 개인 또는 단체전을 통한 선수들 간의 경쟁이라고 명시됐지만, 올림픽 기간에는 국가를 위해 헌신한다.

올림픽이 끝난 후 소속 구단으로 가면 선수와 함께 따라다니는 브랜드는 출신 나라가 아니라 소속 구단이다. 유럽의 축구 팬들은 우리에겐 무척 자랑스러운 손흥민 선수도 구단을 위해 뛰는 아시아 출신의 선수로서 인식한다. 선수를 통해 대한민국을 알리고 싶은 충정은 이해가나, 생각보다 그렇게 국적을 잘 알지 못한다. 스포츠 스타는 국가 정체성보다 스포츠 브랜드 자체로서 역할을 다할 뿐이다. 또는 다른 분야의 스포츠 브랜드에 지대한 영향을 미친다. 선수 개인은 국적보다 구단 브랜드로 인식되는 주체가 됐다.

스포츠를 정치에 이용하는 행위는 21세기 이후에도 가능할까? 미디어의 발달은 많은 것을 바꾸었다. '우매한 대중'이란 표현도 어울리지 않게 됐다. 소수만이 정보를 독점했던 시절에는 가능했겠지만, 지금은 지구 반대편 남의 나라의 정치적 이슈도 즉각적으로 바라본다. 동시에 쏟아지는 정보를 여러 매체를 통해서 이해하는 폭도 넓어졌다. 진짜와 가짜가 난무하는 뉴스보도로 혼란이 가중되었지만, 그 경계를 구분하는 몫도 스스로 하게 됐다.

메가스포츠 이벤트의 양대 산맥인 올림픽과 월드컵, 그 어느 때보다 긍정적인 차원에서 정치·사회적 통합을 이룰 수 있는 매개로 활용될 수 있는 환경이다. 소수에게 정보가 독점되지 않기 때문이다. 그럼에도 불구하고 2020년 도쿄 올림픽에선 스포츠와는 거리가 멀 것 같은 정치적 야심을 버젓이 드러내고 있으니 이 또한 아이러니가 아닐 수 없다. '우매한 대중'이 없을 것 같았지만, 나라 안의 제도권에 대한 영향력이 정치권력에 의해 잠식당한다면 최첨단 시대에 살아가는 대중도 우매할 수 있음을 보여준다. 이 지독히 나쁜 사례를 통해 스포츠 마케팅을 알리는 심정도 착잡하고, 독자도 착잡할 수밖에 없는 현실이다.

정치는 왜 스포츠를 이용하는가? 우선 효과적인 선전의 장이 되기 때문이다. 스포츠는 경쟁과 우월성을 추구하게 돼 쉽게 정치적 이데올로기와 결합되기 때문이다. 또한 스포츠의 대중성을 통해 급격히 전파될 수 있기 때문이다. 1936년 베를린 올림픽의 히틀러처럼 오프라인 상에서 대중을 선동하지 않더라고 누구나 들고 다니는 개인 미디어를 통해 일관된 정치적 메시지를 주입할 수 있게 됐다. 시간과 장소에 구애 없이 집결할 수 있는 대중이 됐다. 아베가 노리는 지점이 여기다. 확고한 목표를 정하고, 일관된 메시지를 보내는 것이다. 2019년 럭비월드컵 때도 세련되고 안전한 일본을 강조했다. 2011년 후쿠시마 방사능 사태의 적극적인 재건을 통해 국제사회에서 최선의 역할을 다한다고 강조하는 것이다. 물론 스포츠 빅 이벤트의 흥행은 놓치지 않고 말이다. 다수는 스포츠에는 정치성이 희석됐다고 믿기 때문이다.

스포츠는 어떻게 정치화가 될 수 있는가? 우선 상징성을 부여한다. 상징이란 어떤 의미와 의의를 갖고 그 자체와는 다른 어떤 무엇을 대리하고 지칭하는 것을 말한다. 선수와 대중은 개인차원을 넘어 국가 간 경쟁의 수단이 된다. 선수들은 경기에 앞서 국가를 연주하고 자국 국기를 부착한다. 아베는 올림픽 이미지를 재건으로 일관한다. 선수는 일본의 부흥을 위한 존재이고, 대중은 마땅히 응원해야 하는 상징적 가치를 부여받았다.

이후 동일화 과정을 거친다. 자아가 그 역할을 수행하기 원하는 타자에게 감정을 이입시키거나 타자와 일체가 돼 동일화돼 간다. 타자와 자아가 혼동된 상태이다. 대중은 스포츠를 매개로 선수와 팀을 자신과 일체시켜버린다. 2020년 올림픽은 자신과 국가가 일체되어 가는 과정을 겪는다. 아베가 노리는 지점인 것이다. 유럽 프로축구 리그에서 지나친 스포츠 동일화를 통해 훌리건(hooligan)이 발생하는 것과 차원이 다르다. 경기 결과에 승복하지 못하고 폭력을 행사하는 것을 뛰어넘어 그 누구도 감당하기 힘들 만큼의 폭력을 인류에게 행사하겠다는 발상이기 때문이다.

더 큰 문제는 그 다음 단계에 이르러서다. 상징과 동일화 과정을 거친 후 조작 단계로 간다. 스포츠 조작은 경쟁과 승부의 속성을 지닌 스포츠에서 효율성만을 지향하면서 나타나는 문제이다. 이 효과를 극대화하기 위해 인위적으로 개입하는 행위가 따른다. 목적 달성을 위해 보편적 가치와 윤리적 기대를 저버리는 것이다. 이 또한 경쟁과 승부라는 차원을 넘어 방사능은 아무 문제가 없이 잘 관리되어 안전하게 됐음을 알리는 것이니 차원이 다르다. 이 선포식을 전 세계인을 향해 올림픽을 통해 수행하겠다는 아베 의도는 이미 조작 단계에 와 있다.

IOC 의도와 다르게 치열한 국가 간의 경쟁으로 올림픽이 치러지고 나면 그 관심은 어김없이 나라별 프로 스포츠 리그로 돌아간다. 올림픽이 끝나면 일본 정치인의 목적을 소기에 달성할 수도 있고, 방사능 이슈는 자본의 논리에 따라 묻힐 수도 있다. 더 재미있는 스포츠 이슈가 프로리그에 존재하니 말이다.

올림픽이나 월드컵 때 상대편으로 만났던 선수가 같은 구단에는 동일한 목표를 위해 뛴다. 유독 우리는 한국선수가 해외시장에서 좋은 성적을 거두면 남다른 기쁨을 표출하지만, 엄밀히 얘기하면 상품(선수)을 보유한 구단만 좋은 일이다. 구단은 선수, 감독 등의 상품가치를 높이면서 구단 브랜드의 힘을 키우고 있다. 똑같은 선수가 올림픽 경기에선 국가 브랜드를 높이는 역할을 하지만, 프로 스포츠 리그에선 구단 브랜드를 높이는 역할을 한다. 선수는 국기가 새겨진 유니폼과 구단로고가 새겨진 유니폼을 입었을 때 다른 상품이 되는 것이다. 선수는 국가 유니폼을 입었을 때는 자국 선수들과 경기를 하지만, 구단 유니폼을 입었을 때는 다국적 선수들과 호흡을 맞추며 경기를 한다. 이로써 동일한 선수라 할지라도 다른 상품의 성격을 갖는 것이다. 즉, 상품의 성격에 따라 소비자가 인식하는 브랜드가 달라질 수 있다.

출처: 문개성(2019). 보이콧 올림픽: 지독히 나쁜 사례를 통한 스포츠 마케팅 이해하기. 부크크, p.77~82.

2. 가장 빠른 기업과 가장 느린 정치집단의 결탁

몇 해 전 타계한 저명한 미래학자 앨빈 토플러(Alvin Toffler, 1928~2016)는 2006년 발간한 부의 미래(Revolutionary Wealth)란 저서에서 '변화의 속도' 주체를 아홉 가지로 분류했다. 꽤 흥미진진하다. 물리적 속도가 아니라 변화의 속도이다. 다만 그는 이해하기 쉽게 물리적 속도로 표현했다. 가장 빠른 주체는 역시 기업이다. 1시간당 160km로 달린다. 다음은 140km 달리는 시민단체이다. 이윤창출로 환경파괴를 불사하는 기업에 대해 현장에서 목소리를 내는 주체이다. 일견 타당하다. 변화의 속도가 기업만큼 따라붙으니 즉각적으로 반대 목소리를 낼 수 있는 역량을 갖추었다.

세 번째 빠른 주체는 바로 우리다. 시간당 95km 달린다. 그렇다. 기업의 제품도 평가하고 싶으면 바꿀 수 있다. 시대적 흐름이 역행하면 거리로, 광장으로 나가 외치기도 한다. 네 번째부턴 속도가 훅 떨어진다. 노동조합이 시간당 50km간다. 토플러도 꼭 필요한 조직이라고 얘기하지만 우리가 느끼기에 다소 괴리가 있는 주장을 하는 것을 목격할 수 있다는 것이다.

이후 속도는 너무 느려 내리 설명하자면, 정부와 관료조직(40km/h), 학교(15km/h), 국제기구(8km/h), 정치조직(5km/h), 법(1.5km/h) 순이다. 우리가 체득하는 변화의 속도와 정치조직의 그것과는 매우 큰 차이가 있다. 엉뚱한 소리를 미디어를 통해 들어야 되고, 이루 말할 수 없는 뻔뻔함이 상식인 것처럼 통용되는 것을 보면 미국이나 우리나라나 별 반 다르지 않은 것 같다. 학교도 눈에 띈다. 특히 대학교가 그렇다면 문제는 심각하다. 시대의 속도는 빠른데 그들만의 속도로 무장된 이론과 실천적 과제는 과연 학생들에게 어떤 도움을 줄 수 있을까? 스스로도 묻지 않을 수 없다. 더 나은 지식, 핵심요약 지식, 깊고 풍부한 지식 등이 유튜브에 넘쳐흐르는 걸.

시장의 주체는 역시 세 번째 속도인 토플러가 가족이라고 표현한 '우리'다. 다시 말해 나 자신과 우리란 공동체의 상호관계 속에 변화의 속도를 잘 대처해야 한다. 하지만 말 귀를 전혀 알아듣지 않는 상대와 함께 살아갈 수도 있다. 그들과 직접 맞닥뜨릴 수도 있고, 매체를 통해 독선과 아집을 간접적으로 체험하기도 한다. 적극 뛰어들어 상대를 뜯어 고치려고 노력할 수도 있고, 아예 이슈를 회피해 살아가기도 한다. 정답은 없다. 중요한 것은 남에게 강요하면 안 된다는 것이다. 살아가는 방식이 서로 다르다. 복잡하고 다양한 사회다. 하지만 실상은 그렇지 않다. 본인 혹은 본인이 속한 부류가 스탠더드라 생각하는 경우가 꽤 많다. 그냥 알아서 살아가게 놔두자. 각자가 잘 하자.

그래서인지 '보이콧 올림픽'이란 화두도 괜히 누굴 강요하자고 도출된 화두가 아닌가하고 반문해본다. 각자의 입장이 있는 것을 괜히 끄집어 낸 것은 아닌가. 국가기관의 노력, 선수와 코치의 노력, 선수 부모와 친인척의 노력, 세금을 통해 충당하므로 우리 국민의 노력 등 끝없이 이어지는 노력의 대가를 국제정치적 이슈로 키워내서 고귀한 개인의 가치에 흠집을 내는 것은 아닐까.

그린피스, 시민단체 등은 빠른 변화의 속도로 일본 방사능의 실태를 누구보다 빨리 낱낱이 공개했다. 가장 빠른 기업과 거의 가장 느린 정치집단이 결탁해 이윤과 정치적 야욕으로 똘똘 뭉친 이 작태를 어떻게 받아들여야 할까. 우리도 이 시대의 속도를 누구보다 빨리 캐치하고 공감하는 능력을 가졌는데 말이다. 일본 정치속도를 당겨 수준을 끌어올리려는 노력을 우리가 나서서 해야 할 하등의 이유가 없지만, '방사능'만큼은 나서야 되겠다. 개인의 가치에 흠집이 나는 정도가 아니라 생존권을 위협하는 무서운 공포이기 때문이다. 그것도 세대에 걸쳐서 말이다.

앨빈 토플러

출처: 문개성(2019). 보이콧 올림픽: 지독히 나쁜 사례를 통한 스포츠 마케팅 이해하기. 부크크, P.70~72

SPOMANITAS 넘나들기!

호모 스포르티부스가 포기할 수 없는 스포츠 마케팅 4.0 시장을 이해해 봅시다.

보이진 않지만 영토를 확장하고 있는 스포츠 마케팅 4.0 시장

최근 디지털 마케팅 시장에 부쩍 관심이 많아졌다. 졸지에 예전의 시장(market)은 전통적 마케팅 영역으로 불리며 마치 구(舊)유물처럼 느끼게 한다. 세계적인 미디어 학자인 마셜 맥클루언(Marshall McLuhan, 1917~1980)은 1950년대에 '미디어'란 용어를 처음 사용했다. 생활의 편리를 안겨다준 디지털 미디어는 터치만 하면 모든 게 해결될 것만 같다. 유명한 명제인 '미디어=메시지(media is message)'를 통해 상상할수록 호기심도 발동하지만, 문득 돌아보면 맹목적으로 메시지에 취한 자신을 발견하게 된다.

미디어 분류와 재편

매체(media)를 분류하면 다음과 같다. 첫째, 인쇄매체가 있다. 신문과 잡지가 대표적이다. 파리의 한 카페에서 로또(L'Auto) 신문사 기자였던 제오 르페브르(Géo Lefèvre)

가 해당신문 공동 창립자이자 편집자인 앙리 데그랑쥬(Henri Desgrange)와 점심을 먹던 중 프랑스 전역을 일주하는 자전거 대회를 고안했다. 이유는 신문판매 부수를 늘려보자는 것이었다. 이 대회가 1903년 이래 110년 넘는 역사를 지닌 투르드프랑스(Tour de France)이다. 둘째, OOH(Out of Home) 매체가 있다. 말 그대로 집밖에서 우리를 유혹하는 광고를 말한다. 도로변, 건물옥상, 극장광고 등이 있다. 만약에 기업총수라면 세계 최고 수준인 인천국제공항에서 내린 후, 기업 자회사 옥외광고를 봤을 때 아마도 뿌듯해 하지 않을까. 수도권 진입을 위해 길게 늘어선 고속도로를 달리면서 말이다. 치열한 자리싸움이 있었을 거란 예상을 해본다. 마지막으로 방송매체가 있다. 스포츠 미디어의 효시는 1733년 미국의 '보스턴 가제트(Boston Gazette)'에 스포츠 기사가 실리면서 시작됐다. 이후 1921년, 오늘날 피츠버그의 KDKA－TV의 전신인 KDKA 상업라디오 방송사에서 최초의 복싱경기를 내보냈다. 1936년 베를린 올림픽, 우리에겐 일제강점기 때 이룬 마라톤 손기정 선수의 눈물겨운 우승, 역사적으로는 히틀러 나치당에 의해 정치를 끌어들인 대회로서 최초로 TV 실험방송을 했다. 1960년 로마올림픽 때 인공위성을 이용한 TV 중계로 진일보한 미디어를 선보였다. 방송매체에 이어 인터넷 매체가 등장했다. 시간과 공간의 차이 없이 스포츠 콘텐츠를 즐기게 된 것이다. 특히 소셜 미디어가 갖는 접근가능성(accessibility), 이용가능성(usability), 정보의 생산과 소비의 즉시성(immediacy), 영속성(permanency)에 의해 여느 매체보다 두드러지는 차별화를 갖게 됐다.

경계를 흐리는 영역의 확장

4차 산업혁명이란 화두가 등장하면서 경계가 모호하거나 흐려진다고 한다. 지식 간, 기술 간, 산업 간 등의 융·복합 현상에 따라 전혀 생각하지 못했던 새로운 장르가 나오길 지켜볼 일이다. 앞서 언급한 인쇄매체는 전자책 영역으로 확장됐다. 잉크 활자처럼 보이지만 종이(紙) 위에 쓰이진 않는다. 기술적 장치로 실현된 생활 편리품이다. OOH 매체는 특정한 위치에 고정돼 있는 광고에서 눈앞에 펼쳐지는 홀로그램 광고시장의 가능성을 가진다. 헐리웃 거장 스티븐 스필버그의 마이너리티 리포트에서 선보인 것처럼 말이다. 톰 크루즈가 미래에 일어날 범죄를 차단하기 위해 고군분투하며 걷는 장면에서 쇼핑몰 공간 여기저기서 눈앞에 광고가 펼쳐진다. 물론 개인별 맞춤형 광고로서 지금 시각으로는 어지럽게 느껴지지만, 결국 사람들은 달라진 광고환경에도 적응하지 않을까. 방송매체를 살펴보자. TV가 스마트 기기가 되고, 게임 간 영역도 허물어지는 것은 시간문제인 것 같다. 마지막으로 인터넷 매체가 키운 디지털 시장이다. 현재 디지털 시장이라 하면 PC와 모바일 시장이다. 어디로 튈 것인가. 어떻게 확장될 것인가.

광고시장 규모와 대세

한국광고협회에 따르면 우리나라 총 광고시장의 규모가 2018년 기준 11조 6,002억 원으로 집계됐다. 매체를 분류해서 살펴보면 인쇄매체(신문, 잡지)는 1조 7,250억 원, OOH 매체(옥외, 극장, 교통)는 1조 500억 원, 방송매체(지상파TV, 라디오, 케이블, 종편, IPTV, 위성, DMB 등)는 4조 862억 원, 디지털 매체(PC, 모바일)는 4조 1,310억 원, 기타 제작 영역은 6,080억 원이다. 눈에 띄는 점은 영역이 넓은 방송매체보다 PC와 모바일로 한정된 디지털 매체 시장이 크다는 점이다. 2018년에 처음으로 역전한 현상이다. 하위 가짓수에 비해 규모가 커가는 이 현상을 어떻게 바라봐야 할까. 규모를 파악하기 위해선 전년도(2017) 실적 대비를 보면 실감할 수 있다. 지상파TV와 라디오 광고시장은 각각 12.1%, 8.4% 급감했다. 인쇄매체인 신문과 잡지는 각각 4.5%, 9.1% 감소로 예외가 없었다. 주목할 점은 디지털 시장 중 모바일 영역이 2조 4,710억 원으로 전년도 대비 27%가 급증한 것이다. 올해 2조 7,206억 원 규모로 지속 확대될 것으로 예측하고 있다. 소셜 미디어를 기반으로 콘텐츠 중심의 광고 마케팅 시장이 새로운 유형의 대세가 될 것은 분명해 보인다.

디지털 스포츠 마케팅 시장

필립 코틀러와 그의 동료들에 의해 제시된 '마켓 4.0(2017)'을 통해 4차 산업기술 개발의 초입단계에 있는 우리를 바라보게 됐다. 제조업과 IT 기술이 강한 우리나라는 세계최초로 5세대 통신(5G) 상용화라는 타이틀('19.4.3)을 거머쥐었다. 퍼스트 무버를 자처하는 미국 보다 2시간가량 앞섰다고 하니 그들이 제시한 4.0 마켓에서 우리가 세계를 리드할 新상품에 대해 기대하게 된다. 우리는 제품중심(시장 1.0), 고객중심(시장 2.0), 인간중심(시장 3.0)의 마케팅을 넘어 온라인과 오프라인 시장의 통합을 바라보며 고객이 요구하는 기능적 부분 외에도 감정, 오감, 영혼까지도 자극할 수 있는 4.0 시장에 놓여 있다. 태어나는 순간부터 디지털 기기가 장난감이던 세대는 언제까지나 베이비가 아니다. 결국 생산과 소비 주체가 된다. 지난 몇 년 동안 대중들은 인공지능(AI), 가상현실(VR), 증강현실(AR), 사물인터넷(IoT), 로봇공학 등 단편적 키워드에 익숙해졌다. 앞서 언급한 투르드프랑스를 전 세계적으로 알린 장본인이 있다. 인간승리의 대명사였다가 도핑파문으로 영구 제명된 아이콘, 바로 랜스 암스트롱이다. 최고의 영예와 불명예를 동시에 안게 되면서 이 대회의 홍보효과는 자의 반, 타의 반으로 날로 치솟게 됐다. 아이러니이다. 더 확장해보자. 참회를 통해 대중들에게 다가갈 수 있지만, 현장에선 뛸 수 없다. 하지만 홀로그램과 인공지능에 의해 사이클 타는 법을 가르칠 수는 있을 것이다. 진짜보다 더 진짜 같은 가상

(virtual)의 암스트롱으로 말이다. 우리가 스포츠 유산을 잘 기록하고 콘텐츠를 남겨야 할 이유에 포함해도 될 듯하다. 은퇴한 김연아 선수, 앞으로 은퇴할 손흥민 선수도 영원불멸의 상징으로 남길 수 있는 시장, 바로 디지털 환경 속에서 진화할 마케팅 시장이다.

필립 코틀러

남의 지식은 나의 지식이 아니다.

종종, 아니 꽤 자주 이런 현상을 목도하게 된다. 지식의 경계가 허물게 되는 이 지점에서 과잉 지식이 대중들에게 침투하고 있다. 앉아서 삼만 리, 서서 십만 리를 본다는 전설적인 혜안은 곧 책을 통해서 얻는 세상의 이치이다. 고민할 시간이 주어지기 때문이다. 즉시성으로 대표되는 이 시대의 현상은 클릭 하나만으로 지구 반대편의 현상을 본다. 문제는 여기에 있다. 보기만 한다는 것이다. 남의 지식이 곧 본인의 지식인 것처럼 착각을 할 수 있다는 것이다. 그래서 더욱 공고해진 우물 안의 개구리 현상이 도처에 있다. 남의 지식을 토대로 현장에서 부딪히며 경험을 통해 체득해야 진정한 나의 지식이 되고, 제대로 문제를 바라볼 수 있지 않을까.

출처: 서울특별시 체육회(2019.6월). 월간 서울스포츠 344호. 칼럼 스포노믹스(문개성), p.38-39.

4차 산업혁명과 21세기 인류의 스포츠

1. 정확도를 높이기 위한 노력

　　2011년 헐리웃 영화 머니볼(Moneyball)을 통해 야구 통계의 세계를 보았다. 1869년 세계최초의 프로구단의 역사를 지닌 북미 프로야구에서도 오랜 역사와 전통과는 무관하게 통계보다 경험 많은 스카우터에 의지했던 것이 드러났다. 즉, 선수 영입 등 최고경영자가 결정을 내릴 수 있는 중요한 정보는 스카우터에서 나왔던 것이다. 선수로서는 유명세를 타지 못했던 프로야구 선수 출신이었던 빌리 빈(William Lamar Beane)이 1998년에 오클랜드 애슬레틱스(Oakland Athletics) 단장으로 부임한 뒤, 전통적 조직 문화 대신 혁신적 방향을 선택했다. 즉, 야구 저술가이자 통계학자인 빌 제임스(Bill James)가 창시한 미국야구연구연합회(SABR, The Society for American Baseball Research)에서 만들었던 세이버메트릭스(Sabermetrics)란 야구 통계 프로그램을 도입해 몸값보다는 가능성 높은 선수를 영입했던 것이다. 실제로 오클랜드 애슬레틱스는 아메리카리그 사상 최초 2002년 20연승의 대업을 달성하면서 통계의 중요성이 알려지게 됐다. 4차 산업혁명 시대에 화두로 떠오르는 스포츠와 빅데이터 만남의 시초로 여겨질 만큼 많은 사람들의 기억 속에 있다.

영화 머니볼

　　사람대신 기계가 내린 통계의 정확도는 의사결정에 매우 중요한 요인으로 작용하고 있다. 이에 못지않게 경기과정과 결과에 대한 판정의 공정성도 항상 화두에 오르내리고 있다. 심판교육에 대한 철저한 시스템도 강조되는 것 못지 않게 기술에 따른 신뢰도를 축적하기 위한 노력을 게을리하지 않는다. 1950년대 에 실제로 미국프로야구에서 로봇 심판이 등장했다. 당시 미국 기업 GE와 LA 다저스 구단과의 협업으로 만든 로봇이다. 금속물질을 바른 특수야구공과 전자시스템을 통해 공의 궤적, 속도, 전기신호를 통한 판정에 이르기까지 과정을 설계했다. 지금 시각으로는 조악해보이지만 혁신을 앞세운 관계자에 의해 끊임없이 시도가 될 영역이 될 것이다. 실제로 2017년 미국 10여개 마이너리그 에서 로봇 심판 '엄패트론 1000'을 선보여 인간 심판보다 25% 더 정확한 것으로 나타나면서 스포츠 제도 안에 이미 깊숙이 자리 잡았다.

야구 로봇 심판

2. 스포츠 세계에 미칠 변화

스포츠 세계에서 앞으로 영향을 미칠 요인은 어떤 것이 있을까? 엘리스 캐시모어(Ellis Cashmore, 2000)는 오락, 기업, 돈, 가치와 법, 발전과 실행으로 다섯 가지로 분류했다. 첫째, 오락부터 살펴보면 다음과 같다. 사람들은 광고와 마케팅 시장에서 스포츠 이미지들에 이토록 노출된 적이 없었다. 스포츠를 보는데 미디어를 끼고 살고 있고, 스포츠 상품을 구매하면서 스포츠 자체를 소비하게 됐다. 또한 경쟁에 대한 욕망의 분출구로서 개인이 팀으로, 구단으로, 국가로의 충성도를 높일 수 있는 촉매제가 됐다. 선수라는 최고의 상품을 선망하게 됐고, 그들의 일거수일투족이 뉴스를 생산하고, 소비를 유도하는 주체가 됐다.

둘째, 기업이다. 이는 무엇을 의미하는가. 1956년 멜버른 올림픽 때 텔레비전 중계가 결정되면서 소비가전 시장이 확대됐다. 스포츠가 갖는 강력한 흡입력을 바탕으로 집안에서 열광적인 관심도를 이끌어내는 데 혁혁한 공을 세운 것이다. TV 중계용에 맞춰 스포츠 종목은 규정과 스케줄 변화에 지대한 영향을 미치고 있다. 이는 광고주를 의식해야 하기 때문이다.

셋째, 돈이다. 프로 스포츠 시장이 확대되면서 돈을 많이 버는 선수는 더 부유하게 만드는 구조가 됐다. 몸값이 비쌀수록 주목도를 올리고, 기업광고가 붙는 순환구조를 갖게 된 것이다. 자유계약제도(FA)를 통해 엄청난 이적료가 쌓이고 구단은 날로 번창할 수 있게 됐다. 흥행하는 이벤트에는 방송중계권료도 덩달아 상승하고, 기업광고 시장이 확장되고 있다.

넷째, 가치와 법이다. 언론과 대중의 관심은 승자에게 초점이 맞추어지면서 선수들의 경기력 향상에 대한 유혹은 날로 커지고 있다. 선수들 간에 만연한 약물복용 문제가 크게 이슈화되면서 앞으로 스포츠가 가야할 가치에 대해 진지한 성찰을 하게 된다. 그럼에도 불구하고 기록 갱신과 승리추구에 대한 갈망은 도핑제도보다 약물개발 속도가 한층 더 빨라지면서 도의적인 문제 외에 법적 규제를 피할 수 있는 환경이 될 수도 있다.

마지막으로 발전과 실행이다. 선수의 육체적 능력을 향상시키는 것보다 지적능력을 높이기 위한 다양한 자극이 요구됐다. 스포츠 과학의 발전으로 훈련 방법의 발달과 이해도를 바탕으로 현장에서 적용한다. 덧붙여 기술도핑이란 신조어가 생겨나듯이 기록경기가 존재하는 한, 발전과 실행을 위한 노력은 그치지 않을 것이다.

4차 산업혁명 시대의 포문을 열었던 세계경제포럼(다보스포럼) 회장인 클라우드 슈밥(Klaus Schwab, 2017)은 4차 산업혁명 시대에서 가장 큰 돈을 벌 수 있는 집단은 혁신적인 아이디어 생산자, 주주, 투자자 등과 같은 소수가 될 것으로 내다봤다. 저명한 경영마케팅 학자인 필립 코틀러(Philip Kotler, 2017)는 수평적, 포용적, 사회적 힘이 강한 디지털 마케팅 시장은 더욱 공고하게 될 것으로 보았다. 이는 기존처럼 값싼 노동력과 일반 자본을 소유한 사람에게 부가 몰리거나 노동과 자본이 아이디어보다 희소가치가 높아지지 않을 것이다. 소수가 과도하게 보수를 받게 되고, 특정상품에만 사용자가 몰려 승자독식제도(winner-takes-all)와 승자절대다수 배분제도(winner-takes-most)가 적용되는 시장이 된다는 것이다.

엘리스 캐시모어

　다시 말해 기존처럼 기업의 전문가 집단에서 아이디어가 창출되지 않고, 시장에서 온갖 아이디어가 도출된다. 이를 혁신적 기술을 앞세운 기업과 결부돼 전혀 생각지 못했던 제품과 서비스를 선보일 수도 있다. 예를 들어 100여 년 동안 선망했던 올림픽보다 개인의 체험을 극대화한 이벤트에 열광할 수도 있다. 또한 월드컵 선수들을 TV를 통해서 대리만족을 하는 것에 그치지 않고, 직접 가상현실 속에서 선수와 경기를 즐길 수도 있다. 스포츠 단체와 기업 등의 이해관계자 사이에서 새로운 수익모델이 된다면 가상현실 속의 스포츠 리그도 공식적인 기록으로 누적시킬 수도 있다. 이러한 변화된 환경은 오랜 기간 동안 스포츠 조직을 통해 표준화해 왔던 아마추어·프로 스포츠 경기 서비스가 반드시 연맹 혹은 구단과 관련한 사람들의 전유물이 안 될 수도 있다는 얘기다.

　FIFA 축구경기에서 VAR(Video Assistant Referees)을 도입함으로써 비디오 보조 심판이란 제도가 무색하게 심판이 기계에 의존할 수도 있다. 스포츠 경기가 지녀야 할 공정성에 대해 그 누구도 의심하지 않는 순간이 오면 이 현상은 보다 가속화될 것이다. 즉, 기계는 인간의 노동을 대체하는 것에 그치지 않고, 자기복제를 통해 더 많은 자본을 창출할지도 모른다. 인공지능(AI, Artificial intelligence)과 로봇 심판제도가 보다 정교해진다면 오랜 기간 동안 유지됐던 심판의 권위를 공정성과 효율성을 앞세워 사라질 수도 있다. 그 어떤 주체보다 변화의 속도가 빠른 소비자의 마음을 읽고, 혁신적인 서비스가 제공된다면 시장논리에 의해 급격하게 대체되는 순간이 올 것이다. 결론적으로 4차 산업혁명 시대에서 앞으로 스포츠 세계에 미칠 변화를 예의주시할 필요가 있다.

여기서 잠깐 | 인공지능의 역사적 변천

(1) 기계와 인간의 분리시대(1956~1980년대 퍼스널컴퓨터 직전)

1956년에 인공지능에 관한 역사적인 기점인 다트머스 회의로부터 시작할 수 있다. 인공지능 개발의 첫 단계로서 거대한 공학용 계산기와 기계번역기와 같은 시스템을 활용하는 시대다. MIT와 카네기멜론 대학교에 '인공지능 연구소'가 설립되면서 학자들의 의욕은 컸으나 기대만큼 발전하지는 못했다. 논리적인 일을 처리하는 기계의 능력을 살펴봤지만, 인간처럼 보고 듣고 움직이는 등의 기본적인 행동이 엄청나게 어렵다는 사실을 인지했다.

(2) 기계와 인간의 연결시대(1980년대 퍼스널 컴퓨터~2010년경 핸드폰 상용화)

인문학적인 관점에서 두 번째 시기로서 기계와 인간의 연결시대로 결부된다. 연구소에 있을 법한 대형 컴퓨터가 안방으로 들어오게 되면서 컴퓨터와 인간의 상호교류가 가능해지고, 인간의 두뇌 역할을 컴퓨터의 중앙처리장치(CPU), 기억장치를 갖는 본체, 정보의 입출력을 하는 키보드, 디스플레이 등의 주변기기로 구성된다. 1997년 IBM에서 만든 딥 블루(Deep Blue)는 체스 세계 챔피언이었던 게리 카스파로프를 6번 대국 끝에 승리하면서 고성능 연산능력에 대한 인공지능의 가능성을 열었다.

(3) 기계와 인간의 일체시대(2010년경부터 스마트폰의 일반화 시대)

2000년대 이후 스마트폰 시대가 도래하였다. 2011년 IBM은 왓슨(Waston)이란 컴퓨터를 선보였다. 사람 질문에 응답을 하는 시스템으로 인간의 언어를 이해하고 분석할 수 있는 인공지능 컴퓨터이다. 위키피디아 전체 자료를 저장하고 자연어 처리기술을 통해 질문에 대한 답을 추론할 수 있는 기능을 갖췄다. 미국 ABC의 '제퍼디'라는 퀴즈쇼에서 역대 최대 상금 수상자인 브랜드 루터와 최다 연속 우승자인 켄 제닝스를 상대로 우승했다.

구글은 2014년 인공지능이 스스로 동물을 인식할 수 있는 딥러닝 기술을 선보였다. 인공지능 과학자 데미스 허사비스는 딥러닝과 강화학습을 통해 '심층 큐네트워크(Deep-Q Network)'라는 인공지능을 개발하며 인공지능 시대의 본격화를 알렸다. 구글의 유명한 마케팅 활동으로 유명해진 알파고를 통해 기존의 딥 블루와 왓슨과 다른 주어진 상황에서 문제를 해결하는 능력까지 갖춘 인공지능이 탄생했다. 2019년 11월, 바둑계에서 은퇴를 선언한 이세돌 9단과 알파고와의 2016년 대결은 세계의 이목을 끌었다. 전체 대국 중 1승 4패로 졌지만 인류 역사상 최초로 인공지능을 이긴 경험을 가진 상징적 존재가 됐다.

인공지능

출처: 김태오(2019). 인격과 로봇: 미래를 여는 진정한 인간. 박영사, p.106~120(요약)

스포츠 제품과 서비스 시장이 어떻게 변모하게 될까요?

소비자가전전시회 CES, 오래살고 싶은 욕망 속의 체육 · 스포츠

2020년 1월, 어김없이 미국 네바다 주 라스베이거스에서 쇼(show)가 펼쳐졌다. 바로 세계 최대 국제 가전 · IT 전시회인 CES(Consumer Electronics Show)이다. 1967년부터 미국 뉴욕에서 시작돼 1995년 이후 매년 같은 장소에서 펼쳐지는 160여 개국 4,500개 이상의 회사와 18만 명이 참관하는 그야말로 전기 · 전자분야의 최대 쇼이다. 우리 삶에 전기가 없다고 생각해보라. 올해도 축구장 33개 크기(약 8만 7천 평)의 전시장 규모가 낯설지 않듯 융합과 복합으로 점철되는 4차 산업기술 시대에서 우리 삶에 영향을 미칠 판타지를 내다본다. 어디로 튈지 모르는 미래로 가는 길이므로 시작과 끝이 질문이 되지 않을까.

사람과 기계

'인터넷의 아버지'라 불리는 미국의 컴퓨터 과학자 조지프 리클라이더가 CES의 첫 오픈 즈음인 1968년에 흥미로운 미래를 내다봤다. 그의 논문을 통해 앞으로 사람들 간의 소통은 기계를 매개로 할 것이라 하였다. 사람끼리 대면해서 소통하는 방식을 넘어 범지구적 컴퓨터 네트워킹의 효율성과 파급력을 예측한 셈이다. 최초 컴퓨터는 연구소 큰방 하나를 차지했다. 이 분야의 아이콘, 스티브 잡스에 의해 퍼스널 컴퓨터 시대가 열리며 집 안으로 들일 수 있었다. 이후 무릎 위에서 가능한 랩탑(노트북)에서 들고 다니는 스마트폰 시대에 살게 됐다. 올해 CES를 보면 구부려지는 폴더블 디스플레이의 대중화가 목전에 있음을 알 수 있다. 매일 자료, 수치, 글과 씨름하는 필자 입장에서도 언제 어디서나 작업이 가능한 스마트 공간을 꿈꾸게 된다. 명함처럼 작은 사이즈를 지갑에 넣고 다니다가 필요할 때 노상에서라도 펼치면 얼마나 좋을까. 몇 년 후, 작게 소지하는 것도 거추장스러워지면 몸에 부착하거나 이식하게 될까? 궁극적으로 기계를 매개로 사람들의 뇌(brain)끼리 소통하는 모습까지 우리 시대에서 목도할 수 있을까?

오래 살고 싶은 욕망, 기계가 책임져라

올해 핵심 키워드는 뭘까? CES 주최사인 전미소비자기술협회(CTA, Consumer Technology Association)는 디지털 치료제(Digital Therapeutics, DTx)를 꼽았다. 헬스케어 전시장 규모와 참가 업체 수가 작년 대비 15~20% 늘어난 것으로 보면 이 분야에서 많은 기업들이 의료산업을 확장시킬 수 있는 블루오션으로 돈 냄새를 맡은 것은 분명해 보인다. 중국 진시왕은 불로초를 찾았던 것으로도 유명하다. 사기(史記)에 의하면 기원전 219년에 시황제의 명에 따라 불로초를 구하러 동남동녀 수천 명을 이끌고 한반도로 떠난 서복(徐福)의 이야기가 나온다. 구전에 의한 전설일 수도 있지만, 최근 학술적으로 규명되고 있다고 하니 만약 진시왕이 최첨단 기술을 통해 불로초처럼 생명이 연장될 가능성이 있는 이 시대에 존재했다면 어떤 생각을 할까?

디지털 치료제란 강력한 키워드가 사람들의 마음을 사로잡는 것은 고령화 소비시대와도 맞물려 있다. 우리나라도 65세 이상 인구가 7%를 넘어선 늙어가는 사회(고령화 사회, aging society)는 이미 2000년에 맞이했고, 14% 이상 비중의 늙어버린 사회(고령사회, aged society)가 2018년에 도래했다. 2020년 중반에는 20% 이상 비중을 차지하는 초고령 사회(super aged society)를 맞이할 준비를 해야 한다. 각각의 단계로 넘어가는 속도는 세계에서 가장 빠르다.

오래 살고 싶은 욕망, 지혜와 기술로 얻자

또 하나의 건강 아이템이 나왔다. 바로 실리콘밸리의 스타트업 '임파서블푸드'이다. 앞서 언급한 디지털 치료제는 아직 치료 수준까지는 이르지 못했으니 앞으로 지켜볼 기대치인 것은 분명하다. 하지만 이 음식은 글루텐, 동물 호르몬, 항생제가 들어가지 않은 소고기 대체육 햄버거이다. 이미 작년 7월 미국 식품의약품안정청(FDA) 승인을 통해 미국 내 체인 레스토랑에서 임파서블 버거가 판매되고 있다고 하니 현재 진행형 아이템이다. 핵심은 맛, 향과 씹히는 질감이 진짜 고기처럼 느껴진다는 것이다. 기술을 통해 성취한 신규 제품을 시식하려는 사람들이 붐빈 것은 말할 것도 없다.

시장(market)의 다섯 가지 힘(5 forces)을 설파한 미국 경제학자 마이클 포터에 따르면 기존 경쟁자, 공급자 및 구매자 교섭력 외에도 대체재와 신규업체의 진입을 꼽았다. 시장 논리에 따라 등장한 이 대체상품이 잡식성으로 무장한 사람의 욕망까지 자극하며 건강까지 챙겨준다고 하니 반가운 일이다. 물론 정육업계에서는 긴장할 수도 있겠지만.

스포츠 용품업체의 도전과 좌절, 그리고 소중한 경험

몇 년 전부터 CES에선 스포츠 용품과 IT의 융·복합이 화두였다. 스마트 조깅화, 스마트 스포츠 웨어, 스마트 요가매트처럼 스포츠 용품명칭 앞에 죄다 '스마트'를 붙였다. 2017년 CES 50돌을 맞이한 해의 키워드가 '접근성(Accessibility)'이었다. 북미시장의 아디다스 점유율을 한 때 위협했던 후발주자 언더아머 대표인 케빈 플랭크가 기조 연설자로 나섰다. 그는 디지털 스포츠브랜드를 표방하며 자신들의 경쟁자는 스포츠용품회사가 아니라 삼성전자와 애플이라고 할 만큼 의욕이 강했다. 하지만 최근 언더아머의 하락이 심상치 않다.

CES에서 보여줬던 혁신 아이템의 적극적 도입에 대한 의지와 달리 커넥티드 하드웨어 제조를 중단했다. 엎친 데 덮친 격으로 트럼프에 대해 열정적인 비즈니스 성향의 대통령을 둔 것은 나라의 진정한 자산이라고 표현한 대표발언이 알려지면서 비주류를 표방한 가치에 찬물을 끼얹은 꼴이 됐다. 우리 주변에서 종종 보는 오너 리스크이다. 2019년 하반기에는 아디다스의 도전이 주춤하게 된 일이 있었다. 몇 년 전부터 아디다스가 야심차게 추진해 왔던 일명 스피드 팩토리의 3D 프린팅 신발제조 사업에서 철수한 것이다.

1924년부터 유구한 역사를 지닌 독일 아디다스의 도전과 좌절, 1972년에 설립하여 지속적인 혁신을 통해 1위의 아성을 굳건히 지키려는 나이키, 비록 최근 부침을 겪고 있지만 1996년 신생업체로서 도전을 이어온 언더아머의 행보는 늘 새롭고 주목할 수밖에 없다. 숱한 도전을 위한 의사결정 과정, 계획, 실행에 이르기까지의 그들이 갖는 경험치는 무엇과도 바꿀 수 없는 자산이기 때문이다.

건강하고 오래 살고 싶은 욕망, 인간본성에 충실하자

2020년 CES에선 유독 우리나라 기업이 돋보였다. 제조업과 IT에 강한 나라, 우리의 저력을 유감없이 발휘했다. 이미 미국 대형 소매점에서도 프리미엄 전시장소는 우리 기업의 몫으로 자리 잡은 지 꽤 됐다. 글로벌 기업뿐만 아니라 올해 CES에 참가한 한국 스타트업이 일본과 중국을 합친 것보다 많았다. 내부의 장점과 외부의 기회가 있다는 것은 가능성을 확장하게 된다. 시장을 선도할 퍼스트 무버(first mover)는 도전과 좌절의 양 날개를 지닌 외로운 존재이겠지만, 그 경험치를 축적하자.

덧붙여 건강하고 오래살고 싶은 욕망으로 다시 돌아가 언급하자면, 가장 중요한 것은 인간의 본성에 충실 하는 것이다. 생명을 연장하는 치료제의 기술도 필요하고, 욕망을 훼손하지 않고 영양이 가득한 음식을 섭취하는 것도 중요하다. 다만, 사람의 심폐력, 근력, 근지구력, 유연성을 키우고 균형 잡힌 신체를 조성하는 것은 스스로 운동하는 것만이 최선의 길이다. 우리 본성은 욕망을 마구 축적하는 것에 그치지 않는다. 의욕과 의지를 갖고 절제를 동반해야 하는 문제다. 지금, 잠시 하던 일 멈추고 짐(Gym)으로 가면 어떨까.

CES

출처: 서울특별시 체육회(2020.2월). 월간 서울스포츠 352호. 칼럼 스포노믹스(문개성), p.38-39.

팬데믹으로 피폐해진 몸과 마음의 건강을 찾아봅시다.

창백한 푸른 점에 대한 기억과 망각

칼 세이건이 참여한 미국 나사(NASA)의 프로젝트에서 의견을 개진해 남긴 놀라운 사진 한 장이 있다. 61억 킬로미터 거리에서 보이저 1호가 촬영한 지구의 모습이다. 그는 '창백한 푸른 점'이라 명명했다.

우리에겐 기억이 있으면 망각도 있다. 학습경험을 사실과 내용으로 저장하여 간직했다가 필요할 때 다시 꺼내서 쓸 수 있는 것은 기억이다. 반면, 망각이란 기억의 정보가 시간이 지나거나 사용하지 않아서 악화되는 경우를 말한다. 즉, 기억 자체가 소멸돼 다시 재생되지 않는 현상이다. 기억을 몇 가지로 분류해보자. 자극을 지각하거나 정보를 받아들이는 과정을 기명(memorizing)이라고 한다. 이 기명된 것을 일정기간 동안 기억의 흔적으로 간직하고자 하는 파지(retention)라는 개념이 있다. 파지하고 있는 내용을 생각해내어 의식화하는 재생(reproduction)에 이어 기명된 내용과 재생된 내용이 일치하는지를 의식하는 재인(recognition)이 있다.

망각도 살펴보자. 우린 누군가를 도와줘서 간직한 보람된 기억, 목표한 바를 성취해 얻은 뿌듯한 기억, 첫사랑과의 결실이 이루어지지 않아 마음 한 구석에 남은 아련한 기억 등을 갖고 산다. 그 흔적이 시간이 지나면서 더 좋은 형태로 간직하지 않게 되면 점차 소멸된다. 우리는 하루하루를 살아가면서 새로운 기억을 만든다. 소소한 기억도 쌓아간다. 또한 유독 강렬한 기억으로 인해 예전의 기억을 밖으로 꺼내기가 어려울 수 있다. 이 때는 간섭을 통해 망각의 길로 가게 된다. 아무리 간직하고픈 기억이라도, 시간이 지나면 수정되거나 왜곡되는 경향도 있다.

정신과 마음의 평온이 그 어느 때보다 중요한 시기이다. 보람된 기억, 뿌듯한 기억, 아련한 기억이든 오래 간직하고 싶으면 좋은 방법이 있다. 기억하고 싶은 내용이나 정보를 본인이 알고 있는 장소, 거리, 대상 등과 관련시켜 기억하고 재생해 보는 것이다. 이를 심상(imagery)이라고 한다. 눈을 감고 명상을 하는 데는 다 이유가 있다. 긴 호흡을 하고 차분히 꺼내보자. 누군가와 걸었던 길, 누군가와 어디선가 들었던 음악, 누군가와 언젠가 떠들었던 수다, 누군가와 무엇인가 논했던 주제, 누군가와 어떻게든 해결하고자 했던 기억 등을 꺼내보는 것은 어떨까.

요즘 기후위기를 피부로 느낀다. 공기 중에 머금은 수중기량은 해가 거듭할수록 많아질 것이다. 바이러스 팬데믹도 여전하다. 재해로 다가온 기억의 산물, 많은 부분이 인재(人災)였다는 것을 망각하고 있는 건 아닐까? 두려움보다 더 무서운 건 두려움을 이기고자 하는 용기가 사라지는 것이다. 현재 우리 앞에는 두려운 감정이 상대적으로 두텁다. 이럴 때일수록 '창백한 푸른 점'의 경외감을 가져보자.

문개성(2022.8.29.). 창백한 푸른 점에 대한 기억과 망각. 원대신문(제1413호), 사설.

창백한 푸른 점

2022 카타르 월드컵으로 한창 시끄러웠다. 웃고 울며 밤을 지새우곤 했다. 우리 모두의 최대 관심사는 단연코 대한민국 대표팀의 선전일 것이다. 또한 대형 스포츠 이벤트에서 빼놓을 수 없는 정치·사회적 이슈도 있었다. 조금 더 들여다보면 새로운 시선을 갖게 된다. 다시 말해 즐겁고 신나는 행사 이면에 각자가 안고 있는 문제를 꺼내 들어 전 세계에 알리고자 선포하는 장이라는 것이다.

1968년 멕시코시티 올림픽에서 소수민족 차별에 대해 토미 스미스와 존 카를로스의 저항을 상징하는 행위, 그리고 인종차별에 대한 반대 목소리로서 콜린 캐퍼닉의 무릎 꿇기 행동이 있었다. 카타르 월드컵에서는 잉글랜드 국가 축구대표팀이 경기 시작 전에 무릎을 꿇는 행동을 했다. 개최국 내에서 발생했던 이주노동자와 성 소수자의 인권탄압에 대한 항의 표시였다. 또한 상대편인 이란 축구 대표도 자국 내에서 벌어지는 인권탄압에 대한 저항으로 국가 부르기를 거부하는 장면이 실시간 중계가 됐다.

공은 둥글다. 실력에 비례하지 않는다. 어디로 튈지 모르는 공의 매력은 타고난 재능보다 각고의 노력과 의지에 따라 행운을 안겨다 주기도 한다는 것이다. 마셜 맥클루언이 분류한 미디어를 토대로 스포츠를 살펴볼 수 있다. 오늘날 미디어가 없는 관람 스포츠를 상상할 수 없기 때문이다. 축구는 쿨미디어 스포츠에 해당이 된다. 반면, 야구는 핫미디어 스포츠이다. 전자는 고참여성(high participation), 저정밀성(low defintion)이고, 후자는 저참여성과 고정밀성의 특징을 갖는다. 즉, 축구는 룰이 상대적으로 단순하고 역동적인 팀 스포츠이기 때문에 관람자들도 경기에 깊숙이 관여된다. 앉아 있을 수가 없는 것이다. 하지만 야구는 룰도 복잡하고 정적인 스포츠로서 편안한 의자에 앉아 팝콘을 먹으며 관람해야 할 것 같다. 이에 응원하는 축구팀에 대한 동일화가 크게 작용해 패배했을 때 보다 더 안타깝게 느껴지고, 심지어 훌리건 난동도 일어나기도 한다.

정치가 사라진 우리 사회라고 표현하면 과한 것일까? 말 그대로 나라를 다스리는 일이다. 국민들이 인간다운 삶을 영위하게 하고 서로 간의 이해를 조정하는 역할인데, 요즘 우린 어떤가. 재야 뮤지션 노하(老河)가 부른 '부서지기 쉬운 작은 생선 다루듯 60'이 있다. 바로 2,600년 전 노자가 설파한 내용으로 나라를 다스릴 때는 개개인 한 명 한 명에 대해 조심스럽게 생각하고 행동에 옮겨야 한다는 것이다.

공은 둥글어서 변수가 많아 재미를 더한다. 단순하게 둥글지만 강력한 메시지를 담을 수도 있다. 우리 대표팀을 통해 '꿈은 다시 이루어진다'를 외쳤다. 10.29 참사 이후 한 달여 남짓! 벌써 잊힐까? 짧았지만 그 무엇보다 깊은 애도를 얼마 전 표했다. 그 꿈이 상식적이고 건강한 사회라는 보편적 가치까지 포괄적으로 담게 되길 간절히 바란다.

출처: 문개성(2022.12.5.) 메시지가 있는 둥근 공. 원대신문(제1419호), 사설.

 과제

01 현대사회에서 스포츠를 하는 인간의 의미를 찾아보시오.

02 인류 공통의 언어로서 스포츠가 앞으로 지속해야 할 조건을 찾아보시오.

03 4차 산업혁명 시대에서 스포츠와의 융·복합 사례를 찾아보시오.

04 21세기에서 스포츠는 어떻게 발전할지 논의하시오.

도움을 받은 참고문헌

강동원(2006). 체육·스포츠 문화사. 보경문화사.

강유원(2003). 플라톤의 체육교육 사상. 한국체육학회지, 42(6), 45-52.

강준만(2013). 감정독재. 인물과 사상사.

김만의(1996). 스포츠, 정치 그리고 상업주의 비판. 한국체육학회지, 35(3), 79-94.

김성길(2012). 스포츠 콘텐츠의 이해. 한울.

김우성(2020). 다이제스트 스포츠 사회학. 레인보우북스.

김원제(2005). 미디어 스포츠 사회학. 커뮤니케이션북스.

김태오(2019). 인격과 로봇: 미래를 여는 진정한 인간. 박영사

문개성(2022.12.5.) 메시지가 있는 둥근 공. 원대신문(제1419호), 사설.

문개성(2022.10.11.) 꿈에 미쳐본 적 있는가. 원대신문(제1416호), 사설.

문개성(2022.8.29.). 창백한 푸른 점에 대한 기억과 망각. 원대신문(제1413호), 사설.

문개성(2022.5.2.). Z세대의 스포츠 소비. 원대신문(제1410호), 사설.

문개성(2022.3.2.). 자신을 낮추어야 할 때. 원대신문(제1406호), 사설.

문개성(2021). 스포츠 마케팅 4.0: 4차 산업혁명 미래비전(개정2판). 박영사.

문개성(2019). 보이콧 올림픽: 지독히 나쁜 사례를 통한 스포츠 마케팅 이해하기. 부크크

문개성(2017). 스포츠 갬블링. 커뮤니케이션북스.

문개성(2015). 스포츠 인문과 사회. 커뮤니케이션북스.

문화체육관광부(2021). 2020 스포츠산업백서. 연례보고서.

서영신, 박성진(2015). 체육·스포츠의 이해: 체육·스포츠 개론. 대경북스.

서울스포츠(2019.3~2020.2). 스포노믹스. 문개성 칼럼. 직시하고, 승화하자. 평창동
   계올림픽 이후! 외. 서울특별시 체육회.

안종배(2020). 미래학 원론. 박영사.

양동주(2010). 스포츠 정치학. 동명사.

양순창(2014). 춤추는 전쟁: 현대 스포츠의 정치 경제학. 새물결.

원영신(2012). 스포츠사회학 플러스(제2전정판). 대경북스.

이경희·도승이·김종남·이순묵(2011). 도박 이용자의 도박 중독과정에 대한 질적

아래에 제시한 선행자료 외에도 직·간접적으로 정보와 영감을 얻게 한 수많은 자료를
생산하신 분들에게 이 자리를 빌어서 감사의 말씀 드립니다.

연구. 한국심리학회지, 16(1), 189-213.

이제홍, 여인성(2006). 서양 스포츠 문화사. 대경북스.

이종성(2014). 스포츠 문화사. 커뮤니케이션북스.

이한혁(1995). 올림픽의 정치화에 관한 연구. 한국체육학회지, 34(3), 99-113.

장주호(2002). 현대체육원리. 태근.

정기웅(2018). 스포츠 외교의 신화: 성공과 실패, 그리고 그 밖의 이야기들. 박영사.

정준영(2003). 열광하는 스포츠 은폐된 이데올로기. 책세상.

정희준(2009). 스포츠 코리아 판타지. 개마고원.

조성애(2015). 도박과 돈. 유럽사회문화, 15, 39-63.

조쟁규(2003). 루소의 교육사상이 체육교육에 주는 의의. 한국체육학회지, 42(2),
  53-63.

하남길 외(2017). 체육과 스포츠의 역사(개정2판). 경상대학교 출판부.

하남길(2006). 근대 영미 체육 발달 배경에 관한 비교 연구: 사상적 유사성과 차이.
  한국체육학회지, 45(5), 1-12.

하웅용, 옥광(2006). 서양 중세 스포츠 문화사: 계층별 신체문화의 유형. 한국체육사
  학회지, 17, 42-55.

황옥철(2004). 미국 스포츠문화의 이해. 홍경.

Allison, L. (1993). The Changing Politics of Sport. Manchester University Press.

Arendt, H. (1963). Eichmann in Jerusalem: A Report on the Banality of Evil.
  Penguin USA (2006). 김선욱 역, 2006, 한길사.

Atkinson, M., & Young, K. (2008). *Deviance and social control in sport*.
  Champaign, IL: Human Kinetics.

Bar-Eli, M. (2017). Boost!. 공보경 옮김(2018). 다르게 뛰기: 스포츠 심리학에서
  찾은 혁신, 성과 그리고 팀웍. 처음북스.

Baudrillard, J.(1981). Simulacra and Simulations. 하태완 옮김(2003). 시뮬라시옹.

민음사.

Bausenwein, C. (2006). Ghehimnis Fussball: Auf Den Spuren Eines Phänomens. 김태희 옮김(2010). 축구란 무엇인가. 민음인.

Blumer, H. (1969). Collective Behavior. In A.M. Lee(ed.) Principles of sociology. NY: Barnes and Noble.

Booth, D.(2005). *The field: Truth and fiction in sport history*. Abingdon: Routledge.

Buhrmann, H. (1977). Athletics and deviance: An examination of the relationship between athletic participation and deviant behavior of high school girls. *Review of Sport and Leisure, 2,* 17−35.

Caillois, R. (1958). Les Jeux et Les Hommes. 이상률 옮김(2018). 놀이와 인간: 가면과 현기증. 문예출판사.

Cashmore, E.(2000). *Marketing sense of sports*. 정준영 옮김(2001). 스포츠, 그 열광의 사회학. 한울아카데미.

Coakley, J. J. (1983). Leaving competitive sport: Retirement or rebirth? *Quest, 35*(1), 1−11.

Crowther, N. B.(2010). *Sport in ancient times*. OKLA: University of Oklahoma press.

Eitzen, D. S. & Sage, G. H. (1982). Sociology of American Sport(2nd ed.). Dubuque: William C. Brown Company, Publishers.

Ewald, K., & Jiobu, R. M. (1985). Explaining positive deviance: Becker's model and the case of runners and bodybuilers. *Sociology of Sport Journal, 2(*2), 144−156.

Foer, F. (2004). How Soccer Explains the World. 안명희 옮김(2005). 축구는 어떻게 세계를 지배했는가. 말글빛냄.

Foster, G., Greyser, S. A., & Walsh, B. (2006). The Business of Sports: Text and

아래에 제시한 선행자료 외에도 직·간접적으로 정보와 영감을 얻게 한 수많은 자료를
생산하신 분들에게 이 자리를 빌어서 감사의 말씀 드립니다.

Cases on Strategy and Management. 문병준, 이상규 옮김(2007). 스포츠 비즈니스. 한경사.

Fullerton, S.(2009). *Sports marketing*(2th ed.). HS MEDIA 번역팀 옮김(2011). 스포츠 마케팅. HS MEDIA.

Giulianotti, R. (1999). Football: A Sociology of the Global Game. 복진선 옮김(2004). 축구의 사회학: 지구를 정복한 축구공, 지구를 말하다. 현실문화연구.

Goldblantt, D., & Action, J. (2011). How to Watch the Olympics. 문은실 옮김(2012). 올 어바웃 올림픽. 오브제.

Golden, M.(1998). *Sport and society in ancient Greece*. UK: Cambridge University Press.

Greenmeier, L. et al. (2012). The Science of Sports: Winning in the Olympics. 김일선 옮김(2016). 올림픽을 점령하라. 한림출판사.

Gumbrecht, H. U. (2004). In Praise of Athletic Beauty. 한창호 옮김(2007). 매혹과 열망: 어느 인문학자의 스포츠 예찬. 돌베개.

Guttmann, A. (1978). From Ritual to Record. 송형석 옮김(2008). 근대스포츠의 본질: 제례의식에서 기록추구로. 나남.

Guttmann, A. (2002). *The Olympics: A History of the Modern Games*. Urban: University of Illinois Press.

Guttmann, A.(1981). Sports spectators from antiquity to the renaissance. *Journal of Sport History, 8*(2), 5−27.

Hargreaves, J. (1982). Sport, Culture and Ideology, London: Routledge & Kegan Paul.

Harris, M. (1972). Sport in Greece and Rome. London: Thames and Hudson.

Hill, J.(2002). *Sport, Leisure and Culture in Twentieth−Century Britain*. Basingstoke: Palgrave.

Hoch, P. (1972). Rip of the Big Game: The Exploitation of Sports by the Power

Elite. NY: Doubleday Anchor Paperback.

Holovak, M., & McSweeney, B. (1967). Violence Energy Sunday, NY.

Holt, R. (1992). Amateurism and its Interpretation: The Social Origin of British Sport. *Innovation, 5*(4), 19~31.

Homans, G. C. (1974). Social behavior: Its elementary forms. NY: Harcourt Brace Jovanovich.

Huizinga, J. (1938). Homo Rudens. 이종인 옮김(2010). 놀이하는 인간 호모 루덴스. 연암서가.

Jennings, A. (2006). Foul! The Secret World of FIFA: Bribes, Vote Rigging and Ticket Scandals. 조건호, 최보윤 옮김(2006). 피파의 은밀한 거래. 파프리카.

Kaser, K., & Oelkers, D. B. (2015). Sports and Entertainment Marketing (4th ed.). 오세이, 전태준 옮김(2016). 스포츠 엔터테인먼트 마케팅. 카오스북.

Keating, J. W. (1964). Sportsmanship as a Moral Category. Ethics, 75(1), 25－35.

Koppett, L. (1991). New Thinking Fan's Guide to Baseball. 이종남 옮김(1999). 야구란 무엇인가. 황금가지.

Kotler, P., Kartajaya, H., & Setiawan, I. (2021). Marketing 5.0: Technology for Humanity. 이진원 옮김(2021). 필립 코틀러 마켓 5.0 휴머니티를 향한 기업의 도전과 변화가 시작된다. 더퀘스트.

Kotler, P., Kartajaya, H., & Setiawan, I. (2017). Marketing 4.0: Moving From Traditional to Digital. 이진원 옮김(2017). 필립 코틀러의 마켓 4.0. 더퀘스트.

Kyle, D. (1983). Directions in ancient sport history. *Journal of Sport History, 10*(1), 7－34.

McPherson, B. D., Curis, J. E., & Loy, J. W. (1989). *The social significance of sport: An introduction to the sociology of sport*. Champaign, IL: Human Kinetics.

Mechikoff, R. A. (2006). *A history and philosophy of sport and physical*

아래에 제시한 선행자료 외에도 직·간접적으로 정보와 영감을 얻게 한 수많은 자료를
생산하신 분들에게 이 자리를 빌어서 감사의 말씀 드립니다.

education: From ancient civilizations to the modern world. McGraw—Hill
Humanities. 김방출 옮김(2013). 스포츠와 체육의 역사·철학(5판) 1권: 고대문
명에서 근대까지. 레인보우북스.

Merton, R. K. (1957). Social theory and social structure. NY: Free Press.

Mullin, B. J., Hardy, S., & Sutton, W. A.(1993). *Sport marketing. champaign*, IL:
Human Kinetics Publishers.

Parsons, T. (1966). Societies: Evolutionary and comparative perspective.
Englewood Cliffs. NJ: Prentice—Hill.

Postman, Nei l(1985). *Amusing ourselves to death: Public discourse in the age
of show business.* 홍윤선 옮김(2009). 죽도록 즐기기. 굿인포메이션.

Reith, G. (2002). The age of chance: gambling in western culture. 김영선 옮김
(2006). 도박: 로마제국에서 라스베가스까지 우연과 확률 그리고 기회의 역사.
꿈엔들.

Rifkin, J. (2001). The Age of Access: The New Culture of Hypercapitalism,
Where all of life is a paid—for experience. 이희재 옮김(2001). 소유의 종말.
민음사.

Riordan, J., & Jones, R. (1999). *Sport and physical education in China.* London:
E & FN Spon.

Robinson, J., & Clegg, J. (2021). The Club. 황금진 옮김(2021). 축구의 제국, 프리
미어 리그. WATER BEAR PRESS.

Rousseau, J. J. (1762). Émile ou de l'éducation. 이환 옮김(2015). 에밀: 인간 혁명
의 진원지가 된 교육서. 돋을새김.

Schwab, K. et al. (2017). The Fourth Industrial Revolution. 김진희, 손용수, 최시
영 옮김(2017). 4차 산업혁명의 충격. 흐름출판.

Semenza, G. M. C. (2003). *Sport, politics, and literature in the English
Renaissance.* DEL: University of Delaware Press.

Sifakis, C. (1990). The Encyclopedia of Gambling. New York: Checkmark Books.

Simon, D. R., & Eitzen, D. S. (2002). *Elite deviance. Boston.* MA: Allyn and Bacon.

Simonnot, P. (1988). Homo sportivus: Sport, capitalisme et religion(Au vif du sujet). French. Paperback.

Sinn, U. (2000). *Olympia: cult, sport, and ancient festival.* Markus Wiener Publishers.

Stade, G. (1966). Game Theory. Columbia Forum, p.173－175.

Thomas, R. (1991). *Histoire de sport.* Puf. 이규석 옮김(2000). 스포츠의 역사. 서울: 한길사.

Tokarski, W., Steinbach, D., Petry, K., & Jesse, B. (2004). Two Players－One Goal? Sport in the EU. 김홍남 옮김(2009). 유럽연합의 스포츠 정책과 행정. 대경북스.

Wikipeida. AGIL pradigm. https://en.wikipedia.org/wiki/AGIL_paradigm

Wikipedia. Cycle sport. https://en.wikipedia.org/wiki/Cycle_sport

Wikipedia. Gambling. https://en.wikipedia.org/wiki/Gambling

Wikipedia. George_C._Homans. https://en.wikipedia.org/wiki/George_C._Homans

Wikipedia. Horse racing. https://en.wikipedia.org/wiki/Horse_racing

Wikipedia. Sports Betting. https://en.wikipedia.org/wiki/Sports_betting

Yesalis, C. E., & Bahrke, M. S. (2002). History of doing in sport. *International Sports Studies, 24*(1), 42～76.

INDEX 색인

저자소개

문개성

(현) 원광대학교 스포츠과학부 교수
(전) 한국능률협회 평가위원
(전) 한국연구재단 평가위원
(전) 서울특별시 체육회 집필위원
(전) 한국스포츠산업경영학회 이사
(전) 한국스포츠산업협회 개발위원(NCS 스포츠마케팅 – 스포츠에이전트)
(전) 한국체육학회 영문저널 편집위원
(전) 한국스포츠정책과학원 영문저널 편집위원
(전) 미국 플로리다대학교 Research Scholar/교환교수(스포츠 매니지먼트)
(전) 문화체육관광부 국민체육진흥공단 Tour de Korea 조직위원회 스포츠마케팅 팀장
(전) 경희대학교 테크노경영대학원 외래교수

저서

스포츠 경영: 21세기 비즈니스 미래전략(개정2판). 박영사. 2023.
스포츠마케팅 4.0: 4차 산업혁명 미래비전(개정2판). 2022.
체육 · 스포츠 행정의 이론과 실제. 박영사(공저). 2022.
스포마니타스: 사피엔스가 걸어온 몸의 길. 박영사. 2021.
무크(MOOC)와 함께 하는 스포츠 마케팅. 한국학술정보. 2021.
나를 성장시킨 노자 도덕경. 부크크. 2021.
현대사회와 스포츠: 미래에도 무한한 인류 공통의 언어. 박영사. 2020.
스포츠 창업 해설서: 스타트업 4.0 미래시장. 박영사. 2020.
스포츠 에이전트 직무해설서(개정2판): 선수 대리인의 비즈니스 관점. 박영사. 2020.
보이콧 올림픽: 지독히 나쁜 사례를 통한 스포츠 마케팅 이해하기. 부크크. 2020.
스포츠 경영: 21세기 비즈니스 미래전략. 박영사. 2019.
스포츠 마케팅 4.0: 4차 산업혁명 미래비전. 박영사. 2018.
스포츠 에이전트 직무 해설서. 박영사. 2018.
스포츠 갬블링. 커뮤니케이션북스. 2017.
스포츠 마케팅. 커뮤니케이션북스. 2016.
스포츠 매니지먼트. 커뮤니케이션북스. 2016.
스포츠 인문과 사회. 커뮤니케이션북스. 2015.

수험서

M 건강운동관리사. 근간.
M 스포츠경영관리사 필기 · 실기 한권 완전정복. 박영사.
M 스포츠지도사 필기 한권 완전정복. 박영사(공저) 외 다수.

* 블로그: 스포마니타스(SPOMANITAS)
* K – MOOC(http://www.kmooc.kr): 스포츠 마케팅

현대사회와 스포츠

초판 발행	2020년 5월 20일
개정2판 발행	2023년 3월 1일
지은이	문개성
펴낸이	안종만·안상준
편 집	탁종민
기획/마케팅	최동인
표지디자인	이소연
제 작	고철민·조영환
펴낸곳	(주)**박영사**
	서울특별시 금천구 가산디지털2로 53, 210호(가산동, 한라시그마밸리)
	등록 1959. 3. 11. 제300-1959-1호(倫)
전 화	02)733-6771
f a x	02)736-4818
e-mail	pys@pybook.co.kr
homepage	www.pybook.co.kr
ISBN	979-11-303-1670-3 93690

*파본은 구입하신 곳에서 교환해 드립니다. 본서의 무단복제행위를 금합니다.
*역자와 협의하여 인지첩부를 생략합니다.

정 가   25,000원